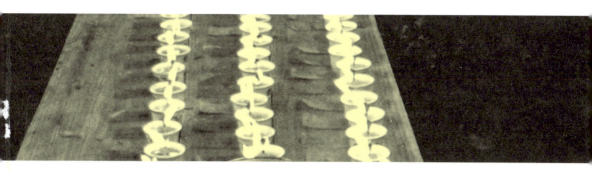

亲切的神灵

刘 华 / 著

商务印书馆
The Commercial Press
创于1897

2014年·北京

图书在版编目(CIP)数据

亲切的神灵/刘华著. —北京：商务印书馆，2014
ISBN 978-7-100-10113-4

I.①亲… II.①刘… III.①信仰－民间文化－研究
－中国 IV.①B933

中国版本图书馆CIP数据核字(2013)第152155号

亲切的神灵

刘华 著

商 务 印 书 馆 出 版
（北京王府井大街36号　邮政编码　100710）
商 务 印 书 馆 发 行
三河市嘉科万达彩色印刷有限公司印刷
ISBN 978-7-100-10113-4

2014年1月第1版　　　开本710×1000　1/16
2014年1月北京第1次印刷　印张17 1/2
定价：56.00元

目录
Contents

　　我一次次询问村庄：谁是你的福主？

　　一些村庄笑而不答。一些村庄茫然挠头。一些村庄闪烁其词。如今，村人很少有知道本村福主姓名、来历的。也许，对于人们来说，福主姓甚名谁并不重要，重要的是，人人心中应有这样一座菩萨——

　　它是众多神灵中的一员，却是属于一个村庄所特有的神灵；众多的神灵庇佑着天下苍生，它却倾尽心力保护着一方土地；佛教、道教的诸多菩萨、神仙远离尘世隐居于僻静的山林，而它却依偎着村庄，呼吸着人间的烟火。在信仰的天空上，它是一个村庄触手可及的精神酋长，与这个村庄里的人们有着最亲近的情感联系。说不定，它就是一个村庄祖先的魂灵。

　　不管它出身如何、来历怎样，每个村庄都虔诚地供奉着自己的福主。建筑在村里村外的福主庙，常年香火不断；一旦举行民俗活动，在参神、请神时，福主菩萨总是最显赫的尊神；尤其是，乡村在特定日子举行盛大的庙会等禳神活动，表达的正是福主崇拜之心，那个日子一般为福主的诞辰或忌日。

　　茫然挠头的村庄，说起福主显灵的故事来，却是眉飞色舞，而后啧啧称奇。我在井冈山下的南车水库边，看见大坝下的水湾中央，竟矗立着一座小小的庙宇。水面是它的前庭，也是它的后院；水声是信士的祷祝，也是菩萨的神示。

一问，才知道，这里曾有一个村庄，叫白马洲，因为筑水库，当地政府动员村人外迁，但人们却不肯离开故土和自己的山林，便在紧挨水边的山脚住下来，以捕鱼和经营竹木为生。过去的村庄在水下，过去的福主庙也在水下。

水下的福主依然保佑着水上的村人。据说，多少年来这里没有发生一例因溺水而毙命的事件，尽管水常常漫到了人家的门前。前两年，曾有个五十多岁的"旱鸭子"，在水上打鱼不慎落水，当时村人都出去干活了，他呼救不应，看来是凶多吉少了。岂知，他自个儿在水中扑腾了好几个小时后，居然无恙。

村人归功于福主，福主当然笑纳。不承想，这位福主并不是省油的灯，它索性顺竿子爬托梦给村人，希望重建庙宇。村人便在水下庙址上，抬升了好几米，建起了贴着瓷砖、盖着琉璃瓦的新庙。庙门前有横批：福主赐福。

而这位福主，正是无名英雄。我问过好几位男女，众口一词，只称其为菩萨。

其实，每个村庄的福主本来几乎都是一个个有名有姓的具体形象，或者是本土的义士，或者是传说中的神灵，或者是受到民间追捧的各色人物……来历千奇百怪，形象丰富驳杂。它们分别被各个村庄认作自己的福主，一定是有故事的，是和这个村庄的生活命运、历史遭际有关联的。只不过，在流逝的时间中，村庄把那些故事丢了，甚至把福主的尊姓大名也遗忘了。

这当然与民间信仰在过去特定时代背景下一度被斩断了传承之链有关。我想，恐怕更深刻的原因还在于，中国老百姓对于宗教信仰所取的实用主义态度。人们礼拜神明，为的是保佑自身，非常实际的功利考虑支使着他们，见菩萨就磕头，见庙便烧香。至于福主姓甚名谁，当然也就无所谓了。他们只需要一尊泥胎的菩萨、木雕的神像，或者，一个神灵的象征。

甚至，有时候，人们需要的是一种形式，一种虔敬的姿态。

我在全南县来龙村的溪边，看见对岸桥头有一座新建的庙宇，大门上还没有命名，估计应是福主庙，便过去看看。可是，庙里空空的，并没有菩萨塑像，也没有任何替代神像的标志物。一问，村人回答说：这是新庙，什么庙还没有定呢，先建起来再说吧。

可是，尽管菩萨尚未到位，也不知将来的是哪路尊神，却已经有香火迫不及待地供奉在庙里庙外了。

那些明明灭灭的香火，就像人们的目光，真诚却又混沌，执着且又迷惘……

如今，当我听到一些村庄把各自的福主指认为财神时，当我看到更多的村庄皈依了上帝、它们在许多雕花的匾额上贴上"神爱世人"、"哈利路亚"之类的横批时，我不禁内心震撼。也许，这两种情形恰好反映了当下乡村的精神现实。一方面，依然生长在乡土上的民间信仰看上去蓬勃蔓延，可是，它却逐渐摈弃了蕴涵其间的精神价值，成为徒有其表的民俗形式。刻薄地说，遗存到今天的福主崇拜只是保留了对形式的记忆而已，因此，在物欲横流的今天，被人们装点上许多媚俗的花朵，也就不奇怪了；另一方面，"哈利路亚"的轻易进驻，难道不是传统的民间信仰日渐丧失其信仰力量的结果吗？毕竟，人们信仰着，崇拜着，是祈望获得精神的慰藉，实现内心的和谐。

是的，福主崇拜本来是充满着信仰力量的。它的力量不仅仅体现为对于族人的凝聚力，更重要的是，它所张扬的价值取向，通行于民间，对于人心有着巨大的感召力。造访各地的福主，追寻它们的来历，我真切地感受到，福主崇拜总是大张旗鼓地彰显着民间的英雄情结，总是绘声绘色地述说着乡土的人类情怀，总是润物无声地播撒着传统的道德理想……

探究为了祈福弭灾而产生的福主崇拜，其实就是探究民间千百年的精神收藏。

在山多林茂、江河密布的江西，历史上，四周有自然屏障、内有完整体系结构的相对封闭的地理环境，"吴头楚尾，粤户闽庭"的交通区位，北人南迁带来的驳杂的民俗信仰，中原文化、湘楚文化、吴越文化的传播交融，等等，这些条件决定了这块土地更是诸神狂欢的地方。

诸神犹在。诸神依然狂欢。却是不知为何狂欢了。所以，我赶紧走向一座座村庄，去拜访一尊尊福主。因为，认识它们，有助于我们深刻认识民族的心灵世界，有助于我们全面认识民族的传统文化。

认识它们，其实就是认识我们自己的前生。

香火和神灵同在。那是虔敬的心愿，照亮了夜色茫茫的旷野，温暖了呼啸的风。

香火大地

1 >>>

南昌郊区的梅岭山中有一道峡谷，溪涧从茂林中跌落在半山处，涧水也散了，一支支细流在乱石丛中奔突。在那里，水是非常有力量的，满谷的乱石都是水的作品。于是，居住在山里山外的村庄借重水之力，在溪涧上设置一只只水碓，也就不奇怪了。据说，那是江南最大的水碓群。

好些年前，我不经意间走到了那里。原来，每一只水碓都有一座童话般的小屋，水碓是小屋的男主人，涧水是小屋的女主人，它们没日没夜地忙碌着，舂着无休无止的泉声叶影，舂着周而复始的日子。密布在溪涧上的水碓屋，都紧紧关着门，粉尘还是通过门缝飘溢出来。我捉了一把，原来是锯末般的木屑。

下山时，居高临下看见一座村庄，一座紫红色的村庄，我才恍然，这是一个生产线香的专业村，那一片水碓不过是各家各户的作坊，不过是民间信仰辖下的配套车间。所有的屋顶和门坪，都成了一方方晒场。仿佛，溪涧就是这个村庄的良田，线香就是刚刚收获的稻谷。舂着木屑的水碓，将生产多少信仰的香火，养育多少虔诚的叩拜？

驳杂的民间信仰，让村庄飞红，大地飞红。线香如萤，红烛如柱，鞭炮如瀑。我曾一次次蹚着厚厚的爆竹屑，走进香烟氤氲的庙宇，穿过硝烟弥漫的村庄，领略着人们心灵大地的瑰丽景象。那些心灵，其实是充满红色意象的香火大地。

香火和神灵同在。有一年元宵节，我赶往广昌县甘竹镇的赤溪曾家村去看孟戏。进入夜的村庄，但见一枝枝路烛伫立在每一户人家的门边，无论是正门、偏门还是厨房门，其两侧的地上都有一团团的烛光。我已知赤溪曾家两夜本的孟戏在第一本演出前需请神，男信士们从村外盱河桥中间的王礅开始，每隔百步便插

大地飞红

广昌孟戏的开台演出

上线香和路烛，一直插到祠堂的滴水檐下。然后，由管首唱请神词，邀当地寺庙、殿观内的菩萨及孟戏历代已故老艺人一起来看戏；第二本演完二十三出《金殿对词》后又需送神，这时同样要插路烛，不过顺序颠倒了，是始于祠堂而终于盱河桥的王礅，每隔五十步插烛一枝、香三炷，并燃火纸，放短爆竹。显然，那路香和路烛是为各路神灵照明的，别让他们走岔了，或磕着碰着了。不，那是虔敬的心愿，照亮了夜色茫茫的旷野，温暖了呼啸着打河面上吹来的风。

　　而在元宵之夜的掌灯时分，家家户户门前的路烛又是给谁照亮呢？趁着演员们还在后台化妆，戏班里的一位老艺人把我领进了他家的厨房，只见灶台上也插着香烛，锅里则供着果品，我恍然大悟。原来，门口的路烛在迎候着灶神。

　　我将在灶神逐门逐户光顾的夜晚与村人一道看孟戏。进到码着一堆木

跳傩之前

料的祠堂，但见戏台对面并排放着三把盘龙交椅，端坐在上面的是三只大面具，它们面前还坐着一个小人儿，那是清源戏祖的塑像。祠堂上方的神龛大敞着玻璃门和用钢筋焊接的防盗门，显然，面具平时就供奉在里面。祠堂戏台台口之上仍悬挂着几年前的一条横幅，横幅两侧分别挂着两条鱼和一刀猪肉，鱼肉却是新鲜，其寓意为生活美好、连年有余。那条陈年的横幅为庆贺曾家孟戏建班五百五十五年而满腔自豪，侧面墙上的标语则为祝贺曾家孟戏第二十六代少儿班健康成长而满怀欣慰。这些文字让人肃然起敬。不仅仅因为它们所透露的沧桑感，还在于潜藏在文字中的神秘感。

　　传说明正统年间，福建农民起义军首领邓茂七自封铲平王，带领起义军打到广昌，广昌县令下令每户留一人看守家园，其余应避战乱。孝子曾紫华背着双目失明的母亲随族人逃到曾家山寨避难。就在追兵赶到的危急时刻，忽有三员神将从天而降，以飞沙走石击溃大兵，而后神将不知去向。曾紫华与族人向天空拜谢三员神将的救命之恩，随后听得山谷间有锣鼓之声，循声找去，竟发现了两只大红木箱。其母手抚木箱，左右眼竟然先后复明。众人甚是惊奇，连忙敬上香烛，礼拜木箱。拜毕，打开箱子，箱内金光异彩，藏有孟戏剧本一部并大小面具二十四尊，其中三尊大面具与天降神将面目一样，它们便是秦朝大将蒙恬、王翦、白起，统称三元将军。曾紫华与族人将木箱挑回舍溪村，组织村人筹建戏班，按剧本和面具分角色排练。自明正统年间起，三元将军被曾氏奉为家神，每家厅堂的神位上都置有"秦朝会上三元将军大老爷宝座"。并且，始于甘竹舍上，继有赤溪、黄泥排等地曾姓在每年春节期间必演孟戏，藉以酬神祭祖，为曾姓纳祥祈福，至今不衰。

元宵之夜的曾家孟戏，是第二夜的演出。曾家孟戏从正月初三开始排练，称之为"串戏"，正月十二根据择吉日、看天气的情况起戏，若十二日不成，则延后，至十四日非开锣不可。

开锣唱戏的当天，三元将军要出帅巡村。早晨，在吹打班子和各式旗帜的簇拥下，三元将军分别坐在二人抬的盘龙交椅上，从祠堂出发，队伍浩浩荡荡，就像古代将军出征一样，路线则是按规定行进，其中要在经过两座清源庙时礼拜烧香。出帅队伍所到之处，家家门前摆有香案供品，男女老幼上香烧纸，跪拜迎接。香案上还放有红包，出帅队伍中有人会收起来，作为以后唱戏的开支。出帅结束后，队伍回到祠堂，管首赞曰："进得门来笑脸开，香花蜡烛两边排。三位将军齐下马，下得马来坐莲台。"

三元将军上座后，再按次序摆好其他面具。之后，要当场宰杀一头生猪，将猪血盛在大盆里，并放入猪心，置于香案之上，寓意全族一条心、越发越旺。同时，还要用火纸蘸猪血放在香案前，再拿一只木雕金龟压上，其含义为曾氏孟戏像万年金龟一样代代相传，万年不虚。下午，在举行了朝神、请神仪式后，演员便开始化妆，准备演出了。第二夜的孟戏，同样要择吉日，演出当天也必须派员带着香烛到福主祠、清源庙等处朝神。

我端坐在曾家祠堂里听戏。只见台前点燃了烛一对、香三炷，随着打击乐"急急风"骤起，戴着面具的丑角出场了。开场跳的是开山。演员手拿绑好火纸的开山斧，在场上左右横劈，走圆场点燃斧上的火纸，然后挥舞开山斧，待其燃完后亮相进场。之后，才开始演出整本大戏。

水中的福主庙

在我身后，是以老人和妇孺为主体的观众。看上去，祠堂里显得有些空，但是，我已经知道，此刻所有的神灵都蜂拥而至。我想，那些空着的地方一定被他们占满了，密密匝匝的；或者，他们像顽皮的孩子到处乱窜，有的甚至跑到台上去了，干脆席地坐在乐手的腿边。

请神祷词里便是一番熙熙攘攘的景象。我不妨把它抄录下来，看看孟戏的票友都有谁们——

日值使者，一请拜请（叩首）。拜请秦朝会上蒙恬将军、王翦将军、白起将军三位大老爷。拜请铁板桥下西川路口清源妙道真君（叩首）。玉皇大帝、王母娘娘、金童、玉女，赵、马、温、王四大元帅，太白金星、雷公、电母、娥皇仙娘、判官、小使、天曹、地府、开山郎君（叩首）。秦始皇，赵高、李斯二相，李信大将、范氏夫妇、许氏夫妇、范杞良、烈女孟姜、张文华、阿单、铁骨王将士、祝德成、长城伤亡民夫依次排坐。

本县城隍，本坊福主，高坑、昌坑、东坑，三圣、山神、土地

（叩首）。

瑞相寺、金光寺、南弥山、岳灵寺、万寿寺、九华寺、莲花寺、保寿寺、三官寺、子灵山、地藏寺、慈生禅寺、大觉寺、朱华山、学堂寺、万幸寺、紫霄观、大于殿、龙凤岩、大子岩、白米岩、万陀岩，一切大小佛祖。

仙游观许真君，唐东平王张巡大将军，昆峰山等大小神圣（叩首）。

前五里、后五里、左五里、右五里、五五二十五里，天地上下，一切过往神明依次排坐。

千点公公、万点老人、三伯公公、三伯婆婆、敲锣击鼓大臣依次排坐（叩首）。

曾氏散居他乡列祖列宗；

历代师公、师爷：紫荣公、紫华公、紫明公、连轻公、和轻公、以清公、云洄公、仲安公、德高公、尚义公、协常公、守澄公、贤宝公、忠国公、名接公、文用公、居竹公、子胜公、臣玉公、臣恒公、孔公、孟开公、电恩公、兴公、荣华公、以传公、以昭公、德荣公、百顺公、培孙公、秋福公、秋宝公、华孙公、蛮子公、礼仁公、泉生公、颐生公、宾生公、珍生公、配生公、于生公、波仔公、寿文公、

神灵们在村口比邻而居

请进家中的土地神

仁仔公、贵云公、风孙公。宗保师父、地雷公师父、邱美仔师父依次排坐，先来先坐，后来后坐，老者上坐，少者两边排坐。

敬茶、敬酒，敬请尽情笑纳。

江西省广昌县甘竹镇赤石渡曾氏长城首夜孟戏开锣，众弟子净身沐浴登台。

敬请众神护佑，众信士、弟子平安吉庆，风调雨顺，国泰民安，禾田大熟，丁财两盛。

人们拜请的除了本县境内各寺庙、各殿观里的菩萨神仙和过往的神灵外，还有孟戏历代已故艺人和列祖列宗的魂灵。通过这份名单可见，祖先的魂灵是与各方神圣在一起的，他们已经属于神明，是宗族天空上永恒的星宿。他们和众神都居住在盱河的彼岸。他们是簇拥着众神一起赶来看戏的。

我已分不清他们谁是谁。端着相机离座拍照时，我小心翼翼，生怕碍着他们。是的，在这样的场合，我们必须满怀敬畏。

与广昌相邻的南丰县是著名的傩舞之乡。南丰的正月，从初一直到十八，所有的神灵都在为新年祈福，开山、魁星纷至沓来，傩公、傩婆纷至沓来，八仙与和合纷至沓来……虔敬的香火是盛情难却的请柬。不仅整个傩事活动的下座、起傩、跳傩、搜傩、解傩等各个环节要请神，平时雕刻菩萨和傩面具后，在为之举行的开光仪式上，也要请神。舒家村的请神词很是全面而细致，在不厌其烦地遍请佛、道列位菩萨、神仙之后，对民间杂神也是一视同仁，一个都不能少，哪个也不得罪——

再焚心香，敬心拜请：九江风阙，五湖四海，水生四海龙庭，万里澄波星月。拜请水府扶桑丹霖大帝、水府滩陀跋难陀龙王、水府波心圣主八大龙王、五湖四海诸大龙王、九江八河水帝天子、上中下庙三位帝王、水府文孝皇帝、公安二圣如来长广圣母慈善夫人、水府深沙大神那阮将军、那刹石将军、水府镇江王湖大郎、湖二郎、巡湖游海使者、望江顺风两使者、桥梁使者、河伯水官、雷公电母、风伯雨师、澄波玉女、激浪风师、十二溪女、利市鄱官、季公正道真君、晏公都督元帅、水府太阳洲公、萧公英顺天王、本浪侯王、紫云台上斩龙杨泗将军、聂氏舍人、水府宋一宋二宋三舍人、水府金龙四大王、溪涧严洞井泉诸大龙王、水府沿江宫庙八十九所龙王、掌生天案主者、水府掌沉魂生天判官、水府掌职文武班众、值日功曹、值符使者，遍水同赴，供浪仙境，弟子恭望，降临殿前。

再焚心香，敬心拜请：九州都庙君臣下尘凡，贤圣交会恭临到座。拜请东岳齐天仁圣大帝、南岳司天大华昭圣帝、西岳金天大利顺圣

帝、北岳安天大贞元圣帝、中岳嵩山大丁崇圣帝、五岳五官续明皇帝、上殿炳灵官、西平王、崔府君、急报司、捷报司、速报司、包尚书、瑶池王母大仙、鸿孺教主、大成至圣孔氏文仙师、三千徒弟、七十二位贤人、三皇五帝、列士圣君、卫国忠渝阵亡将士、灵坛社庙佛寺道观守护神祇、空居贤圣主、苗稼稽昼夜山泽神祇、天神地神水神空神、四海方伯身貌神祇、岳府掌生延寿益寿案主者、岳府掌生天判官、岳府七十二判官、典使巡游世界、检查人间天禄水瘟司部下、万化神仙十二月王、十二月将、当年太岁至德尊神、太岁部下煞官等众神、合殿部下军辅神像、庐灵卫众者、府州县尊神、天下都城隍、主宰九州都社令正神。

以汉白玉为门框的福主庙

拜请江西省主城隍尊神、建昌府主城隍尊神、南丰县主城隍尊神、座前大越陈氏夫人、赏罚善恶两部判官、左右六曹典使、案牍尊神、四关两隔文武明神、东关守护江东尊王、南关守护洞庭尊王、西关守护军山会顺济仁显侯王、北关守护宁顺广会善应侯王、各街福主、二圣公王、仪门上三圣尊王、仪门外金谷土地正神、禁内狱主、号啕大神、谯楼鼓阁蚩尤大神、县前总辅威灵显应赵大将军、开枷脱锁玉兔郎君。请来下河老祖殿行驾灵查祠通天通地通水三圣灵佑侯王、县前礼奉关圣帝圣、濠内文昌祠九天开化文昌梓潼帝君、清源妙道帝君、先主昭烈皇帝、三忠祠敕封三界伏魔协天关圣帝君、城内城外四十八庙各处福主祀典神祇。奉请石仙观作法仙人张五郎、招星移斗张六郎、海上翻波作浪张七郎、破关收邪张八郎、迷经斩妖张九

田头镇的"信仰超市"

郎，打倒阎王案，撞倒泰山门，取出人魂张十郎。

　　再焚心香，敬心拜请：石佛前接引尊佛、如来寺人天三宝诸佛慈尊、西台山祖师三官大帝、中殿林水官中三奶夫人菩萨、外殿金龙大王、萧公侯王、晏公都督元帅、合山香火文武明神、管家板桥各处福主、白马三圣灵佑侯王、株山排社令正神、正官坐殿夫人、殿庭将军、殿庭土地正神、合殿香火文武明神，奉请石背街各处福主，合殿香火，文武明神。

　　信仰的心灵之中，竟是如此熙熙攘攘！要知道，其中的每一个名字都可能是一座庙宇，如许多的名字该在乡土上构筑一道怎样壮观的风景线？

　　所有的神灵都被乡村称作菩萨，可见，人们是毫不在意它们的来路和出处的。也许，人们早就确认，所有的神灵都出于自己的信仰，我们耳熟能详的那句口头禅"信则有，不信则无"，多少也披露出一些心灵信息。

尽管如此，村庄依然选择了虔诚笃信，因为，在人们心里，信仰总是和个人利益密切相关的，信奉神道的行为无不出于实际的功利考虑，礼拜神明只是为了保佑自身。这种非常实际的宗教信仰出发点，决定了人们根本无意去弄懂宗教博大精深的教义。不管是哪路尊神，跪倒便拜，见庙便烧香，正是中国老百姓对宗教取实用主义态度的生动写照。可以说，这也是我们民族心理的一种体现。

封闭的赣南围屋，以祖厅为中心，把族人紧密地聚集在一个相对独立的建筑空间中彼此相依为命，安远的东生围里除祖厅之外，另辟有专祀观音神像的厅堂。我进入其间，遇到一群幼童追打至此，他们把随意放在一旁的蒲团搬到神像之下，一个个跪倒便拜，他们肯定不知道端坐上方的神灵是干什么的，但跪拜的姿势却都老练得很。显然，人们敬神的行为早已深深印在孩子的心灵中。

像东生围这样神人共宅院同宴乐的村庄，并不在少数。除了建筑群落中常有专祀神明的殿堂外，一些地方索性把神明请进了宗族的祠堂，甚至

到福主庙里去点灯

供奉着先灵的厅堂。泰和书院村的一座祠堂里，在祖先牌位下祀有土地神的牌位，两侧墙上则贴有写着"东方青帝"、"西方黑帝"字样的镇符，祖先牌位的旁边置有神龛，供奉着关帝神像，神龛有联云："骑赤兔追风马忠胆佑黎民，持青龙偃月刀横扫厉魔鬼。"看来，这座祠堂便兼有关帝庙的祭祀功能。

广昌的驿前古镇有一幢建于清康熙年间的石屋，占地一千多平方米，其墙体、地面、门槛等均为石材，厅堂上方的神龛也是用石料制成，神龛分为两层。上层为祖龛，正中为"天地君亲师"位，左为"庐江郡上昭穆主"位，右为"家庆堂中福德神位"；下层供奉的是"招财童子"、"土地龙神"。

在宗族祠堂里最常见的民间杂神就是土地神了。包括土地神在内的地方小神，堂而皇之地进入了专祀祖灵的祠堂，生动说明了一方福主与人们的亲密关系。仿佛，它们从来都是和祖灵朝夕相处、息息相通的。

众神端坐在人们心灵中。尊崇一切菩萨的心理，决定了人们一视同仁的敬奉，因此，多神崇拜在众多村庄造就了一处处奇特而有趣的宗教建筑景观。通过这类建筑，我们也能发现，各路尊神都可以被村庄所迎迓，所接纳，它们比邻落户，和平共处，其乐融融地一同受用着俗世的香火。

奉新赤田村，是中国近代史上"张勋复辟"的主人公、"辫子大帅"张勋的故里。村前有一座小山，平地拔起，雄峙四方，名虬岭。山上有虬王庙。相传虬王是三国时管辖此地的官员，曾造福一方，为孙策所杀，乡

神灵仿佛将翩翩而至

人为纪念他而筑庙祭祀。张勋发迹后，把小庙建成并列三幢、每幢三进的大庙，加上附属建筑，总面积达三千多平方米。正殿供奉虬王，两侧是十八罗汉雕像，偏殿有很多其他菩萨。庙中常年有二十多个和尚奉佛管理，香火不绝，张勋曾捐田一百多亩，作庙中经费来源。庙前有花园，花园周围古柏葱郁，修竹参差，泉流潺潺，如此幽境自然为人钟情。清末时，便有学子常年在庙中借宿，潜心攻读，直到临考才离去。

在村西张氏家庙的右侧，有张勋所建的水口庵；不远处又有鲁肃庙，逢年过节时进香者络绎不绝；距村西三里路则有苏州知府况钟庙，张勋捐田一百多亩作庙产，并扩建了此庙，庙前建有戏台，每岁况钟诞辰均请京戏班公演一个月，乡人云集，胜似佳节盛会；此庙左侧又三里是万寿宫，常年香烟缭绕；在邻近十三个村庄，还有一尊轮流坐案的梧桐菩萨，每村坐案三年，送出菩萨称出案，迎进菩萨曰进案，出案和进案都要请京戏班各演七天，出案还要游社火，其时热闹非凡。梧桐菩萨为晋朝人，是个牛商，有一年此地发生牛疫，耕牛死光了，他把自己贩卖的牛送给乡民，解决了农耕之急，死后被朝廷封为梧桐尚书，乡人则立庙祭祀；村西后侧三华里还有二郎庙，坐落在农田中，周围古柏参天，庙内供奉着多尊菩萨，常年有道姑管理，也是香火氤氲；距离赤田村十五华里，是孙权庙，并列三幢，每幢四进，占地面积多达七千平方米，庙中祀奉孙权及其手下将领。

尽管，那些庙宇有的已荡然无存，有的仅剩残垣断壁，但如此密集的遗址仍能证明诸神狂欢的历史。高安县的畲山贾村，现存古民居三百余幢，古村落形态保持完好。其村南有七级玉塔、翠竹禅林、文昌宫、先农庙；村西有苍农庙、土地庙、紫府观；村北有普贤寺、万寿宫；村中则坐落着观音堂。众多的菩萨，既各司其职，又有共同的担当，那就是严密地布防在村庄周围，镇守着人们幸福安康的梦想。

和赤田村、畲山贾村不同，宁都田头镇的多座庙宇集中在该镇中央，挤挤挨挨的，形成了一个关于信仰的建筑群落，我的朋友笑称那里为"信仰超市"。想来也是，对于信

迎神的队伍

众，十分的方便。其中最大的庙宇为城隍庙，始建于明万历年间，多次维修，至今香火旺盛。内中有一副楹联甚是惊警，称"城市乡村极恶巨奸难逃油锅刀山，隍镇山庄慈善广布易脱苦海血河"。城隍，为民间信仰中守护城池的神，后来又被道教尊为"翦恶除凶，护国保安"之神，唐代郡县皆祭城隍。可能是怕独敬一个城隍还不保险吧，于是，又在城隍庙两侧建有东岳庙和汉帝庙，旁边还有七仙庙和老官庙。听说，每年正月十六要举行"出神"活动，人们将汉帝庙、东岳庙、七仙庙和老官庙所有的五十三尊神像洗刷一遍后，分别请入装饰一新的木轿，在神旗、凉伞的引导下，游遍镇街和所辖的村庄。

在丰城白马寨的村口，由东至西依次排列着清代前期建造的道教万寿宫、佛教北屏禅林和两座福主庙，南面的一道院墙把它们圈成一个整体。那两座福主庙，一座是天符庙，一座叫傅爷庙。那位傅爷，为丰城的地方保护神。唐乾符五年（878年），王仙芝、黄巢所部残破江西，丰城傅祁集义士抗兵筱塘厚郭，战死，朝廷封傅祁为武节将军，故民间立"傅爷庙"祀之。并排的四座院门，以北屏禅林凹入式的坊门更为高大突出，万寿宫居其次，从外部看去，凭着并不整齐的屋脊判断，当有四个独立的院子。可是，入内才发现，它们之间的隔墙开有侧门，可自由往来。这就是说，信众叩拜了东家少不了要答谢西家的，这样，既让自己的祷祝多了几

重保险，而且，左邻右舍一个也不得罪。

乐安流坑村的武当阁则干脆把道教、佛教和民间诸神请到了同一座门庭里。此阁始建于明代，由廊庑、玄武殿、阎王殿、土地庙和僧舍组成。由牌坊式正门入内即为廊庑，靠后墙砌神台，供奉一尊弥勒佛，后墙东端有门通玄武阁；玄武阁为前院后殿，殿为重檐的两层建筑，下层神殿设神台供奉"北方真武镇天上帝"，上层为文昌阁，是往昔文人雅会之处；武当阁东侧为前后两进，中辟带天井的阎王殿，前殿供奉着阎王和判官，由前殿后墙拱门可进入前置天井的后殿，高敞明亮的殿内设神台分别供着观音、护法韦陀等；武当阁围墙的一角还建了一座为单开间建筑的土地庙，供奉着土地神。武当阁中已被损毁的配房，却是当年僧尼和道士结邻起居的地方。

流坑的三官殿为民间道教宫观，也是双层重檐的砖木结构建筑，坐落在山水相夹的村南。背山面江的三官殿真如大门楹联所言："远眺群山竞秀，静观带水生波。"数百年来，来此祀奉的香客络绎不绝，在下层神殿里享用香火的是，道教所信奉的赐福的天官、赦罪的地官、解厄的水官。打庄严肃穆的神像前经过，随缭绕的青烟走南侧稍间上楼，却见魁星高照，是为魁星阁。主宰文章兴衰的"奎星"也被道教尊为神，虽魁星阁与三官殿常建于一体，但流坑的此处不仅是供奉魁星之地，也是供文人读书和雅会之所。

由流坑三官殿的择址，可见村庄对水口的重视。在中国传统文化中，水被看作财源的象征，因此，要求水流的出口处形势关锁，不让财源流失。水去处若有高峰大山，交牙关锁，重叠周密，不见水去，才是风水宝地。为了贮财源而兴文运，村庄的水口地带往往正是庙宇林立的所在，那些庙宇和水口园林景观一样，也具有修补风水的不足以关锁水口的作用。

南丰上甘坊的解傩请神词，就表达了人们祈求神灵把守水口的心愿——

列列大神，为一方之福主，掌万姓权行，日受千人礼拜，时为众民保障，把定山河水口，好事多多招进，恶事速速赶出。火星打落壬癸水，贼盗打落大空亡，官讼消散，事非埋藏；牙尖嘴快，立刻消

亡；异端邪法，即时追灭，不许留存境内，速速赶出他方。

水口处最常见的建筑，就是体现文昌崇拜和魁星崇拜的亭塔楼阁了。明崇祯三年（1630年）正月，安义乡绅名豪集于县城之郊观天测地。论及风水，断定县城南门左侧空缺，谓之青龙地势乏高昂之气；加之江流东去，下关极为松懈。唯有设坛补足风水灵气。于是，一代谏臣徐大相与众乡绅倡议奔走，县令顺从民意带头募捐，邑人纷纷呼应，历时一年建成五级的龙文塔。百年之后，在原塔址上弃旧立新，改称文峰塔。而史载建文峰塔的理由是，"左邻奎阁以生辉，前对鹅峰而抱秀，学宫前龙江中有笔架山，江水绕之，而文笔峰独缺。有形势家言，学宫的南向其卦为离，离为火，火性炎上，宜建塔镇之，乃能光远有耀。故圣人观于贲，而得天下之道"。

依山傍水的婺源乡村，尤其重视水口建设。理坑村的水口处，有狮山、象山隔水相峙，理源桥横架溪上，过去还曾有一座三层五开间的文昌阁，以及高达十六米的砖砌文笔。如今，高峻的理源桥遮挡着村庄，门额上的题字却是醒目，称"闾开阀阅"、"山中邹鲁"、"理学渊源"、"笔峰兆汉"，标榜的正是书香传统和科第成就。而刻于桥座上的"溪山拱秀"，无非是夸耀此处地灵而人杰。

当然，人们对水口的寄予并不仅限于此，还有人丁兴旺的心愿，安康幸福的祷祝，财源茂盛的梦想，水口承载着人们太多的祈望。该县汪口的水口处，除了文昌阁外，还曾建有关帝庙、五显庙（五路财神庙）、汇源禅院、三相公庙。看看，人们把驳杂的民间信仰以及平凡的生活理想都堆砌在这里了。

> 结识一方土地，需要抵达它的节日、它的内心，抵达乡村每个盛大典仪的现场。

乡村狂欢节

2 ›››

赣南的庙会日

在元宵之夜的曾家祠堂里，神人同宴乐。满场痴迷的目光，开怀的笑声。其中，一定也有他们的目光和欢笑吧？

台上，范杞良于押解途中夜宿娥皇庙，修下血书，望妻子早日寄寒衣到沙场；杞良之举感动娥皇娘，娥皇命判官变鸿雁衔血书送至许府；姜女在花园拾得血书后，赶制寒衣，拜别了二老……专家认为，"曾氏孟戏曲牌一直保持了古南戏高腔的原汁原味，特别是二夜海盐腔风味更浓，打击乐也有很多的海盐腔，它的一板一眼非常标准，唱腔比弋阳腔还要古老，五音符很明显"。因为整本的孟姜女南戏本被认为早已失传，曾氏《孟姜女寒衣记》演出本约形成于元代，无疑是孤本了，其价值显而易见。

我从辞神祷词中窥见孟戏能在乡野生长数百年的秘密了。那就是信仰的力量。请听管首念道——

天神归天，地神归地，各坊福主、佛主、神主，各归各祠，各归各位。在天者腾云驾雾，在地者勒马加鞭。来得高兴，去得轻松，一路香、纸、明烛敬送众神。

诸神有请有送，只有三元将军、清源祖师有请不送，不离弟子左右，千招千应，万招万灵。拜圆。

郑重其事的拜请，彬彬有礼的辞送。五花八门的神明，聚集在人们的语言之中，狂欢在人们的心灵之中。那请而不送的三元将军、清源祖师，就是本坊的福主了。关于清源祖师，明代著名戏剧家汤显祖在《宜黄戏神清源师记》中称："予闻清源，西川灌口神也，为人美好，以游戏而得道，流此教于人间。"可见，这戏神也是人们在生活中须臾不可离开的保护神。

与该村一河之隔的大路背刘家也有孟戏遗存，刘氏演出的《长城记》，以曲调保留着当年宜黄班演唱的海盐腔，且扮相好，弥足珍贵。大路背刘家的剧场旁边有间不大的屋子，称将军殿，又叫孟庙。后殿是连通剧场后台的化妆间，前厅中央的神案上供奉着清源祖师的神像，周围放置着正月初一"出帅"仪式用过的仪仗器具，正面上方有玻璃橱窗嵌在墙内，是为神龛，平时三元将军面具就置身其中。

至于曾氏的恩人怎的又成了刘家的神灵呢，我不知端底。刘家班子的缘起，倒有说法，无非是说大路背村人年年过河看戏，如何成了戏迷，而后横下心来创建自己的戏班而已。算起来，大路背刘家演出《长城记》也有四百多年了。

台上的孟姜女是不老的。感天动地哭了上千年，倾不尽人间悲苦，声声泣血；悲悲切切地唱了几百年，诉不完心中不平，句句含恨。尽管颇有亵渎帝王之嫌，这样的戏本为明永乐年间所颁的禁令所不容，她还是意外地流落到了天高皇帝远的穷乡僻壤，并一如既往地爱着恨着。她的幸存和

三夜本的孟戏

不老，发生在两个相邻的村庄里，真是个奇迹，其中有太多的不可思议。

想当年血雨腥风，"敢有收藏传诵印卖，一律拿法司究治"，她怎么就敢冒满门抄斩的风险，公然且安然地在宗族的祠堂里登台亮相呢？数百年岁月沧桑，她怎么就能锲而不舍地唱到今天，并保持着原始的风貌呢？还有，让我一直耿耿于怀的，虽然孟戏的唱腔集我国古戏曲唱腔之大成，优雅悦耳，但那美妙的演唱中却不乏对秦王暴政的控诉，尤其对蒙恬几乎是口诛笔伐了，既然如此，蒙恬们怎么又被奉作神明了呢？

我从专家的文章中得知，曾、刘两台孟戏剧情大致相似，结尾却有所不同。曾家的孟姜女竟敢怒诉心中对蒙恬的三不平，抨击秦王，最后面对垂涎美色的他们，坚贞不屈，以死殉节；而刘家的孟姜女，虽有悲痛怨恨，却是逆来顺受，以其贤德，获得秦王封赠。曾家本中孟姜女的处理，正是专家判断它是元代南戏遗存的论据之一，因为如此敢于犯上的写法，当在明永乐禁令之前。想来，有恩于曾氏的大老爷蒙恬，在曾家的孟戏里更要挂不住脸了。经过庄重的请神仪式，受请下凡来看戏的将军，岂不是来领受羞辱了吗？也不知观众身后那威严的神像面有愠色或愧色否？

原来，被唱着骂了几百年的人，竟是忍辱负重护佑着曾刘两姓子子孙孙的神！原来，被供奉了几百年的神，不过是年年被乡女村妇怨恨着的人！

不要笑它的荒诞。其实，民间信仰中充满了类似的矛盾，正如不少凶神恶煞也成为人们敬奉的尊神一样。在这里，也许这矛盾中的荒诞意味，正是探究孟姜女奇迹般地活在今天的消息树、通行证，走进去，便接近了一个宗族的内部秘密。假如，没有对三元将军的虔诚笃信，很难设想孟戏能够留传至今，反过来说，假如，没有孟戏摄人魂魄的艺术魅力，我们也很难设想，宗族的信仰能够如此牢固地凝聚族人。所以，我觉得，民间戏曲艺术和许多其他形式的民俗活动，无非出自维系宗族关系的需要，它们能够绵延发展，正是由宗族力量获得了顽强的生命，而民间信仰正是宗族力量的精神支撑。

大路背刘家的剧场近年曾经历了一次火灾，顷刻间吞没了剧场的大火，居然没有火舌朝大门外蔓延，这让人们甚是惊奇。人们对此的解释是，门外就是紧挨剧场的将军殿，故得三元将军和清源祖师的护佑。最奇的是，将军殿的后殿与剧场的后台有门相连，剧场里的铜铁都被烧化了，而那道木门却安然无恙。

面对此情此景，也就由不得你不满怀敬畏了。也许，充满敬畏感的信仰，正是人们重建剧场的精神动力。走进新建的剧场，在开台庆典的肃穆气氛里，我获知，古老的开台仪式为百年难得一见，其程序和讲究谁也没经历过，完全是凭着老人靠听说得到的记忆，来想象和设计的。

人们小心翼翼地忙碌着，神色庄严地招呼着观众，说话都是轻言细语的，而且，议论剧场曾经的火劫是为大忌，进大门时两边的楹联就作了暗示："沧海复桑田喜四方援助弦管重调，楼台易瓦砾看莫论仍美旧貌换新。"竟也奇怪，无论文化程度如何，陆续进场的观众都很自觉地"看莫论"，一个个虔敬得很。

晚饭过后，等到夜色渐深，演员、乐手纷纷登台，此时，有人执笔站在台边——为他们点额。台下前面的坐席留出一片空场，村人相互叮嘱，等下会有鬼从此经过出大门，千万别被它撞到了。主持庆典活动的剧团负责人好像对此也特别在意，不时过去维持秩序，还轻声提醒拎着相机的我。剧场里陡然充满了神秘感。

开台庆典的第一个节目是"跳加官"。佛家、道家、释家及民间传说中的各路菩萨纷纷粉墨登场，听说头天夜里人们还先行请出了祖先的神灵。将军、道士、僧人们各自唱念做打一番。我注意到，在节目开始之前，戏台的地上扣着一些小瓷碗，瓷碗间隔一大步，作方形整齐排列。当一手执拂尘、一手举公鸡的道士出场时，随着场外鞭炮大作，一头厉声嚎叫的猪被几个壮汉拖到台前，在他们给猪放血的瞬间，台上一片吆喝。原来，前后台的演员、乐手都冲到戏台中央，或以棍击，或以脚踩，把那些瓷碗都打碎了。这个情节发生得很是突然，让人不禁愕然。接着，人们迅速把那头被宰杀的肥猪拖出剧场，地上的一大摊血迹热气腾腾，温热的腥气和辛辣的硝烟味弥漫在剧场里。

方言土语的唱段我听不懂，但后来形象极其丑陋的鬼魅登场时，它们有一段伴着狞笑的念白，让我依稀听出了个大概，鬼魅们是觊觎着"广昌县甘竹镇大路背"呢。小鬼们抬着大鬼，很是张狂，但一个个尖嘴猴腮，分明是一群饿鬼。

就在鬼魅横行之际，庆典演出进入了高潮。随着钟馗的出场，大鬼小鬼匍匐在地，连连叩首，突然间，又是一阵齐声怒喝，演员和台上其他人等个个手持照妖镜，一起出来驱鬼。各式脸谱、服饰汇于一台，非常生动真切地展示着驳杂的民间信仰。这时，剧场门外再度鞭炮炸响，鬼魅们仓皇下台，夺路而逃。

在此之前，尽管心存畏惧的观众已给它们让出了道，但那位负责人还是用自己的身体挡在观众前面。据说，万一有人被它们撞到，那人就晦气了。这些鬼魅要捡小路一直奔逃到村外的河边，洗脸卸妆，还原为人模人样，才能回到剧场；而庆典演出之所以要拖到夜深人静才开始，也是为了避免让路人撞见了鬼。

开台的庆典，经过逐疫驱邪祈太平的仪式之后，就可以上演这个乡村孟戏剧团的拿手好戏了。刘氏《长城记》为三夜本，平常时候只在每年春节期间择吉日表演，以酬神祭祖，祈福纳祥，那三个漫长的夜晚，也是神人同欢、其乐融融的不眠之夜。

庙里的傩神

　　乡村为宗祠落成、修谱、添丁、婚庆等宗族活动而举行的戏曲、舞蹈等艺术表演，无不包含着娱神的目的，因此，这些演出活动总是伴有庄严的敬神仪式。尽管，随着时代的变迁、社会的发展，娱神活动不断朝娱人化演进，但是，我们仍可从乡村传统的民间艺术表演中，通过某些仪式或细节，看出其娱神的原始痕迹。

　　村庄希望取悦的主要神明，除了祖灵外，大约就是它们各自的福主了。所以，我觉得，福主崇拜是民间艺术生长的一片沃土。它不仅为各地独特的民间艺术表演提供了神圣的舞台，也为之提供了一定的思想和艺术资源，同时，福主崇拜的神圣性和神秘性正是与之相关的民间艺术能够世代传承的精神动力。

　　石城县的东岳庙与城隍庙比邻。我在农历五月初七走进这两座庙中，其神席上的供品还没来得及收拾。东岳庙有联云："天鉴在兹，爵与天齐洪古游魂归东岳，功司地藏即今大泽遍崇朝。"它所主祀的东岳大帝，被

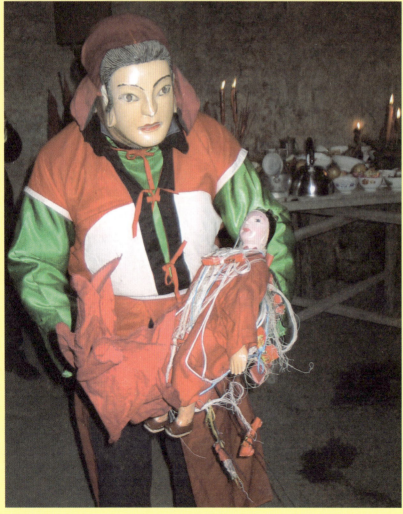

奉为掌管人类生死的阴间大神，其祖居在东岳泰山。在古人心目中，"东岳安则四海安"，因为在人们的认识世界里，泰山上通神于天，下辖地府，神灵显赫。由于历代帝王敕封，信仰东岳大帝兴盛，各地纷纷兴建东岳庙，即便如今，在赣南乡村仍多有留存。其城隍庙内的对联也如田头镇那般声色俱厉："任尔盖世奸雄到此亦应丧胆，凭他骗天手段入门自难欺心。"

城隍庙的内墙上，还贴着日前游神活动的安排，我索性把出巡队伍的顺序抄下来了，东岳大帝、城隍福主出巡的盛况可见一斑——

鞭炮，彩带引路，大圆灯笼，西皮锣鼓，"时和岁"、"民富国强"横幅，庙旗，直锦联，彩旗，管弦乐队，客家文化横幅，雄鸡报晓古史，仙女散花古史，观音送子古史，腰鼓队，秧歌队，长龙队，文艺乐队，打连枪，蚌壳，西皮锣鼓，神席，花船，腰锣，长喇叭，回避肃静牌，执事，吊炉香盘，小乐队，印箱，城隍神像（左右扇），百叶伞，东岳神像（左右扇），百叶伞。

这些文字是一支浩浩荡荡的队伍，穿行在我对乡村传统节日的记忆里。我想起了节日的宁都。

节日的宁都是隆重的。它被缠绕在一根根竹篙上，是林立的鞭炮；被填充在一杆杆鸟铳里，是喜庆的轰鸣；被粘贴在一只只彩灯上，是精巧的剪纸和贴画；或者，它端坐在一抬抬花轿里，是形形色色的戏剧人物。

节日的宁都是乡土的。它在一座座祠堂里听戏，笑得前仰后合；它在山路上、河堰上庄严地游走，神圣的步履惊醒了冬眠着的土地；它在夜色笼罩的田野上狂欢，灯火长龙的舞蹈映红了所有的脸、所有的心。

几年前我前往正月的宁都，虽然是临时动议，宁都的朋友很轻易地就把我的行程给安排得满满的——正月十三到达，晚上去黄石镇听宁都采茶戏；正月十四，上午访问竹笮乡的宁都道情，下午是石上村的"割鸡"仪式，晚上有江背村的"扛灯"；十五那天有一些选项，比如，上午可看黄石中村的傩戏或田头镇的"妆古史"游村，下午再赴石上村看鞭炮燃放仪式，傍晚是该村的担灯游村，这个元宵之夜更是精彩纷呈，形形色色的灯会遍布山野间。可惜，一年太长，一夜太短，我们只能就近顺便去观赏曾坊村的桥梆灯表演。宁都让我大饱眼福。好比正月间不怕来客，酒菜都是现成的，喜庆的民俗活动也是现成的。

我在平日里多次到过的地方，竟让我如此陌生。看来，结识一方土地，需要抵达它的节日，抵达它的内心，抵达乡村每个盛大典仪的现场。庄严的神情，是探问它的来路的方向标；欢乐的氛围，是了解它的性格的说明书。

传统节日的民俗活动几乎都与禳神有关。比如，田头镇的"妆古史"就是汉帝庙、城隍庙等庙宇联合举行的庙会活动内容之一"出神"。我在正月十五赶到那里的时候，城隍庙对面的戏台前已是人头攒动。在一支鼓乐队洋鼓洋号的引领下，一抬抬披红挂彩的木轿挤进人群，停放在城隍庙与戏台之间。木轿以红布遮顶，正面装饰得五光十色，富丽堂皇，剪纸、扎花、贴画，有各种纹饰，还有人物、珍禽等图案。每抬木轿都贴有不同的剧目名称，如《天官赐福》《刘玄德招亲》《女驸马》《朱砂印》《错路缘》《三请梨花》等。一些男孩女孩分别化妆为各个"古史"的主角，听任大人们把自己"装"进历史里，有的委屈得哭了。

装入"古史"的木轿，待到高跷队化妆完毕，随一阵鞭炮炸响出发了。依然是鼓乐队在前，接着是神旗、高跷、木轿，殿后的是旱船、蚌壳和乌龟。踩高跷的八个演员分别扮作《西游记》《八仙过海》等故事中的人物，有的年纪已经很大了，我在取景框里仰望着他们的气喘吁吁。藏在蚌壳和龟甲里的，是两个年轻女子，蚌壳里的女子很是得意，老是敞开自己任由人们拍照，扮乌龟的却一直别扭着，我始终没有看到她的脸。

队伍在熙熙攘攘的人群中穿行。队伍要在偌大的镇上游走一圈再回到城隍庙。为了让高跷演员休息，半路上准备了农用车，坐在车斗上稍息即可，不必卸去高跷。最悠闲惬意的，该是坐在木轿里的大约五六岁的孩子，那些刘玄德、樊梨花们。但他们一个个表情懵懂，或有疑惑不安，似乎在为自己的装束、为今天的热闹而纳闷，好在都有自己的父母守护在四抬木轿边。

据说，这项活动已有四百八十多年的历史。历年均由田头四方出资，每方各出"古史"六台，共二十四台。经济宽裕时，增加一台船"古史"

和五台马"古史"。参与"妆古史"的演员、乐手和其他人等多达四百四十八人。田头人对1946年新春的"妆古史"最是难以忘怀。那是抗日战争胜利后的第一个新春，人们把喜悦之情融注在"古史"里，竟把一台船"古史"装点得金碧辉煌。那台船"古史"，内有扮演《打渔杀家》中英雄父女的一对男女孩童。女孩的父亲是当时的一位头首。这位头首把田头街上的金银首饰都借了来，用金戒指、金耳环编扎成绣球花挂在船篷门口，用近百只银手镯、银链条编扎成船篷两侧的窗花，再配上金银纸花彩绸等，把旱船装饰得极其华丽。为安全计，还特地请军队派兵荷枪实弹来施以保护。

田头镇的"妆古史"，让我联想起头天夜晚看到的该县江背村的"扛灯"。那是一种大型花灯，用竹篾做成五层骨架，装裱着吉祥寓意的剪纸、贴图以及灯谜、联语、诗词等，花灯的上面各层有门楼，额书戏名，内中装置微型的戏剧人物，并用头发系着人物，巧妙利用每层灯火的热动力，使人物旋转起来。听说，如今江背村中只有一位老人会做这种"扛灯"了，为做当晚用于游村的九只花灯，竟耗费了老人半年的时间。时间证明着工序的繁缛和技艺的精细。回想那些旋转在花灯中的戏剧人物，我忽然觉得，这"扛灯"何尝不是一种"妆古史"呢？

宁都乡间对"古史"的迷恋，非常

生动地展示了一个地域的文化风貌和精神气质。我以为，诸如"妆古史"之类的民俗活动，既是人们寓教于乐的一种教化手段，更是祈福纳吉的一种仪式。"古史"中的主角，被尊崇着、供奉着，人们像抬菩萨游村似的，把附着于这些形象的祥瑞之气播撒到每个人的心隅，很显然，这些戏剧人物已经成为人们心目中的神灵。而且，由于它们所象征的仁义忠信等品德，正是民间理想中道德诉求的反映，因此，它们成了人们最可亲近的神灵。

所以，"妆古史"成为赣南常见的客家庙会活动。不少地方都取材于《西游记》《白蛇传》《武松打虎》《嫦娥奔月》等家喻户晓的传说故事，或扎制成各种人物造型，或由童男童女装扮成故事中的人物，由人们扛着巡游。寻乌县南桥镇每年要举行两次"妆古史"活动，相传在四百多年前，有陈、罗、邝等六姓人家相继迁居到了那里，众姓合力建造了汉帝庙和五贤庙，每年立秋和农历九月二十八便是那两座庙的祭祀日，庙会的主要活动正是盛大的"妆古史"。无疑，护佑一方的福主，在那里也成了凝聚百姓的精神旗帜。

被装进"古史"的孩子，端坐在木轿里，张望着狂欢的人间，天真的眼睛里半是好奇半是诧异；行走在高跷上的青壮汉子，如行走在天地之间，小心翼翼的步履迈过了人生的坎坷。

宁都乡间喜好的马灯舞，也是春节期间别具特色的传统禳神习俗，马灯舞又叫"竹马灯"、"跑竹马"。竹马一般用竹篾扎成竹架，外面用布蒙好，分前后两截，系在舞者腰上，如骑马状。舞时表现骑马徐行或疾驰跳跃，动作轻松活泼，情绪热烈奔放。因为它与盾牌舞合演，故村人又称其为"洗马拆牌"。盾牌舞是一种表现古代士兵操练的舞蹈，其内容多为两军对垒破阵、互相攻守等。明代抗倭名将戚继光曾以此舞训练士兵。

当地传说，俗称"洗马拆牌"的禳神活动，是为了祭祀戏神"清源妙道真君"。如今，从大年初二开始直至元宵节，每天上午马灯舞的扮演者着盛装、举牌灯、骑竹马，手持盾牌和刀枪，在头灯的导引下，敲锣打鼓，高奏唢呐，长蛇般走村串户，挨家挨户地上门拜年赐福。每进一家，马灯先在厅堂转一圈，接着喝彩者双手端着盛了米谷的托盘，边撒米粮边喝彩，意在祈求吉祥如意、风调雨顺、五谷丰登、福寿平安。其

（左页上图）
被装进"古史"的孩子
委屈得要哭了

（左页下图）
罗家堡跳傩

唱赞词是——

　　手拿神盘四四方，端起金碗撒米粮。撒你东方甲乙木，代代儿孙
做都督。撒你南方丙丁米，子孙读书早登科。撒你西方庚辛金，添福
添寿添新丁。撒你北方壬癸水，秀才出门状元归。新年新春新景象，
家家户户喜洋洋。人人要载千年福，墩墩要载万担粮。万担粮来万担
粮，陈谷老米堆满仓。作田年年大丰收，生意兴旺赚万两。撒粮弟子
祝赞后，合家老少福安康。

　　晚上，在村庄的坪地上表演"洗马拆牌"，土铳声、鞭炮声、唢呐声
响彻夜空。"洗马"之前，先表演跑马，由黑马率领红马、黄马及白马，
先围着场子奔跑几圈，然后分成四方互相对跑几次，再按8字形穿花奔跑
几次。"洗马"的程式很是细致，要模仿牵马、下口套、下马鞍、喂马、
洗马，接着上口套、上马鞍、驯马等一整套动作，来完成舞蹈。而"拆
牌"则是勇武威猛的活儿，先表演各种拳术，之后，跳盾牌舞，舞者一般
左手拿盾牌，右手持短刀，其队形有八字阵、一字长蛇阵等。"洗马"之
后的喝彩，道——

　　黑鬃烈马下天堂，你是天上神马王。今日奉命下凡间，尽心镇守
保地方。一保国泰与民安，二保人畜两兴旺。三保五谷齐丰登，全村
老少永安康。听我弟子祝赞后，人人幸福万年长。

　　到了正月十六日下午，神马要返回天庭了，马灯舞的扮演者、头首以
及族长领着人们，吹吹打打举行欢送仪式，以谢神马下凡，赐福镇邪。送
至河边时，点烛焚香叩拜，把事先用纸扎好的黑、红、黄、白四色小神马
点火焚烧，边烧边喝彩——

　　手举头灯放豪光，送你黑马归东方。手提禾尾两头尖，送你红马
转南边。手捧牌灯四四方，送你黄马归西方。手拿蜡烛圆丁丁，送你
白马转北边。弟子欢送祝赞后，家家户户永吉祥。

喝彩完毕，当鞭炮燃尽之后，人们要立即停锣息鼓，唢呐不可吹，马也不能骑，从腰间解下提在手中，在回家的路上一直要保持沉默肃静。这既是表示恭敬，也意味着不要再惊动神马。

如果说，马灯舞、盾牌舞曾经是传达民间信仰最直接、最具功利的载体的话，那么，经过长期的演变，如今已成为自娱性的节日民俗活动。不过，由它残留的仪式片段，我们仍可以窥见其娱神的原始动机。更重要的是，娱神的性质不仅仅遗存在形式上，还反映在人们的接受心理上，它给人们以精神寄托，满足了人们祈望辟邪纳吉的心理诉求，同时，寓庄于谐、寓教于乐，教化并欢娱着民心。

节日的宁都人神同宴乐，节日的宁都心灯相映红。年年元宵之夜的宁都，都被装置在形形色色的灯笼里，是绽放在灯笼中的灯花，是装裱在灯笼上的剪纸。所有的村庄都有穿梭的灯火，所有的水面都有荡漾的灯影。

在元宵节的苍茫暮色中，我随着石上村的担灯队伍出村，走过河堰，走上山冈，走近了相邻的曾坊村的桥梆灯。

曾坊村游灯是祀奉汉帝庙的主要活动。每年的正月初一就开始筹备，于十四日下午试灯。所谓试灯，就是添丁户去汉帝庙祭拜。一路上，要燃放鞭炮，敲锣打鼓，直到入庙。回家时也是如此，中间不可有片刻停顿。与此同时，全村鼓乐喧天，鞭炮、神铳齐鸣。

到了十五日傍晚，三声铳响后，聚集在族祠里的添丁户就开始游灯了。那是一条浩浩荡荡的灯火长龙，它由二十多条大长凳连接而成，每条长凳置十只方形灯笼，灯笼分红白二色，白色的上贴红色剪纸花样。红灯乃添丁灯。参与游灯的都是各家选出的最强壮的后生。灯火长龙蜿蜒东去，再绕村一周，游遍本族的田园、山冈和包括汉帝庙在内的古迹。然后，在村东北方向的小河边举行追灯活动，即头灯追尾灯，意欲将整个灯队连成一个大圆圈。

寒夜里的禾田是这条长龙的舞台。龙的舞蹈，其实是身体的游戏，身体的狂欢。打头的长凳就是龙首，殿后的则是龙尾，一夜的闹灯要到龙首咬住龙尾方告结束，而龙尾岂肯轻易就范？于是，扛着桥梆灯的汉子们追逐着、躲闪着，长长的桥梆灯在满是禾兜的田里盘旋翻腾。难怪有人说，耍桥梆灯需要武术步伐功底，不然难以支撑胜任。想来也是，在现场就不

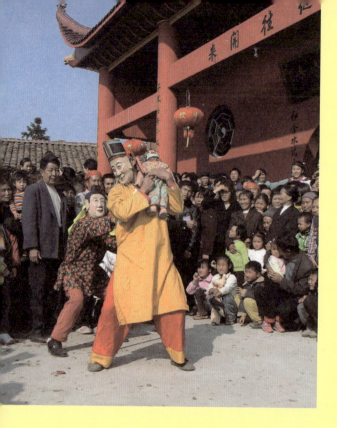

时有人被甩得踉踉跄跄。

龙首总是咬不住龙尾。元宵之夜因此而漫长无涯，人们好像沉浸在节日里、陶醉在自己的祈愿里不肯出来。

一旦头灯和尾灯拴在一起，灯队便成了一个大大的圆，在圆月之下，这个圆缓缓转动，象征着全族人的团结圆满。转动几圈之后，灯队回村了，接近汉帝庙时，队伍散去，而初生小孩的人家则要扛着桥梆灯进庙参拜。

节日的宁都，尽情享受着自己的节日。这是内心充满信仰的人们才能享受到的欢愉啊。

水北的傩公傩婆　　民间信仰催生了绚丽多彩的民间艺术和民俗事相，而本来以禳神为目的的民间习俗，总是串联着一个宗族、一座村庄乃至一片地域人们的思想和感情，成为人们和亲睦族、友邻好客的桥梁和纽带，香火氤氲的氛围，也是人心欢娱的氛围，人情融通的氛围。因此，可以说，福主崇拜通过世代相沿成习的民俗活动，深刻影响了人们的生活方式。

在赣南，宁都中村是唯一至今仍保存着傩戏的村庄。据说，古老的跳傩于明代万历年间流传到宁都，至清代形成傩戏。中村傩已传至第三十二代，而最后的传人已是七十多岁的老人，一套一百又八枚完整的傩面具，也仅存三十六枚。听说，最近又一次失盗。

中村把华光菩萨作为自己的福主，每年都要举行两次禳神活动，第一次从农历正月初二起至十六结束，第二次从农历九月十一起至十七结束，活动范围延伸到该县一些乡镇乃至邻县乡村。用来驱除疫鬼灾邪、祈求神明保佑的傩戏，正是禳神的主要形式。演傩在祠堂里进行，祠堂里祀奉主神华光菩萨，唐、葛、周元神，以及钟馗、关帝等十五尊神像和保存下来的傩面具。演傩前要杀公鸡以请神、祭神。表演的节目有《钟馗斩金鸡》《判官点书》《太公钓鱼》《王卯醉酒》《赖公射月》《抱冬易》《打保安》等七个节目，时间长达两小时。在祠堂里表演结束之后，傩戏班一个个头顶傩面具，挑着香炉、香烛、粮米，簇拥着华光福主的神像，敲锣打鼓地到各个村落的祠堂巡游一圈。每年两次禳神的出神活动，都要游遍上百个自然村，巡游的地点和路线是祖先确定的，中途在哪里吃饭、哪里住宿，都要严格地依照惯例。福主所到之处，迎接的鞭炮声此起彼伏，村人早已提着装有香烛、鸡鸭、鱼肉、白米的竹篮恭候在门口，有的还会请傩戏班到自己家里表演。

我曾于正月里尾随这个傩戏班，去看他们为山里人家举行的辟邪祈福仪式。如今，所谓傩戏班，只有一位能够表演的老师傅了。在人家厅堂演傩，一般表演《赖公射月》《王卯醉酒》《判官点书》《抱冬易》等三五个节目。在神铳的声声轰鸣中，锣、镲和唢呐簇拥着傩戏班进得厅堂，屋主人迅速燃香、杀鸡。摆满供品的供桌上，又被放上神像、神箱以及插着红烛的香炉。演傩之前，那位师傅先是念念有词地点燃纸钱，这时屋主人合家跪拜于堂前，再三叩首。据说，表演《太公钓鱼》时，头首会将用过的

明亮的心声

道具，那纸剪的鱼，出售给观看的人们，妇女们少不了要争抢一番。将纸鱼买回家后，要先在灶头上放一下，再拿去拌猪食、鸡食，这样，可保畜禽平安。我看到的鱼却是木制的，未见出卖，却见姜太公一手持竿、一手摇轮，分明用的是颇为先进的钓具。演《抱冬易》时，忽然有一些妇女挣出人群，各把一支白线挂到师傅手中，线头上吊着一个装有钱币的红包。我后来得知，每支白线一般为十二根，当年有闰月则为十三根。人们称之为挂线，意在保佑大人小孩长命百岁。演傩完毕，傩戏班收拾好神像、道具，各人喝碗水酒或擂茶，便又赶往另一个村庄。中村一带，藏在山旮旯里的自然村，有独门独户的，有三三两两的，山道蜿蜒，偏僻封锁。想必，华光福主驾到的这一天，该是那些小山村最热闹、最幸福的一天了。只是辛苦了这位神灵和它的信士们。

有四百多年历史的傩戏表演，正是因为禳神活动才得以绵延至今，而欢乐喜庆的禳神之日，理所当然地成了一方土地的狂欢节，以至培育出具有浓郁乡风乡情的生活习俗。当地老百姓习惯借禳神尽情欢乐，都把传统的重阳节、小孩满月、老人寿诞移到这一天来过，各家各户也大宴亲朋好友，处处杯盏觥筹，人人喜气洋洋，其隆重热烈的气氛胜过了春节。当地流传的民谣这样唱道："璜村鱼塘要车燥（放水捕鱼），田坑家家要过烧（油炸条子），有有冇冇都一样，生生死死这一朝（各种喜事都集中在这一天操办）。"

吉安卢家洲村的卢氏宗祠被村人自豪地夸耀为"玉祠"，这是因为该祠的大门、腰门、后堂门等七座门，及西侧舍间福主庙的庙门，共八座门的门楣、门槛、门墩、条柱乃至门臼，均以整块汉白玉为材料，祠堂墙角石和祠内的柱础也是汉白玉，面阔三间的明厅阶石也是整块的汉白玉，其中中厅阶石长达近六米，比故宫最长的汉白玉还长一米多。福主庙的门楣上雕有双龙戏珠图案，不大的庙堂中，供奉着福主菩萨，香火一直旺盛。

由玉祠的奢华，也可以想见当年此地的富庶。邻村百姓认为，卢氏人丁兴旺，财源广进，是托卢家洲福主佑民有方之福，甚是眼红。情急之下，便想沾沾别家神明的光。有一年的农历七月十二日深夜，一位族长带领几个村人悄悄地把那尊福主请到了自己的村里，毕恭毕敬地祀奉在本族祠堂中。天刚亮时，族长竟做了一个梦，梦见福主菩萨对他说："你们的好心我领了，但我的责任在卢家洲村。你们若是真心待我，即使我不在你们村，我也会保佑你们的。"说完，福主菩萨飘然而去。族长猛然惊醒，立即叫上一些族人赶往祠堂，发现请回来的福主菩萨果真不见了。急忙赶往卢家洲福主庙探看，只见福主菩萨居然端坐在原位上。惊叹不已的族长回村后，召集所有族人，把自己所梦所见告诉大家，嘱各家杀鸡宰鹅一同赶往福主庙敬神。

告知天地

此后，附近村子为祈求福主庇佑，每年农历七月十三日都要赶往卢家洲朝拜福主菩萨；而卢家洲村人为了表示谢意，则要盛情宴请所有来朝拜的客人，形成了"七月十三吃菩萨"的习俗，流传至今。我在卢氏宗祠里，就看见里面墙根下堆放着一摞摞的餐具，它们似乎在期待着"吃菩萨"的日子。

许多村庄都有"吃菩萨"的习俗。我所经历的场面最为壮观的"吃菩萨"，是在南丰水北的筵福和合寺。那天是新落成的和合寺开光的日子。据说，这样的开光仪式是数百年难遇，远远近近的乡人从四面八方赶来，欢庆他们所信奉的和合二仙有了新的殿堂、新的神位。

和合二仙是我们的老祖宗从儒家"天人合一"、"和合同异"、佛家"因缘和合"及道家"阴阳和合"的哲学思想和文化理念出发，在梦想中创造出来的民间崇拜对象。它们"和万象之新，合一元之气，并和气以保福禄财喜，合理而升公侯伯子男"，听听看，和合二字，贯通宇宙乾坤，涵盖自然万物，气概莫若其大也。这和合二仙差不多可以算作神灵中的哲学家了。

难怪，摩托车挤挤挨挨地停放在寺外的坪地上。一筐筐瓷碗、一箱箱啤酒码放在斋堂门口。善男信女人头攒动，涌进寺里又挤了出来。村人喜滋滋地念叨着一个数字，很有些奔走相告的意思，他们说中午在此用斋饭的达五百桌。

我不禁瞠目。五百桌，那就是好几千人啊！可见这座和合寺香火之盛。

信丰安西镇的上堡、中堡和下堡，每年中秋前后农事稍闲时，要举行"老爷会"。所谓"老爷会"，就是三个村庄礼尚往来择日轮流大宴宾朋，农历八月初一从上堡开始，九月中旬至下堡结束。"老爷会"开始的那天，村人成群结队敲锣打鼓、鸣放鞭炮到一个叫海螺寨的寺庙里去杀鸡宰猪祭拜，然后把寺庙的香火引回家，放在家中的厨房里，以期"人丁兴旺、代代相传、吉祥如意"。接着，就是以"吃"为全部内容的活动了，所有的食客都成了主人家的"老爷"。

轮到请"老爷会"的人家，在前一个星期左右就会传口信或写请帖邀客，受邀者应如期赴会，否则就是"吃帖"失信，意味着两家从此绝交。"老爷"赴宴，一般会带些水果、鸡蛋、糕点之类的"手信"前往。人们以茶为媒，以酒为媒，谈笑风生，欢聚一堂。在这"家家扶得醉人归"的季节里，即便家境拮据的人家，也要打肿脸来充胖子，正应了那句古话："人情到，禾种粜。"一旦有行乞的孤寡

迎神的礼仪

老人出现在"老爷会"上，主人都会慷慨施舍，认为施舍与人是福气。奶孩子的母亲常把行乞者得到的食物再买下来，喂给小孩吃，并请行乞者把预先写好的红字条四处张贴了去，纸条上写着："天皇皇地皇皇，我家有个夜哭郎，行人看上一百遍，一觉睡到大天亮。"人们相信，如此这般，小孩夜间就不会惊叫啼哭了。

水北和合寺开光

那么，海螺寨寺庙里敬的"老爷"又是哪位尊神呢？是三位康泰王福主，为威忠显德、护国佑民、文孝广佑真君。传说，明宣德元年九月初九日傍晚，东天忽然红霞漫天，祥云结彩，有三位身着龙袍的神仙腾云驾雾而至，他们在半空飘游了三圈后，徐徐降落在海螺山顶。安西上、中、下堡百姓目睹此情此景，立即敲锣打鼓蜂拥上山迎接。上堡人抢先赶到，烧香祭祀后，便抱走了三位福主神像，分别称之为大福主、二福主和三福主。大福主执掌宝印，二福主持云帚招吉除邪，三福主握宝剑斩妖驱魔；待中堡人随后赶到时，现场只剩下一张神台，于是，他们只好抬走神台，模仿福主形象塑成了中堡老爷；距离较远的下堡人只遇到一枚抬不动的大钟，索性就地建起了康王庙。

康王成为安西百姓的保护神。人们津津乐道地传说，在兵荒马乱的岁月里，有一年，海螺寨寺里住满了避难逃生的男女老少。就在强盗企图袭击寺庙的危急时刻，福主显灵变成红黄白三匹大马，飞奔到马塘边，喝干了满塘的水。强盗路过塘边见状，甚是惊喜，纷纷下塘捉鱼。岂料，这时三匹神马一齐吐水，顷刻间，强盗们葬身鱼腹。

每年一度的老爷会，杯盏觥觚间，似乎仍在欢庆那场大快人心的胜利。

谁能想到，被百姓崇仰了千年的英雄，
竟会被今人普遍误为财神菩萨？

民间的英雄情结

3 >>>

瑞金壬田的农历九月十三，大概是一年中最热闹的日子了。一大早，镇街上就喜气洋洋的，所有的店铺都大敞着，所有的店老板都在忙活着，所有的门前都插着三根又粗又长的红烛。

烛台却是因地制宜、顺手拈来的，蜡烛干脆就插在蜂窝煤的洞眼里或废弃的油漆桶里。人们点起烛火，又搬来凳子或随意搭个供桌，端上鸡、鱼、肉及米饭、水果做供品，有的供桌边还放着酒壶，主人不时倒个半碗，弓着身子洒在地上。这是自家酿的米酒，这一天的壬田注定要被这种米酒灌醉。

听说，待一会儿，壬田镇上将是宾朋盈门，就连许多瑞金城里人也会赶到乡下来凑热闹，镇街上到处人头攒动，手机根本打不进去；听说，在

农历九月十三日的壬田

这天中午，到处是杯盏觥觚，家家大宴宾客，且以客多为荣耀，即便一个陌生人也可以成为任何人家的座上客，到得傍晚，满街是踉踉跄跄的醉人，满街是朦朦胧胧的醉眼。

这是人神同宴乐的一天。我前往这一天，就是前往延续到今日的民俗传统，前往依然充满信仰的心灵。

眼前是红烛的街市，酒香的街市，鞭炮的街市。烛火轻摇，眺望着街的尽头；供品盈桌，迎候着菩萨的光临；鞭炮高悬，一串串，流露出紧张的神色。

是的，凭着壬田街上忙碌的气氛和人们顾盼的表情，我知道自己还是来晚了。既然，人们都做好了"禳菩萨"的准备，想来此时已经完成了

"出神"仪式。果不其然，随着鞭炮骤起，从一条巷子里传来一阵吹打，只见在神旗、万民伞的引导下，一抬大轿出现了，端坐在上面的菩萨着锦袍戴官帽，面色如金，神情威严。队伍前后的两支乐队是土洋结合，前有锣鼓唢呐，后面却是洋鼓洋号，鼓号队的着装很滑稽，上身的制服一律红色，款式却不同，大约是胡乱拼凑的，下身就不讲究了。这和壬田镇上的环境是吻合的，街面上有不少贴着瓷砖的新屋，看过去却是杂乱无章。八人抬的大轿匆匆前行，街巷两边的人家和店铺则慌慌张张，人们要抢在队伍经过时点燃鞭炮。在紧张热烈的气氛中，团团浓烟淹没了整条长街，淹没了所有的表情。

年轻的向导告诉我，壬田一共有四尊菩萨，现在开始游街的是第一尊。至于是何方尊神，他愣了一下，然后自信地说："是财神吧。"我又问了两位店老板，他们也说是财神。拿大街上的店家和小巷深处的居家相比，店家门前的红烛要粗大得多气派得多，供品的差异主要体现在那条鱼

今日的菩萨曾是历史上的英雄

上，鱼有大小贵贱之别。于是，我猜想，满街的店老板大概也都把菩萨当财神了。

　　其实，我已从资料上得知，壬田祀的是福主菩萨。瑞金县志称："长久以来，县人崇信神祇，城乡庙宇甚多，且广置庙产，起庙会（亦称神会，为一方各姓联合所为）。每于神之诞日，杀猪宰鸡，燃香祭祀，此即'做会'。由于乡间闭塞，生活单调，因而常藉庙会迎神竞技、演唱古戏、交流物资、走亲串友，甚至开台聚赌。"遍布瑞金各乡镇的传统庙会有，祀观音大士的观音会，祀旌阳县令、斩蛟英雄许逊的真君会，祀圣母娘娘的仙太会，还有花神会、罗公会、五显会、福主会等。壬田的庙会就是祀冯侯福主的福主会。

　　冯侯福主为唐末县人冯祥兴三兄弟，传说，当时叛军攻打瑞金县城，冯氏三兄弟为保卫家园慷慨捐躯，如此英雄，自然被万民崇仰，因而成为护佑一方土地的福主菩萨。县城及周边一些地方都祀冯侯福主，县城的福

谁是兄，孰为弟

主会定为每年农历九月十一，而壬田则紧接着在九月十三行会。壬田曾有福主庙，庙门两侧的楹联道明了冯氏兄弟的功绩："为国为家为安唐室，难兄难弟殉难罗簧。"

那座福主庙是近年拆掉的。冯氏兄弟因此各奔东西，分别寄居在各座祠堂里，我相信，他们的分手是暂时的，既然壬田人如此崇信福主，早晚还得让他们欢聚一堂，眼下他们不过是拆迁户而已。让我纳闷的是，冯侯福主明明是冯氏三兄弟，为何人们都说参与今天游街的是四尊菩萨？

追问下去，人们的回答并不一致，或称第四位乃冯氏兄弟的义子，或称其为冯氏的堂弟。不管究竟若何，那位也是当年保卫县城的英雄应是毋庸置疑的。

四尊福主菩萨并不是一起出来游街的。当第一尊菩萨匆匆走过大街，鞭炮声渐渐远去，在整条长街上弥漫的硝烟很快散尽，人们又开始翘盼了。我看见一些店铺门前码着三盘鞭炮，那肯定是为另外三尊菩萨准备的，性急的人家则已经把第二挂鞭炮缠在了竹篙上。

在等待冯氏兄弟陆续出现的间隙，我走进了镇上的一座祠堂。应该说，是祠堂里的烛火吸引了我。祠堂的门匾无存，但门前仍留有一对抱鼓石，在门口望进去，深深的内部烛光通明。原来，各家在门前敬神之前，首先要在祠堂里敬过祖先。陆续有人提着刚刚宰杀的鸡进入祠堂，在祖先神位左边的烛台下，将鸡血滴在"钱纸"上，然后，敬上香烛祭拜祖先。祭拜完毕，便端着供品去供奉福主菩萨了。烛台上下，散落着一张张钱纸，钱纸上碧血如花。

街上又传来一阵吹打，跑出祠堂一看，这回出场的是一尊红脸的菩萨，不知它是冯氏兄弟中的老几。神轿从另一条小巷出来进入大街，队伍也是步履匆匆的，不等我摆弄好相机，它就被震耳欲聋的鞭炮声和滚滚浓烟淹没了。我追不上队伍，即使追上也无奈于硝烟，只好拍满地的爆竹屑。

然而，壬田人太勤快了。未等硝烟散尽，一个个就忙着打扫各自门前了。试想，假如不急着扫去爆竹屑，等到菩萨们一一走过，街道上该是怎样动人心魄的红？

我漫步在壬田街上。伫立在街道两旁的红烛，无不噙着虔诚的热泪；

张望在店铺门前的眼睛，却是闪烁着各自的现实的、功利的祈愿。是的，当我得知他们中的许多人把福主当财神来敬时，心里竟有些怅然若失。因为，此地的福主崇拜分明渗透了民间的英雄情结，尽管英雄成为神明之后，更多地被人们寄寓了诸如添丁、逐疫、丰年等等平凡的生活理想，但是，福主会本身也是民间保存英雄记忆的一种形式。可惜，好不容易延续到今天的民俗活动，于不知不觉间，渐渐摒弃了它的教化意义而更趋于世俗化了。当英雄记忆化为乌有，是不是意味着它完全丢失了自己的民俗精神？

滴满鸡血的钱纸

其实，壬田行会时，簇拥着神轿的神旗旗号为"冯侯福主"，高举的云牌上则写着福主庙的那副楹联，这些信息鲜明地指向了历史，却被人们忽视了。

我一直期待着禳菩萨活动的高潮，但往年熙熙攘攘、水泄不通的情形并没有出现，镇街上除了两边店家的男女老幼迎候在门前，只有少许行人。当我看见第三尊福主菩萨迎面而来时，向导却告诉我，活动马上就要结束了。看来，在我参观祠堂的时候错过了另一抬神轿。

以烛火为路标，向导把我引进了村支书家。他家里竟已是宾客满堂，在等着喝酒呢，难怪大街上看热闹的人比往年少了，原来四方来客直奔主人家喷香的米酒去了。镇上的老人告诉我，福主会的头一天，人们要为福主菩萨净身，穿戴整齐，做好出神的准备；十三日一大早，在吹打班子的伴奏下，举行出神仪式，然后，才开始抬菩萨游街。因为年轻的向导并不熟悉整个过程，我错过了领略出神仪式的机会，此时才十点多钟，福主菩萨回到各座祠堂里应该也有相应的仪式。一问村支书，果然。于是，村支书领着我一路小跑，赶到夹在新建筑丛中的一座老祠堂门前，赶到一阵鞭炮声里。

福主菩萨刚刚班师回朝。凭着我拍的照片，经过比对，这尊菩萨正好是我在大街上不曾看到的那一位。壬田的四尊福主，金面、红脸各有两尊，它们的区别主要在于帽子。

人们在享堂正中放下神轿，开始为菩萨整理衣冠。这时吹打班子也进入了祠堂，也许是累了吧，两名唢呐手竟在门厅一侧坐了下来，把唢呐架在八仙桌上吹着，那模样很是幽默。其间，换了一位老人充当鼓手，擂的是一面大鼓。随着老人急骤的鼓点，唢呐、钹镲和大锣小锣一起振奋起来。

福主菩萨最后被安放在享堂的左边。人们继续仔细地为其整理衣冠。这时，一直在祠堂里穿梭忙碌的善男信女，纷纷点燃蜡烛上前叩拜。福主菩萨面前，红烛如林。

壬田人家别是为了今天才经营香烛的吧

满堂的红烛意犹未尽，满街的红烛守望着来年。这一天的壬田烛光映日，烛泪横流。

满堂的酒香召唤着客人，满街的客人不知去向谁人的家门。这一天的壬田盛情难却，美酒诱人。

我谢过了村支书的邀请，被向导领向了壬田镇外的一个叫姜屋的小村子。进村便见一座古旧的祠堂，祠堂里也是烛火通明。不时有村人进来供奉香烛祭祀祖先，祭拜完了，又提着盛有供品的篮子匆匆向村外走去。据说那是去祀社公，可是，在村外的那棵古樟下，并没有社公庙。一支支红烛插在树下，仿佛，村人的祈愿不过是告诉那棵古樟罢了。

红烛燃成了这般模样

尽管，游街的福主菩萨并不会跑到距离壬田镇有两里远的姜屋村来，但是，在这里，侧耳倾听着远处的鞭炮声、鼓乐声，家家户户的门前却是一样的烛火，一样的心事。

我成了姜屋的客人。来自瑞金城的许多朋友也成了姜屋的客人。嚼着主人家晒制的柿子干，我们围坐在一起；喝着主人家酿造的米酒，我们相识在酒碗里。禁不住主人的热情，我们一个个都呈微醺状，我一直以为，微醺状态最适宜写诗的，可是，我只是想起了辛弃疾的诗句"家家扶得醉人归"。

我相信，在这天，农历九月十三，整个壬田都醉了，醉倒在收割后的田野上，采摘后的果林里。唯独福主菩萨醒着，因为它们得护佑人们醉了的所有心愿……

岂止瑞金，在整个赣南乡村，名目繁多的庙会活动非常盛行，在秋熟之后，尤其是春节期间，抬着福主菩萨游神的壮观情景随处可见。看来，福主崇拜是重视祭祀的，对祭祀仪式的强调，是为了突出其教化作用。特别是当那些凡夫俗子也因为自己忠肝义胆而成为威灵永在的神明之后，更将潜移默化地影响和激励后人。

因此，一些本乡本土的人物，成了乡人心目中的天地英雄，被认作福神享受着世世代代的供奉。宁都洛口乡灵村的先锋庙，供奉的就是邱先锋等九位保卫家园的英雄。

传说，明正德年间，有一股流匪窜入宁都境内，打家劫舍，烧杀奸淫，无恶不作。官府鞭长莫及，百姓闻风而逃，唯有灵村的成毅公镇定自若。他博文精武，性情刚正，为人和善，躬耕奉母，在村里是德高望重的管事者，虽年过半百，却体魁力大。他召集三个儿子和兄弟叔侄共商对策，一面安排妇幼老弱暂避山林，一面动员青壮拿起武器保卫村舍，并派人去搬请援兵。七月七日这天，流匪逼近灵村，邱成毅率领本村勇士与匪徒浴血鏖战至正午，死伤过半的匪徒暂时后退了半里路。为防止他们卷土重来，饥饿难忍的勇士们依然守卫在山冈上，他们纷纷仿效邱成毅吞食观音土充饥，以积蓄体力。果不其然，顽匪再次杀来。伤痕累累的邱成毅抖擞精神，经过激烈的搏斗，砍杀了匪首，却终因伤势过重、筋疲力尽，被几个匪徒围困，不幸身亡。传说他至死凛然屹立，虎威如生。之后，援兵赶到，消灭了这股流匪，而灵村共有九位勇士战死，其中，邱成毅一家就有六人，包括他的儿子、弟弟和侄子。

为了褒扬邱成毅的义勇之举，官府追封他为"邱先锋"，赐"有勇知方"匾额一方，百姓则自发筹资建起先锋庙，塑邱先锋和罗师傅、温铁笔、蒋师傅、邱成魁、邱兴霖、邱兴爵、邱兴积、邱冲七等九尊神像，供奉于庙中。九位勇士成了灵村人世代景仰的英雄，也成了永远护佑着这方土地的灵神。每年正月初八至十五日，灵村都要举行游神活动，抬着神像按顺序逐门逐户祭供敬奉，祈祷来年消除灾殃，六畜兴旺，五谷丰登，阖家平安。数百年来，先锋庙香火长盛不衰。

尽管，那块匾额有幸保存到"文革"，还是被"破四旧"的烈火焚毁了，但是，民间的记忆深处，仍有牌匾高悬。

在万年县的石镇，有一对被命名为"周王"的强盗兄弟，居然也成了

失去庙的菩萨寄居在宗祠里

当地百姓顶礼膜拜的神明。在古老的周王庙里，周王的神像居中，观音、如来也只能陪祀左右。这周王原是名周雨、周水的穷兄弟，他们长年在渡口靠扛货、拉纤、淘沙为生，微薄的收入只能勉强糊口，偏偏他们乐善好施，经常因接济穷苦百姓，弄得自己食不果腹。无奈之下，他们索性去当强盗了，沿河边的沼泽地便是他们神出鬼没的青纱帐，因为，逆水而上的商船到了这里不得不拉纤，这既利于他们突袭，也利于逃遁。他们劫富是为了济贫，自然，他们也就成了老百姓心目中的英雄豪杰。岂料，在一次抢劫得手后，他们竟与另一伙强盗狭路相逢，周家兄弟终因寡不敌众丢了性命。传说此后某一天，一个放牛娃为追牛，一直追到一口古井边，狂奔的牛忽然停了下来。放牛娃发现井中冒出了几根粗粗的圆木，便喊来大人捞取，不觉间，竟捞起了一大堆。村人领会了神示，便在此处建起了周王庙。此庙虽小，其中的香火却绵延了几百年。

武功山下，泸水河下游的安福枫田镇境内，一字排开五座突兀的山峰，好似急驰的五匹烈马，突然勒住了缰绳，扬蹄回首嘶叫，因此百姓称

广昌乡间的将军庙祀
张巡

之为"五马回朝"。这五座山峰的得名与一个叫刘像的人有关。刘像，字攸震，为唐代安福蜜湖人，他出身贫寒，少有大志，晨起练剑，夜读经书。曾任安福县令、职方员外郎、颍川团练使等官职，因屡次提出治国之策，征吐蕃、平淮寇，被皇帝封为昭武英烈王。

在任安福县令期间，刘像为官清廉，为政勤勉，经常微服串街走巷，深入乡里，暗查私访，了解民情。由于他秉公执法，使积年疑案、冤案得到澄清，无辜百姓重见天日，县境内再无欺民之吏，人们安居乐业。他钟情家乡山水之胜，临终遗嘱"我死必请蜜湖为葬"。同时，刘像又是一员猛将，平生最爱战马，在平定吐蕃之乱中，杀敌无数，缴获吐蕃良马千匹。班师后，皇帝赏了他五匹纯白吐蕃战马。回乡后，他喜欢骑着五匹白马，到处访贫问苦，除暴安民。坏人只要听到他的马蹄声就瑟缩在屋里不敢出来，而百姓听到他的马嘶声则蜂拥而上，倾诉苦衷。刘像死后，县人怀念其德，纷纷集资，为他立庙塑像祭祀。人们相信刘像升天为神，便称之为福主菩萨，在其雕像左雕先锋，形容军纪严明，右塑判官，表示他办案公正。后来，这位福主菩萨的庙宇、神像遍布全县乡村，甚至传至吉安各县乡村。每逢民俗节日或遇大灾小难，村人携香烛供果前往福主庙祭祀，据说，无不灵验。

民间还传说，刘像死后，五匹白马不吃不喝，仰天长啸。下葬那天，五马扬鬃奋蹄，刨坑成墓。葬后，五马跪立坟前守灵。百姓纷纷说："义马良主，少见少见！"一天，雷鸣电闪，瓢泼大雨，五匹白马齐刷刷地不见踪影。人们都说，这几匹神马去朝拜刘像了。每年的清明冬至，都会有人在埋葬刘像的山峰上看到白马奔驰的身影。因此，安福老百姓就将刘像坟地一带的五座山峰叫作"五马回朝"，其中的一座山干脆叫作"白马峰"。

该县的柘溪村，形容本村的山形地势是三角围子。村子后面的靠山是层峦叠嶂的天屏山，两边则有大山的余脉拱卫，村子深藏在山的旮旯里；拱卫村庄的两道平缓的山冈，断断续续，看上去好像是人工堆成；一道古

堤横亘于村口，上面长着成行排列的古柏，高大葱郁，仿佛一面厚实的屏墙。如此看来，村庄确实是坐落在三角围子里。古堤内侧有一座书院，就叫三角书院。这座书院与村东主祀观音的竹林寺、村西主祀当地福主刘像的白马庙，分属儒、佛、道三家，从地理位置看，恰好也构成一个三角。这番精心，显然是出于风水的考虑。它们应该也是一道屏障了。这位征讨匪寇的英雄、除暴安良的县太爷，和文昌君、和列位佛教菩萨一样，成了村庄的保护神。在柘溪，每年农历六月初六为白马庙的小朝，每五年则要举行大朝，大朝时，须抬着福主神像攀上江西境内最高峰、海拔 1918 米的武功山，祭天朝拜。彼时，出身为凡人的神明与天神该进行怎样庄严的对话？

鄱阳县的孤山村则供奉着一位白马将军。

其姓甚名谁，无人知晓，却是元末陈友谅手下的败军之将，又称"马老子"。当年，陈友谅与朱元璋大战鄱阳湖，白马将军负责护卫陈的家眷。然而，当陈友谅大势已去、陈妾被朱军捕杀后，这位爱骑白马的将军毅然拔剑自刎。于是，当地百姓后来便在其自刎处立碑供奉，碑刻"白马将军"四个大字。如此这般，既是感怀他的忠诚，也是颂扬他的仁爱。传说，他带兵纪律严明，善待百姓，生前就被人尊为菩萨。到得如今，人们索性为石碑建了一座小庙。

在民族英雄文天祥的故里，人们通过寺庙建筑保存着对英雄的记忆。传说当年文天祥率领南宋勤王将士从吉安南下赣州，元军追兵尾随于后，追至方石岭。在敌强我弱的情势下，文天祥部将都统巩信为了掩护大部队尽快转移，率领数十名宋兵居高临下把守山隘。巩信端坐在一块巨石上，那些宋兵分立左右，面对汹汹而至的元军，一个个毫无惧色。元军首领很是奇怪，怀疑此处有埋伏，便喝令停止前进，朝山上放箭。中箭的宋兵纷纷倒下，唯有巩信岿然不动，元军因此仍不敢贸然上前，过了好一阵子，才从侧翼绕到巩信身边，却见他身中数箭，怒目圆睁，至死也没倒下。后人为了纪念巩信，在方石岭上建起一座石庙，谓"巩信庙"。而在一座叫作大小面的山之巅，曾有建于南宋末年的报国寺，它更是与文天祥有关。

相传文天祥兵败被俘后，他始终坚贞不屈，最后在大都英勇就义，头颅被悬于城门口示众。当晚，同窗好友张千载偷了文天祥尸身连夜逃出大都。历尽千辛万苦，张千载扶柩归乡，请匠人给文天祥尸身安了个木雕的脑袋后方才安葬。张千载曾在睡梦中闻得文天祥慨叹"报国未酬身先死"、"拜山未到实赧颜"，遂依梦中所托上山选址建寺。消息传出，人们奔走相告，纷纷为之添砖加瓦，寺庙很快就建成了。该庙前殿供奉文天祥金身，后殿为其父母妻子金身。来此进香的，凭吊英灵者有之，祈福还愿者也有之，故而香火鼎盛，以致山下偌大一面山坡也被辟作了和尚住所，至今仍叫和尚坪。

福主崇拜大张旗鼓地彰显着民间的英雄情结。对英雄的景仰之情，让许多村庄不由分说地把名播天下的历史人物或艺术形象也奉为本村本坊的保护神。

（左页上图）
康山忠臣庙纪念朱元璋鄱阳湖争战而死的将士

（左页下图）
忠臣庙主祀三十六忠臣

隔湖相望的莲湖乡也
建有忠臣庙

　　修武的东常位村是因庙宇而形成的村庄。据清代道光版《修武县志》记载，修武县东常位有座天齐庙，该庙历史悠久，祀奉的正是《封神榜》中的黄飞虎。相传，商朝的镇国武成王黄飞虎，目睹商纣王荒淫无道，残害黎民，毅然反戈，投奔周武王姬发，被封为开国武成王，在讨伐商纣王的战斗中，不幸在渑池县遇难。商王朝灭亡后，姜太公设坛为阵亡将士封神，特敕封黄飞虎为东岳泰山天齐仁圣大帝之职，总管天地人间吉凶祸福。并加敕一道，封他为五岳之首，执掌幽冥地府一十八重地狱，凡一应生死转化人神仙鬼，俱从东岳勘对，方许施行。而周武王率兵向商都朝歌进军途中，曾在宁邑（即后来的修武县）修兵练武，黄飞虎的部下驻扎在东常位一带。当时，黄飞虎的部下和子孙，借军队休整之机，就地搭起灵堂，设立牌位，祭祀黄飞虎。后来，黄飞虎后代上书周武王，索性辞去官职，在祭祀黄飞虎的地方建造天齐庙，昼夜值守，四时祭奠。

　　继唐玄宗加封黄飞虎为天齐王之后，宋真宗又诏封其为"东岳天齐仁圣王"，并尊封之为东岳大帝。因此，前来天齐庙朝拜的达官显贵、庶民百姓络绎不绝，香火日趋兴旺，常住道士逐年增加，建筑规模不断扩大。

表现尚武精神的永新盾牌舞

明清时，天齐庙已形成拥有殿堂百余间、常住道士数十人的道教圣地。

天齐庙香火旺盛，便有小商小贩云集庙前，开店的、卖饭的、卖艺的、做香的、卖蜡的、说书的、唱戏的，各色人等，川流不息。有些人攒了资财，索性就近买地盖房在此定居。时间久了，自然而然地形成了村庄。因为天齐庙常年供奉黄飞虎的灵位，故起名叫常位，当居民越来越多时，就分成东、西两个常位。靠近天齐庙的东常位，为黄飞虎的后代居住，东常位以黄姓村民居多，他们以奉黄飞虎为先祖而自豪。

赣县白鹭村也崇仰黄飞虎天君，并以其为村坊神。白鹭福神庙中的神龛联，大致道出了白鹭钟氏祀黄飞虎的理由："麟阁表功勋正直清明昭万古，龙岗资保障仁慈乐利溥群生。"在那座福神庙里，主祀的正是黄飞虎天君。

该庙占地约二百平方米，始建于南宋末年。它坐落在子善祠左侧山坡上，地势较高，后枕小山，山上竹木葱郁，楠木参天。庙门前的照壁上，隐约可见麒麟、人物等雕刻的痕迹，院门为八字门，"福神庙"三字落款为"道光十一年"，门首有八卦图、鲤鱼跳龙门等图案纹饰，门罩下方横

英雄可以成为护佑村庄的福主

书"鹭阳保障"，落款是"康熙庚辰年季冬月吉旦"，即康熙十年冬天。大门有联称："合族答神麻恩敷鹭水，开山分庙址威震龙岗。"门背则刻联曰："明神有赫镇方隅，惠我无疆资保障。"庙内的残碑上，有福神庙曾于道光年间购地扩庙重修的记载。庙中殿堂较小，但木雕硕大精美，明间前柱上倒悬狮形雀替，梁上则有花卉浮雕，其明柱联云："保障阅四朝德兴龙岗并峙，屏藩系一姓恩偕鹭水长流。"

　　庙内原有神像、神器及大批楹联等文物，大都毁于"文革"时期，尚存的只是明清时的古钟及乡贤钟屏南、钟康衢等为重修而捐献的那几副木联。如今，那位黄飞虎天君也不寂寞了，陪着他的除了有赖公元帅外，还有土地、观音、赵公元帅诸神，这些神像均为20世纪80年代中期重塑。人们还重造了回避牌、官刀、法锤、魁星斗笔等神器，一并供奉于庙中。

　　福神庙是白鹭钟氏族人举行祭祀仪式的重要场所，而福主崇拜则是开展娱神娱人活动的主要由头。每年除夕前一日，是福神庙里香火最盛的一天，家家户户都要提着准备过年的大阉鸡到庙里来，宰杀以敬神，此鸡被称为"禄鸡"，蕴有祈求新年更添福禄之意；正月初二，则要举行"迎大神"、诸神出巡等活动，游神队伍浩浩荡荡，前有回避牌、法手、法锤、劈斧开道，伴以锣鼓喧天、唢呐阵阵，诸神随后巡行，恰似旧时官府出巡，隆重热闹，威武庄严，所有人家纷纷点燃鞭炮，恭迎诸神；此后，人们还要在庙里连续唱三天大戏。

有趣的是，每到三年届满，福神庙内诸神都要"升官晋级"。这时，须请俗称"马脚"的巫师聆听诸神意旨，确定"晋升"领命场所，一般为邻近的田村宝华寺或契真寺。然后，众神前往领衔，簇拥着神灵们的族人汇成了一支庞大的迎送队伍，也算族中一件盛事。看来，在村人心目中，还是以佛为大，村坊神的法力是有限的。不知作为地方官的灵神经过屡屡加官晋爵后，是否能够变得神通广大。

白鹭村的年俗中，有一项迎彩灯的宗族活动。村人称，其来由是为了避"火烧鬼"。传说，旧时永定桥头有巨型石壁，穿红衣的火烧鬼就匿居其中，不迎灯就会出来，易发生火灾。迎彩灯意在以人间之烟火压过"鬼火"，使不敢出来为患。其实，类似的灯彩活动遍及赣南乡村，通常，人们表达的是添丁的祈愿和喜悦，因为在客家话里，"丁"与"灯"谐音。在此，我无意与它的缘起较真。更加令我关注的是，福神庙既是迎彩灯活动的起点，也是终点，这说明福主崇拜贯穿了整个活动的始末，迎彩灯是禳神活动无疑。

每年迎彩灯的时间为农历正月初七日。头两天开始，就要送头旗、头灯。执掌头旗、头灯者，一般由各甲轮流担任，但必须挑选该甲中命运最好的人，头旗的执掌者必须是一夫一妻、有子有孙的花甲老人，头灯则要求由未婚男子或一夫一妻有后嗣者执掌；初六晚要"拥（闹）灯"，总祠及各分祠都要敲锣打鼓地擎灯叩拜祭祖；初七傍晚正式迎彩灯。这时，村中各家和各分祠都要把彩纸扎的各式灯笼点燃，把彩纸轿、彩纸船里的"锣鼓亭子"敲响。头灯要先到福神庙祭拜，打山炮、上表给"打轿"敕符、请神，然后，请出庙里的九位大神和一架"打轿"，由福神庙出发绕村巡行。迎彩灯的队伍依次为神像、"打轿"、头旗、头灯、散灯。引路的火把由旗手的儿子两人合抬，旗手儿子多，火把也多，且火把必须保证一路不熄，直到活动结束还有余火，照得人脸通红，预兆来年生活红红火火。在喧天鼓乐、震地炮声中，灯火的队伍经祖祠世昌堂，绕村一周的巡行约摸五公里，待返回到福神庙里，队伍方告解散。

所谓"打轿"为何物呢？不过是一只"井"字形的粗大木架而已。迎彩灯结束后，便是抢打轿。一群赤膊短裤的彪悍后生，簇拥着打轿，窜到祖堂世昌堂上，点烛焚香之后，礼炮轰鸣，鼓乐喧天，众手高擎打轿，三起三落，重重地击地三下，雷爆般地怒吼三声："发！发！发！"顿时，人们蜂拥冲出祖祠，百十号青壮汉子一起争抢那架打轿，他们要把打轿抢往事先分别拜托自己、希望领打轿的人家。关于抢打轿的来由，说法不同。或称，白鹭后龙山为五虎下山形，煞气太重，抢打轿意在敲山震虎、刹一刹后龙山的虎威；又称，因为五虎下山的风水形局，决定了白鹭人尚武好斗，刚猛有余而文气不足。抢打轿意在以一年一度的赛事满足人们的斗勇之欲，以赢得平日族人的尚文重德、团结和睦，而如今族人则崇打轿象征"打（大）发"之说，敲山震虎意为惊醒祖祠背后五虎下山的龙脉，呼唤合族新年大吉。因此，家家户户都以能领到打轿为荣，尤其是那些祈求添丁生子的家庭，更是企望它带来好运、心想事成。想得到打轿的人越多，抢打轿的场面就越激烈，据说，每一年都有勇士在争抢搏斗中受伤，鼻青脸肿、皮开肉绽的，不过，那伤也好得快，祖祠里的香灰烛泪就是灵丹妙药，抹上一点便平安无恙。这一赛事，总是要通宵达旦，始见分晓。此时，各为其主而抢红了眼的一拨拨勇士，一起拥入领得打轿的幸运人家中，握手言欢，开怀畅饮。

白鹭后生的勇猛刚烈，抢打轿场面的激烈残酷，曾让一支胡作非为的国民党残兵部队为之震骇。传说有一年岁末，从前线溃退下来的一支部队驻扎在白鹭村，那些残兵败将面对百姓却是一帮悍匪，他们在村里作威作福，欺男霸女，劫掠民财，地方宗族头人、绅士多方出面协调，毫无效果。也是巧了，时遇大年初七夜抢打轿，一些前往观看的官兵见那酷烈异常的争抢场面，见那把生死置之度外的白鹭后生，一个个心惊肉跳，越看越觉得白鹭人非可欺之辈，第二天一早便悄无声息地溜之大吉了。

在"家家生计只琴书，一郡清风似鲁儒"的历史情境里，江西乡村的民俗活动总是浸润着崇文重教、尊礼尚义的人文传统，总是洋溢着耕读为本、登科入仕的理想，它们一般是冠冕堂皇的，温文尔雅的，像抢打轿这

样强烈表现尚武精神的民俗事相，着实少有。尽管，白鹭村已对抢打轿的由来给了我们种种说法，但是，我依然禁不住自己的联想，把它和那位叫黄飞虎的村坊神联系起来。世世代代因袭的英雄崇拜，难道不会渗透于血脉之中，化作需要发泄的勇气和力量？若然，人们为之创造机会并相沿成习，也就是自然而然的事了。

不幸的是，到得如今，许多民间英雄的事迹已经失传了，尽管作为神灵，那一尊尊泥胎可能被打扮得越来越华贵，那一座座庙宇可能被装饰得越来越富丽，可是，谁能想到，被当地崇仰了千年的英雄，竟被今人普遍误为财神菩萨？在满街祈求招财进宝的烛火和鞭炮声中，那被抬着游村的一尊尊巨大的神像若是有灵，不知该作何感想？

写到这里，我忽然怀疑自己的判断：英雄情结的消解，真是因为遗忘或失传造成的吗？英雄在人们的信仰中退场，不管自觉或不自觉，都有着深刻的现实原因。福主崇拜中的这一现象，何尝不是当今价值观嬗变的反映呢？

> 人们用童话般的美好和神奇来抚慰自己，抚慰天地之间渺小而脆弱的生命。

自我体恤的童话

4 >>>

福主崇拜总是绘声绘色地述说着乡土的人类情怀。有时候，倾听村庄的福主故事，就像听着一则则童话。对了，它们就是村庄面对灾祸、面对苦难、面对生老病死及一切神秘无解的自然现象，所创作的古老童话。人们用童话般的美好和神奇来抚慰自己，抚慰天地之间那些渺小而脆弱的生命。这类关于福主的传说，往往充满了悲悯意识，充满了人们对自我生命的体恤。传说的主人公一旦被尊为福主，无疑就是人间苦难的克星了。

相传在修水拓源村附近的藤窝里，原来住着很多人，大家经常数十人相邀一道上山砍柴，每人都带着一根担柴的禾杠。休息时，众人不免练练武术，比较一下武艺。谁知，此事被皇帝知道了，疑为练兵，意欲造反作乱，不禁龙颜大怒。于是，皇帝下圣旨派人前往剿杀。然而，钦差大臣来到实地一看，原来不过是山民嬉戏作乐，并无反叛之心，他不愿滥杀无辜。这样，他就无法复命了，便迁延此地，直到终老。民间为感恩，尊其为"奉旨菩萨"，世代供奉，据说当地还留有"奉旨明王洞"，那儿可能就是他的殉难之地。

此县方坑的相公殿也有相似的传说。说是在驴年马月，此地的神童坑出了个神童太子，皇帝知道此事，便派杨、屈、贾三位钦差大臣前来"点朱笔"予以镇压。可是，他们到得此地，偶尔听到有人说出"去无头"三字，顿生疑惑，又听说往前走便是砍头坳，不禁胆寒了。一夜惊恐难安，早晨起来更是犯难，前进要被砍头，回去无法交差也会丢了脑袋，倒不如给自己留个全尸，于是，三人同时悬梁自尽。而后人却庆幸他们因怕死反而救下了神童，便建殿祀杨、屈、贾三位相公，不仅如此，当地人家也在厅堂之上祀奉着他们的香位。

对传说中的荒诞情节尽可以一笑了之，不过，它所透露的内在情感却是耐人寻味的。在这里，人们对生存困境的紧张不安，对多舛命运的提心吊胆，以及对一种神秘的禳解灾难力量的期盼，溢于言表。仿佛，在当时因战乱频仍、天灾接踵而地广人稀的幕阜山区，被清廷招垦来此的客家人，作为"棚民"散居在瘴气弥漫的大山里，他们已经不相信英雄能够与以"皇帝"为象征的强大而不测的命运力量相对抗了，所以，他们宁可寄希望于人性的本真，寄希望于怜惜生命的向善之心，甚至，满怀侥幸地寄希望于一切凶险的自行化解。人们用这样的传说，宽慰着、温暖着自己。

时时要面对的生老病死，自然是人们内心中的最大困惑。创造形形色色的灵神，企图驱逐病魔和死神，以求得一方平安，是福主崇拜最基本的祈愿，因而，那些可以保佑人们身体康健的福主遍及乡野。安福县有个村子，祀黄英菩萨。这黄英，不过是个以敲锣为营生的乡人，但他能卜吉凶。有着火眼金睛的黄英，竟看见自己嫂嫂的后颈悬着三根无形的绳索，这就是凶兆，预兆着她将成吊颈鬼。于是，有一天，黄英冷不防在嫂子后颈处掐了一把，掐断了一根绳索。不知情的嫂子怒目以对，却也忍了。当黄英再次不敬后，嫂子忍无可忍了，便向家婆告了小叔子一状。老人家把儿子臭骂了一顿，黄英却有口难辩，因为，有道是天机不可泄露。大约是老人家骂得太狠了吧，就在黄英实在忍不住企图分辩的那一瞬间，他突然手脚发僵，一条腿吊着，定格在敲锣的站姿上。心知自己因差点泄露天机将遭天谴，黄英求母亲把嫂子叫来见最后一面。谁知，母亲把他的心愿告知嫂子后，后颈处还剩有一根绳子的嫂子，果然上吊自杀身亡了。与此同时，黄英也得道成仙成了黄英神，人们用他的木乃伊供奉，并在村中建起了黄英庙。每逢大旱时节，便会抬出黄英神以求雨，若其身上发潮，正是下雨之兆。除此之外，每年还要在规定的时日"晒黄英"，即将神像抬到坪地上晒晒太阳。

白鹭村除福神庙外，还有一座于明朝初年始建的仙娘阁，里面供奉的是"花神"，即《封神演义》里的金霄、银霄、碧霄三姐妹和许真君。"三霄"姐妹与姜子牙大战，依靠法宝混元金斗和金蛟剪打败了周军。姜子牙请来元始天尊等神收取了三姐妹的法宝，杀死了她们。后来，姜子牙封神，"三霄"被封为"感应随世仙姑"，执掌混元金斗，主管所有仙凡人转世生育。所谓混元金斗，实为人间的马桶，故而"三霄"又被民间称作"厕神"。昔时生孩子，往往生在马桶里，这样，与生殖繁衍有关的"三霄"自然备受尊敬。

仙娘阁坐落在村北的鹭溪河下游，门对青山，背对鹭溪，两面临水，鹭溪河宛若玉带自西北向东南蜿蜒而过。仙娘阁原有的前庭后院已毁，三进的大殿却保存完好，正殿门首横书"保赤慈幼"四个镏金大字，道出此阁的神力所在，正堂上书"灵光普照"，下有神龛，供奉金霄、银霄、碧霄三位仙姑神像，龛首书"灵显千秋"字样。后殿供奉许真君天师，门额

书"西江福主"。可能是怕前后殿里的三姐妹和许天师还不足以驱邪逐疫保平安吧，它又请了韦陀、康爷来，让他们坐镇中殿。 长径搜好

过去白鹭人家的小孩"出花"（出痘）、"收花"（痘愈），都得到此三番五次地祈求仙娘保佑，因而此阁香火常旺。有钱人家的小孩"出花"、"收花"还要分别在此请族人看三天大戏，每年正月世昌堂及各房派祠堂上的大户人家请戏，也要在这里至少唱上三天。

仙娘阁有一段神奇的传说。民国元年，在湖北官场奔波数十载的钟先增，倦鸟归林，回到家中的天一池设帐教书。一天下午，来了一位银髯飘胸、气宇不凡的老叟，他自称是湖北人，因连年水灾兵乱，家破人亡，只剩苦命一条，故流浪至此，想借先生的柴房栖息几天。钟先增操起湖北腔应允了，并表示可提供茶饭，老人讨来的钱粮归老人自己。老人喜出望

八十大王和铜斧

外，白天满村行乞，晚上和钟先增神聊，两位都历尽沧桑，说话投机，相见恨晚。临别时，湖北佬抖出一个惊天玄机：他本是太平军遗将，当年清兵围剿撤退时，他负责把在白鹭筹集的大批财富装入棺材，埋藏在仙娘阁前院的一棵铁树下。其他埋宝兄弟都惨遭杀害，唯有他虎口余生，这次来白鹭意欲挖取宝藏，但踌躇再三，不敢下手。他说，看来此宝我无福消受，先生仁者高德，得之无愧。钟先增挽留不住湖北佬，暗自加紧筹划起来。他将蒙馆搬到仙娘阁，白天照常上课，晚上请来隔河而住的一位佃夫，邀其合伙挖宝，并问佃夫有何先决条件。忠驯的佃夫表示，不必合伙，宁愿帮他挖，只取工钱，挖到宝贝也不要，只需几亩薄田养老。两人焚香盟誓，严守秘密，钟先增还许愿：只要神灵保佑挖宝得手，自己就会用这笔钱重修庙宇，再塑金身，每年在阁中唱三天大戏，作一场香火，超度当年为埋宝牺牲的太平军冤魂……后来，这一切都如愿了。

　　赣县七里镇也有一座仙娘庙，那座仙娘古庙原名"观音阁"，祭祀的神明有观音、天妃（即妈祖）。清代后期，改供奉天妃为供奉"三霄"姐妹和七姑、麻姑，庙名也随之改称仙娘古庙。这些主神都是女性。七姑神是地方俗神，相传是唐代赣州刺史李渤的女儿，后来七夕生云，成了神仙；传说麻姑神经历了三次东海变桑田的天轮地转，故为寿神。

　　每年农历三月二十，方圆十里的妇女都会带着香烛、印板米果来到七里村仙娘古庙拜贺"太太生日"。在此前两天，人们要为仙娘的神像换上干净的衣裳，并点燃香烛，准备十九日的暖寿。一大早，庙里就公演戏剧为仙娘暖寿，而暖寿仪式则要在晚饭后举行，钟鼓声中，庙会的首事们手执红烛、寿桃、寿面和其他供品鱼贯进庙，接着是络绎不绝的信众参拜仙娘。此后的十天半月里，庙内香烟缭绕，乐声绕梁，庙外鞭炮不断，人头攒动。

七里镇有"庙对庙，庙重庙"的说法。所谓"庙对庙"，是指仙娘庙大门东向，恰好对着远处章贡村洪屋塘的经堂；"庙重庙"是指仙娘庙第一进的第三层重叠着文昌阁，文昌阁高出仙娘古庙的门楼，主管一方文运的文昌帝君高高在上，眺望着正前方远处的杨仙岭。如此设计是为少见。人称原因有二。一是杨仙岭上有船形巨石，被七里镇人视为精怪，文昌帝君是男性，主管文运，又得朝廷宠信，故将其安放在最顶层以威镇那块船形石；二是由于文昌帝君为男性，不能和女性神祇安放在一起，也不能置于它们之上，所以将第三层建在第一进的戏台上层，既方便监视那精怪，又解决了男女授受不亲的矛盾。

与英雄不问来路一样，仁义的小人物也可以成为尊神。许多只能算是土郎中的人物，因为人们的祈愿而得道成仙。王公菩萨，是修水县泰乡七都八杜的灵神。他原是一位教书先生，从湖南来到此地设馆教学生。某年疫病流行，王先生瞧见群众的病苦，非常同情，但是自己无法解救。于是毅然往茅山学法，归来后为众人治病，深受爱戴，死后因而被尊奉为神。该县乡间祀奉的三圣公王，是夏坑村人，在三兄弟中排行老三。相传他曾遇见许真君追赶孽龙，义不容辞地接过了真君赐给的宝剑，去追杀那孽龙变化而成的母猪，尽管他被母猪喷了一

八十大王来了

脸唾沫，从此脸面变成了黑色，他仍无怨无悔地追赶着孽龙。传说往往是不顾逻辑的，孽龙的一口唾沫怎么能成就一位治猪病的灵神呢？看来，为了表彰他的精神，人们宁愿赋予其某些神通。

宜春小洞村的麻衣庙，有传说：湖南浏阳有个杨姓读书人，数番考学不第后，终于心灰意冷，便下决心苦学医术，以求谋生。数年过去，医术精进，成为一个远近有名的走方郎中。有一次，他行医至百里外，人报母病，乃急匆匆往家里赶。可惜还是迟了一步，老母不待其归，竟撒手西去。杨大恸，身披麻衣大服，含泪葬罢慈母。然后闭门不出，衣麻结绳守孝三年。三年满后，杨郎中是不是为一个医生竟不能亲手为母疗病、挽回其生命而深深自责呢？反正他不想活了，竟投水自尽，以死谢母恩。乡人感其孝心，建庙纪念之，称杨孝仙庙，俗称麻衣庙。庙大近一千平方米，彩绘雕梁，厢房藻井，气象不俗，内立杨孝子并父母塑像，并设有恤孤祠、公婆殿等附属设施，还有一口高一米多的大铁钟，上铸铭文"帝道遐昌"、"皇图巩固"。此庙至今基本完好。

赣县的双江庙位于梅林镇桃源村。那是一个山清水秀的地方，村背是低矮的丘陵，植被茂盛，村中树木遍布，枝繁叶茂，远看不见村落，只有些局部的屋面和檐墙露出，村前是大片绿油油的农田。清道光年间，陈烈祀由长形岭迁此开基。咸丰年间，桃源村建了三座庙宇，当地百姓按其位置分别称之为上庙、中庙和下庙，双江庙位置居中，也叫

为孩子祈平安

南云村的竹篙火龙

中庙。

　　双江庙位于村子西南面。也许是山门后背是戏台的缘故，其八字形门楼显得异常高大，整座山门有一正门、两边门，正门上方做成贴墙坊式门楼，六柱五间，其中四根垂花柱与上门槛几乎平齐，门楼匾额的灰塑图案已模糊不清了，但明间正楼匾上"双江庙"和"福图利民"等字迹却清晰可见，山门的背面就是戏台。戏台不大，呈正方形，坐南朝北，中间有四根木柱，外边四根柱子，类似三开间，居中明间演出，侧面为乐室，空间开敞，歇山顶，面积约二十五平方米，后台两边是化妆间和演员休息室。戏台不高，约两米出头，台下是出入庙门的通道，两根石柱比戏台高出少许，立于台前，上面蹲着石狮，戏台以硬天花做顶隔，中间是藻井，天花板上满是彩画，既有山水、花草和人物，也有蝙蝠与寿桃，两边飞檐翘角，出挑华丽，雀替和斜撑精雕细刻。

双江庙里供奉的，是行医济世的七郎公、八郎公。不知何朝何代，有两个神医，一位叫七郎，一位叫八郎，他们医术高明，医德高尚，浪迹民间，专为贫苦百姓治病，且不计较金钱收入，深得百姓爱戴。有一天，他们来到桃源，见这里山清水秀，人杰地灵，民风淳朴，便不忍离去，就在此悬壶济世，行善救贫。他们的善举，感动了上苍，便让他俩得道成仙，分别被人称作七郎公、八郎公，当地百姓感其恩德，特建庙供奉，数百年来香火不断，绵延至今。每年的七月初七和八月初八，是七郎公、八郎公的生日，双江庙都要举行庙会，四乡八邻的百姓齐聚于此，烧香许愿看大戏，煞是热闹。

高安等地乡村所崇拜的百刚公公，原本也是凡人，他姓吴，为清代高安县令，其人为官清廉，政绩卓著，精通兽医，劝民饲养生息，曾向农民传授饲养六畜经和防疫知识。他不幸失足身亡于农历九月二十八日，于是，这一天便成了百姓纪念他的祭祀日，人们还在山上建庙塑像，奉之为保佑牲畜的神灵。每年此日的前后三天，远近农民都要进庙朝拜，有的牵着牛，牛角上挂红绸，祭神前先要烧纸钱，然后再抬着牛头、猪头入庙祭

请出了庙里的菩萨

祀，祈祷百刚公公显灵，保佑六畜兴旺。

那些依靠行善积德终于得道成仙的小人物，不胜枚举。当人们建庙奉祀时，他们就成了一座村庄乃至四邻的保护神。要知道，一旦香火点燃，即便是那些孤魂野鬼，也是可以保佑人们祛病消灾、身体康健的。

2005年6月间，婺源长径村的村长和一位村民曾带着四件傩面具，来南昌参加展览。在为期两天的展览期间，他们一直待在展厅里，牢牢地守护着他们的"村宝"，丝毫不敢懈怠。那展厅就在我办公室的楼下，可惜那时我并不认识他们。不过，因为那次展览，我倒是认识了长径的傩面具——那脸形浑圆、神情憨厚，因为嘟噜着嘴而显得憨态可掬的"八十大王"及其他。

一年后，我专程赶到长径村，就为了结识这个村子和它的急着要申报专利以保护傩舞的村长。曾经当过教师的村长见面就问，长径傩能否申报专利，该去哪个部门办理手续。他这样着急，是因为县剧团几年前来此地采风，把长径的傩舞学了去，现在经常到各地演出。他直言不讳地宣称要

娱人娱神的演出通宵达旦

为此讨个说法。

说到这个话题，长径村心有隐痛。村外一个山坳里有座小庙，供奉着五显大圣。此庙虽小，造化却大。传说过去香火甚旺，为祛除病痛来此处求签，得到的不是一纸空文，而是实实在在的药方，善男信女们完全可凭药方去抓药，而且，那些药方灵得很。后来，远远近近的寺庙都把此处的药方抄袭了去，依样效法，更甚者，索性打印出来广为分发。这样一来，就把长径的牌子给砸了。村长把这事引以为教训了。

我想看看那座凄清的小庙。确切地说，它更像一座简陋的路亭，三面开敞，神位所在的上方以山崖为壁。被遮掩着的神位，其实是一块石碑，上刻"东方第一野猖狂，西方第二野猖狂，中央第三伤猖狂……"如此等等。嵌在崖壁上的石碑是古老的，但石碑前立着的五个面目异常丑恶的鬼怪，却是新近添加的，像是用水泥捏出来的而后描画了一番。

我想，这里供奉的所谓五显大圣，大约就是驱鬼祛邪、消凶化吉的五猖神主。与婺源毗邻的安徽休宁县盛行五猖庙会，每年农历五月初一，休宁百姓云集一个叫海阳的地方烧香，并举行庙会游行，祈求五猖神主保佑。此庙会起源于明初。相传，朱元璋和陈友谅在皖南曾打过几年仗，军士百姓死亡枕藉。朱元璋做了皇帝后，遂下令江南百姓，村村建"尺五小庙"，阵亡士卒"五人为伍"，受百姓供奉。《明史》记皇家祭祀便有"阵前阵后神祇五猖"之说。从这座小庙所供奉的神祇及庙的规模来看，长径的五猖崇拜当和休宁如出一辙。小庙所在的山坳称吴戈坑，可能这个怪怪的地名让村长也觉得蹊跷吧，他向我念叨了好几遍。

长径的傩事活动，与当地的五猖崇拜有着怎样的联系呢？我一时无从探究。但是，我会记住，看守小庙的那个老人正是傩班成员，而石碑前的那五个厉鬼模样的小人，正是他的作品。

中秋之夜的宁都竹篙火龙，是南岭村祭祀本坊福主火龙、火虎兄弟的盛大典仪。我先是从图片上领略到那壮观的场面，它大概应归于灯彩，但却是非常奇特的一种。一根根长长的竹篙上，绽放着一团团火焰，竹篙成林，火焰成林，情景很是动人。一直想身临其境好好观赏的，可是每年不觉间就错过了机会。在城里，中秋节属于商家。终于有朋友相约，让我记

迎接火龙火虎兄弟

起了这个节日，这个因为有竹篙火龙的诱惑而令我神往的节日。生怕错过整个仪式的全过程，我们早早地赶到了南岭村，大约是下午四点多吧。

村支书见面就说，南岭村现在更名了，叫南云村。个子高大的村支书看上去三十多岁的样子，很憨厚，且显得有些木讷，一口当地方言，所以和他交谈要翻译。问到竹篙火龙的起源及其有关风俗时，他的回答挺吃力的，看来，即便在一种民俗氛围中从小长大，也未必能知其然甚而知其所以然，或许，是因为司空见惯而麻木了。

此时，半个村子坐在戏场上看戏，台上演的是三角班；半个村子坐在自家门口听戏，都是若无其事的表情。这让我颇感意外。月明时分就要发生的撼人心魄的情景，难道会没有一点情绪的铺垫、技术的准备？

我们在村中寻找着连接这个夜晚的细节。从露天戏场出发，穿过村庄，来到坐落在学校操场边的卢氏家庙前。全村的竹篙火龙将汇聚在这里，点燃后从这里出发，开始游村。可是，无论是在村中，还是在村边的祠堂门前，都没有什么特别的发现。作为卢氏总祠的卢氏家庙，和我在村中看到的政凯翁祠、政器公祠一样，看上去气派堂皇，内里却是朽坏了。村中的那两座祠堂里面堆满了柴草，而卢氏家庙则被一片没膝的荒草封住了门，看来，南云村的祠堂已废弃多年了。年年中秋夜在卢氏家庙门前开始的这一民俗活动，难道会与祠堂毫无关联？我不禁有些纳闷。

让我纳闷的还有村庄的建筑布局。南云不是一团厚重的积雨云，而是晴日里布满天之一隅的鳞状云，一朵朵，一簇簇，彼此间若即若离，貌合神离，上千人口的村庄该算一个大村庄了，但无论从哪个角度都看不出它的规模，除了主要村巷两边建筑比较集中外，更多的屋舍则是不合群的，稀稀落落的，朝向也是各行其是。若要追究起来，这种散乱的建筑格局或许是风水上的大讲究，怕也未必。穿过村庄里的田园、树林里的屋舍，不由地，我感觉到了几分神秘。

是的，此时的南云尤其神秘，出奇的平常，出奇的安详，没有我想象中的忙碌和喧闹，庄严或欢乐。幸亏我们执着地搜寻，才发现一些与夜晚有关的细节。比如，靠在屋墙上的已经扎着层层竹片的竹篙；比如，三两个坐在家门口摆弄线香的男孩子。原来，这个动人心魄的夜晚是静悄悄降临的。

其实，戏台上的演出也与夜晚有关。村中从八月初九日起开台演戏，开演之前，先"打八仙"，然后，敲锣打鼓将当地信奉的东岳、汉帝七太子及火龙、火虎诸神像请到搭建在戏台对面的临时神庙里，让菩萨与民同乐。中秋之夜的竹篙火龙正是为火龙、火虎而点燃。这哥儿俩被村人从火神庙里请出来，和汉帝的七太子欢聚一堂，共同受用虔敬的香火，一道欣赏乡土的戏曲，水与火在这里居然相安无事，其乐融融。它们在初九至十二日每天要看两场，十三日至十五日每天则要看三四出戏，也挺辛苦的。剧团是邻村的信士为许愿、还愿掏钱请来的，据说演一天的报酬是六百五十一元，还得管吃住，之所以要那一块钱的零头，是图个"出头"的吉言。

我们匆匆在农家吃过晚饭后，夜色悄然铺满了村巷，一轮圆月也悄然

萍乡正月民间的扫堂

地从东边的山林里钻了出来。这时的月亮是腼腆的，脸皮很薄的样子，没有如水的月华，只见一个浅浅的圆。村庄似乎不曾感觉它的出现，村里仍然没有动静。这种平静得几近漠然的气氛，是我在别处看民俗活动不曾领略到的，它让充满期待的内心惶惑不解。我们继续在村中转悠。戏场上只剩下两个卖水果点心的摊贩，空空荡荡的卢氏家庙前不过是多了几根竹篙。就在我们几乎确信这项活动没有前戏的时候，忽然发现了一团火光。

开始以为是孩子们玩火。走近才看清，玩火的正是刚才那几个在家门口摆弄线香的少年。他们手持线香在火堆上点燃了，再一根根插在用禾草扎成的把子上。线香呈扇形排列，夜色中似点点流萤，别有一番情趣。后来，村中的老人告诉我们，这叫线香火虎。

自打进村一直纳闷着的相机顿时兴奋起来，竟也奇怪，满村游走的许多相机都精灵得很，片刻间一起涌了过来。它们分为好几拨，分别来自南昌、赣州和宁都。摄影家吆喝：添火！不能打闪光灯！摄影爱好者却是不管三七二十一，只顾生吞活剥，哪里还有那些讲究。我属于后者，我拍的照片根本就看不出流萤点点的效果。

少年们各自插好线香火虎，顷刻间便邀拢了队伍，沿着村巷跑向村边的一户人家。我落在后面，只听得他们喊道："火老虎祝福你家养的猪又肥又壮！"这是进门上台阶时的唱赞。进入人家厅堂，又喊："火老虎进门，有食有添（丁）！"

我追进那户人家时，火老虎正随着少年闯进别人的卧房，转了一圈，又折向厨房。而围坐在一起吃饭的那家人却无动于衷，任由火老虎到处乱窜。

少年们先后唱赞道："火老虎进间，花边银子满罐！"

"火老虎进灶前，老年转少年！"

听说少年们进屋后，首先要点燃人家备好的线香，可惜他们跑得太快，我未能亲睹那场面。从第一家出来，风风火火的火老虎干脆就把我等给甩了。流萤般的星火消逝在背着月光的山坳里，消逝在影影绰绰的村巷里，只有少年稚气的呼喊在夜空中回荡："火老虎进村，生子又生孙！"

"火老虎进巷，有食有剩！"

得知下一个环节是熬油，我们便走进了一户开食杂店的人家等着。陪着我们的是一位自称"南云第一封建头子"的老人。老人说起了竹篙火龙的来历。传说，在四五百年前，此地闹了一场瘟疫，人畜大量死亡，这时，有一对兄弟打山东来，他俩懂医，认为瘟疫流行的原因在于环境太脏，便动员村民"沤火"，意即打扫庭除焚烧脏污。果然，疫情得以控制。这兄弟二人也是做了好事不留名的无名英雄，待他们离去之后，村人出于感激才把他们叫作"龙"和"虎"。以后，每到中秋之夜，南云村就玩起了竹篙火龙，以纪念他们。这是一个现实主义的版本。而我从前听到的则是一个浪漫的传说。相传清光绪初期，有一年农历八月，南岭村瘟疫流行，人们万般无奈，只好祈求天神保佑。八月十五日夜晚，突然，天空出现两条火龙与瘟神激烈地搏斗，战至黎明，终将瘟神击败逃遁，火龙则融于东方绚丽多彩的朝霞之中。此后，瘟疫在南岭竟奇迹般地消失了。村民认为这两条火龙是两兄弟，一条名火龙，一条名火虎，统称为火龙神，被

视为驱邪佑民的福主，在村里立庙雕像祀奉，并每年举行纪念活动。

许愿树的果实

在那个浪漫的传说中，征服邪祟的火龙、火虎不是人，而是吞吐火焰的神。我喜欢那龙腾虎跃的夜空。我以为，只有想象才能给人们创造竹篾火龙的激情和智慧。所以，我觉得老人自称"第一封建头子"，实在有些委屈自己了。

那是一个固执的老人。讨论着卢氏的来龙去脉，他竟和客人争执起来，那愤怒的表情、那不断提高的嗓门，差不多到了剑拔弩张的份儿，一时间竟让我担心他会动蛮。

赶紧把话题岔开，询问那帮持线香火虎的少年是什么讲究。老人的回答让人颇感意外，他们竟是自个儿闹着玩的。不过，他们的玩耍也不是没来由的。南云村分为七房，每到中秋，每房出七根竹篙火龙，加起来是七七四十九根。从前，从八月初一夜晚起，每房还要各以七名儿童组成小分队，每人手持一个半圆虎头形道具，上插数十根点燃的线香，分别到本房各家游火虎。少年们举着线香火虎逐门逐户唱赞，辟邪纳吉的意义竟赋予了儿戏的形式。但是，如今孩子们很少玩它了。幸亏，今夜有一帮贪玩的少年在不自觉间，替我们保存着、演习着关于线香火虎的记忆。

林梢上的月亮渐渐胆大了，明亮了许多。人们开始熬油。关于竹篙火龙的用油，我曾听得许多说法。茶油、松脂、一种少有的树籽油。还说熬油很费时间，需要技术，讲究火候。身临其境才恍然，能够繁衍成习的东西，一定是就地取材，顺手拈来，技艺简单方便，具有普遍的操作性。其实，它所用的油，很平常，是最便宜的食用植物油；所谓熬油，不过是把油倒进平时做饭炒菜的大铁锅里，加热烧开，再把油浇在一根根裹着纸捻子的线香上，人称火媒子，当它们被扎在竹篙上点燃后，就是一支支火把了。

人们攥着油淋淋的火媒子，扛着竹篙，不约而同地从各个方向涌向卢氏家庙前的学校操场。这时，人们要做的是，把火媒子扎在竹篙上，每根竹篙需扎二十支，于是，只见男女老少都忙碌起来。看得出来，四十九根竹篙火龙来自四十九个家庭，扎火媒子正是以家庭为单位进行的。

按照以往的习惯，七班火龙队要在火龙神庙前拈阄，决定点燃火龙的顺序；火龙集中在卢氏家庙前点燃后，由青壮男丁高高举起，祭拜祖宗，再分别按常规路线绕村游到各房祠堂前，将火龙斜靠在祠堂墙上，任其自然熄灭。整个过程大约需时三个小时。近十几年来，游村的路线被村中随意拉扯的电线给阻拦了，游火龙的活动也就被删节了，变得简单潦草了。得知这一情况，我向村支书提出，让火龙队在场上绕行几圈以便于拍照。

剧团的乐队来到现场助兴，一阵吹打后，竹篙火龙依次被点燃了。四十九条火龙腾空而起，近千支火媒子迎风抖擞。满目是团团簇簇的火焰，仿佛金龙狂舞，龙睛如电；满目是辉煌灿烂的仪仗，仿佛得胜凯旋，旗旌如阵。那一刻，煞是震撼，全场一片欢呼，为这火树银花的乡村之夜，为这逐疫祈福的浪漫之夜。

可惜的是，尽管村人满足了我的要求，在操场上游走了几圈，但是，他们仍然很快就收场了。我甚至还来不及品味，这是演绎那个神话故事以纪念火龙、火虎兄弟呢，还是表达着人们对火的更为宽泛的情感寄托？

是的，竹篙火龙的美太短暂了。望着人们高举竹篙匆匆散去，我觉得很不过瘾。我在想，为什么有着强烈仪式感的竹篙火龙，其仪式性的内容很少，倒是富有游戏性？比如，虽是在宗祠门前进行，却并没有祭祀的情节；整个活动的始末，也没有仪式性的安排。不知是否在长期的演变中，日益简化了，就像布满村巷上空的电线可以截断游村的路线一样？

人们散去，掉落在地上的火媒子仍在燃烧，各自离去的竹篙火龙靠在自家的墙上，依然兴致勃勃。只听得黑暗中有人急切地吆喝：去看戏哦！听说，中秋之夜的戏要演一个通宵。

义的挽歌或颂歌

5›››

在不少村庄，它们祀奉的福主虽有姓名，却为今人所陌生，其中有的极可能就是何朝何代的忠臣义士。那些陌生得大约要在史籍中才能查到的名字，也不知是怎么流落民间的，他们居然也会被与之并无多少干系的村庄尊奉为福神，在今天看来，简直令人不可思议。其实，这并不奇怪，那些名字原本就是一种道德形象，而福主崇拜总是润物无声地播撒着传统的道德理想。受着儒家思想根深蒂固的影响，传统道德理想的核心要义无非就是忠信仁义孝了。

广昌营前村水口处的小山下，有座四角起翘的东平王庙，面阔三间，由门廊和神殿组成，神殿内左右两侧分别悬挂着钟鼓，上方供奉着大小神像九座，居中的黑脸菩萨应是东平王了。东平王究竟为何许人，民间说法是不一致的，我从一篇文章中看到，福建乡村也有祀东平王的，那儿称东平王为朱元璋手下的张巡将军。在民间信仰中，众说纷纭、张冠李戴乃至关公战秦琼的情形比比皆是，不足为怪。让我好奇的是，营前东平王庙的大门就冲着大路口，门上有匾额赫然标明"东平王庙"，庙中柱联"忠心

东龙庙会日

保大唐郭相朝奏□将功高标史册，义胆征安禄代宗赐封平王爵厚铸丰碑"，几乎完全披露了这位神明的本来身份，我所问到的多位村人仍然不知其为何方神圣。

东平王果然为张巡将军，不过，他是唐人。"安史之乱"时，安禄山的叛军为了南下江淮，派兵十三万欲夺取睢阳。睢阳太守许远求助于雍丘防御史张巡，张巡立即带兵三千进驻睢阳，与许远守军三千八百人合兵抗战。张巡善谋略，精兵法，此前在抗击安史叛军的战斗中，已多次以少胜多，许远自知军事才能不及张巡，便把指挥权交给了他。张巡率众抵抗，日夜苦战，杀敌十二万余。在严防死守的十个月中，城中甚至连战马、麻雀、老鼠、树皮、草根、纸等物都被吃光了，无奈之下，张巡竟然把妻子杀了，熬成肉汤分给兵丁充饥。兵丁们后来得知实情，一个个感动得号啕大哭。然而，仅存的四百将士终因饥饿、疲惫至极，无力再战，城池沦陷，张巡、许远等将士被俘后英勇就义。后来，张巡被朝廷追封为"东平王"，其壮举被民间广为传颂，许多地方都敬之为神，建庙祭祀，或称之

东龙人尊胡太公为福神

为东平王，或称之为张王爷。

福建乡村所祀奉的东平王，其事迹与此如出一辙，应是同一位张巡将军无疑。朝代可以颠倒，姓名可以混淆，而事迹却被民间牢牢记取，世代相传。这种情形恰好反映了人们崇拜福主的心态，那就是并不在乎神明的来路，却是在乎其所象征的精神，重祭祀以保佑自身，并突出祭祀的教育作用。

营前村尊奉与本土本族并不沾边的张巡将军，可见，凭着一副忠肝义胆，那位东平王在历史上本来就是具有广泛影响的神明。宁都县有座南平庙，所祀主神也是张巡、许远。因为张、许二位在睢阳抵御安史乱军时，正是郭子仪不派兵解围才导致他们不屈殉难，所以，在这座庙里便有了演戏不准演郭子仪的禁忌，也是，免得神灵动怒。就像在关帝庙里千万别演《走麦城》一样。

还有一些忠臣义士，则成为一个宗族、一个地域所信奉的神明。全国历史文化名村流坑所信仰的主神叫何杨神。村中的多处神庙里，安放着书生模样的何杨神像，与其他神像一起接受世代流坑人的供奉。每年农历正月初九日要举行隆重的游神活动，意为赐福全村，其组织工作由轮值房负责，并从该房的房产中支付其费用。

游神那天傍晚，由轮值房一个当年结婚的男子手捧何杨神，依序走遍全村每户人家，以示游神活动即将开始，每家要作好接神的准备，即在门前放一方桌，上面装灯、点烛，供上大米和红蜡烛。游神开始时，鞭炮、火铳齐鸣，锣鼓喧天。数名职事先行依序到各家登记户名，并收下大米和蜡烛。接着，大队人马抬着何杨神及与之一起出游的多尊神像，神轿架上燃烛插香，人们提着各式各样的灯笼、举着彩旗随行。一路上，灯火通明，旌旗招展，锣鼓阵阵，鞭炮声声，热闹非凡。每户人家都要举家肃立门前，恭候神的光临，神像一到，鸣爆相迎，为神像点烛敬香，并随道士念经，家人一起跪拜，祈求神灵的保佑，期望新年大吉大利。待游神队伍巡遍全村各户门前，最快也要到三更时分，有时甚至通宵达旦。

何杨神的由来，与流坑董氏第六代、北宋名臣董敦逸有关。相传，在北宋嘉祐年间，董敦逸考中进士，因性情刚直，不愿趋炎附势，更不愿向当朝权贵送礼，而引起权臣嫉恨。有一天，皇帝在金銮殿上召见新科进士。敦逸初次走进金銮殿，对一切都感到新鲜好奇，尤其是到处悬挂着历代名家题书的匾联，更叫他目不暇接，欣赏入神。不料这时皇后娘娘也端坐殿上，一位权臣即刻向皇上奏告：敦逸心术不正，偷看娘娘。皇帝一听大怒，喝令将董敦逸推出斩首。敦逸极力分辩，说明自己是抬头看匾联，并非偷看娘娘仪容。一些朝臣也为敦逸求情，皇帝这才稍解怒气，传旨将敦逸打入天牢，令其当夜将殿上所挂的匾联内容默写出来，以明心迹。否则，明日仍要处极刑。

这天夜里，敦逸被投入天牢中。天牢又深又湿，暗得伸手不见五指。敦逸心中充满着愤恨与忧伤，壮志未酬身将死，蒙冤受屈又奈何。正当他

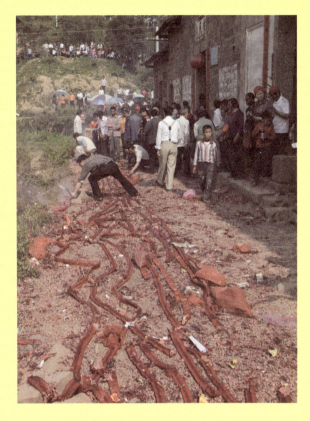

远村近邻庆生辰

绝望之时，忽然，牢口处飞来一闪一闪的萤火虫，并且成群结队地飞进天牢，在牢中围成一圈，照亮了天牢，敦逸惊喜万分，立即拿起纸笔，边想边写，逐条将所见的匾联内容默写出来了。

第二天早上，皇帝看到默写出来的匾联，甚为惊喜，当众连声夸奖董敦逸记忆超人，文才出众。不仅未降罪敦逸，反而给他晋升一级，官拜监察御史。事后，敦逸回想萤火照彻的夜晚，知有神灵相助，经打听，才知天牢中曾屈死何、杨二位忠臣，想必是其显灵招来萤火虫相助。关于萤火虫助敦逸脱险，另有一个传说，说的是，他出使契丹国，契丹国王逼其夜读皇陵碑，也是姓何、姓杨两位忠臣的英灵招来萤火虫，帮助他背熟了碑文，得以完成使命。

敦逸辞官归故里后，为报答何、杨二人的相救之恩，在流坑的各神庙中增设其神像以祭拜，并于何、杨二人的遇难之日正月初九，举行禳神活动。何杨神成为流坑的福主，而一年一度的游神活动，成为沿袭至

太公庙里　今的风俗。

　　宁都的东龙村始建于北宋乾德年间，距今已有千年历史。李氏先祖选择来路最长、山势最为雄伟的东龙岭、南桥岭作为该村的两大龙脉。整个村落依照龙脉走势，由屋场、宗祠和神庙玉皇宫三部分组成，形成了居住、祭祖、敬神三个相互独立的功能性场所，在村子四周的山头上，还修建了四个隘亭、四个寨堡及若干大小不一的护神庙，增强了村落的防卫功能和人们的心理安全感。分布在村庄四周的那些寺庙有：玉皇宫、太公庙、宝塔寺、永东寺、三仙祖师庙、七仙庙、杨公庙、谷雨庙、供奉七郎祖师的相公庙、又称文昌阁的蛇阳庙以及供奉宋石城通判赵彦覃的将军庙等。

　　太公庙里的主人，是东龙李氏的守护神胡太公。这座庙宇建筑分为上下两厅，上厅中央安放胡太公及两位将军神像，下厅为戏台，牌楼式门面，匾额上刻有"凌霄阁"三字，此庙又叫凌霄阁。据说，这位胡太公名胡雄，生于南唐，村人称，因其曾有恩于李姓，故李氏在东龙开基后，即塑像祭祀之。相传，村中的大财主李仁芳财大气粗，为了炫耀"百间大屋"的气派，竟弄来了皇帝的金罗圈和金凉伞，就摆设在大厅内。此事被皇帝知道了，惹得龙颜大怒，派兵前来进剿。东龙有八个隘口、寨堡守护着村庄，官兵屡次攻打不能奏效，于是，欲派兵潜入村子投毒。下山赶墟的李家长工胡雄，闻知官兵的图谋，立即赶回村里，动员村人提前备足用水，从而使全村人幸免于难。从此，东龙人尊其为福神，立庙让子子孙孙朝拜。

其实，胡雄是宁都一带著名的地方神，清道光《宁都直隶州志》记载："南唐胡雄，有神术，流贼入寇，雄坐城上，自称胡太公，跨一巨足，下掩城门，贼吓走。雄殁，土人祀为神，即今太公庙。"太公庙为俗名，其庙又称博济庙，因宋崇宁年间被赐额、进封胡雄为博济昭应王而得名。"神生后梁龙德辛巳四月八日，体貌魁异，隆准广额，顾目见耳，言行谆笃，邑人敬畏，寿终八十三。每著灵异，元至正壬辰，伪汉熊天瑞率众攻城。至螺石，见城外兵多，遂退。使人觇，实无兵，乃进。及交锋，熊军见白发老人巡城，飞炮射矢，不敢逼，或言胡太公乃阴兵也。"

关于胡太公显灵、拯救东龙于水火之中的故事，更是为东龙人口口相传。传说，东龙李氏有一座风水最佳的祖墓，叫"倒插金钗"。外姓人一直企图谋得这处风水，便横生一计，将自家祖先的骨头从墓中挖了出来烧成灰、调和成浆，待到夜深人静，偷偷在"倒插金钗"的墓顶上打洞，再把骨灰浆灌进墓堂。神不知鬼不晓，就分享了这处风水宝地。但是，且慢，不几日，李氏族长通过梦中神示，获知"倒插金钗"已被外姓人霸占。那位神明正是变成了白发老头的胡公。第二天，刚好是冬至，族长便率众打开墓室，请道士把祖先的遗骸及墓室清理干净，并重新安葬，从而避免了一场可怕的灾难。

又说，因得风水宝地，东龙终于发达起来，一时间富甲一方，令四乡八邻称羡，也让远近土匪垂涎，东龙频遭匪患。屡屡被东龙人击退的各股土匪，见侵扰东龙不能得逞，便纠集在一起，组成了一支数千人的队伍，气势汹汹杀向东龙。为了保卫家园，东龙人无论男女老幼一齐上阵。经过几天几夜的浴血奋战，双方都损失惨重，穷凶极恶的土匪杀红了眼，发起了更加疯狂的攻势，眼看就要攻破村庄。千钧一发之际，有三个巨人从

随太公巡游

天而降，为首者手握大刀，另两人或执金铜或舞利剑，刀剑指处，势如破竹。他们正是太公庙里的胡太公及其左右二将。有守护神显灵助战，全村人自然斗志高涨，勇气倍增。最后，东龙幸免于难，而土匪却落得个尸横遍野的下场。

取得胜利的东龙人抬着胡太公及其左右二将的塑像，敲锣打鼓，举行了盛大的游村庆祝活动，神像所经之处，家家秉烛焚香，顶礼膜拜。此后，这一活动便演变成为东龙村每年农历四月初八都要举行的太公庙庙会。太公庙内有联让人们牢记这个日子："八日福主逢寿期远村近邻庆生辰，四月槐荫好时光善男信女沐神恩。"

其实，庙会从四月初一就开始了，一直延至四月十一。此时，人们早早在庙前搭好戏台，天天演出祁剧，其节目要经当值甲首严格挑选，反

映李唐王朝的宫廷戏《皇亲国戚》《打金枝》等为必演剧目。整个庙会期间，每天都有善男信女络绎不绝地前来上香、进供和看戏。初八日是胡太公的生日，也是神明显灵、救助百姓的日子，因此，这一天要举行规模宏大的祭祀仪式，是庙会活动的高潮。一大早，当值甲首要选派数位礼生率众先到庙里上香进供，而后请下三尊神像沐浴更换新衣，再安放于神轿中。待等预定的时辰一到，随三声铳响，众人抬起神轿，在彩旗、锣鼓和八仙的簇拥下，从太公庙左门出发，开始了环村的巡游。游毕，从庙的右门入内，将神轿停放于大厅供村人膜拜后，由道士给胡太公"上奏表"，杀鸡供奉，最后又请太公归位。游神时，每遇庙宇，神轿都要进庙停驻，集体上香，而沿途人家则要在门前路边设案接送。

东龙的"甲"，是庙会期间参与管理及经费筹集的自愿性组织，类似于"会"，以股份制的形式建立。全庙共设三百三十个股份，每股规定缴纳一定数额的钱粮。凡愿意缴纳者，均可入会。入会者，以三十个人组成一甲，全庙共为十一甲。庙会的组织工作由各甲轮流承担，轮到当年组织庙会的甲，当地称"当值甲"。从前，太公庙用入会者所缴纳的钱粮置有庙产，如今，庙产没有了，但庙会期间吃甲酒时，每人要支付相当于酒席开支三倍的费用，以解决庙会期间的所有开支。

若是胡太公真的地下有灵，不知见东龙李氏这番绵延不绝的感恩戴德，该作何感想？

尊崇恩人的最甚者，可能是龙南关西围的徐氏了。有位杨公曾对徐氏有恩，被徐氏奉为福主。杨公的称谓竟赫然出现在徐氏祖龛的神位上，并名列徐氏祖先之前，曰"东海堂杨公福祖暨徐氏历代高曾祖考妣众神"。可惜，杨公的事迹已经难以寻访了，不知这位杨公究竟何许人也。

把本族的恩人视为福主，建庙专祀或供奉于祖堂之上，让子子孙孙岁岁祭祀，朝朝铭记，常怀感恩之心，显然，其意义已经超乎祈求神灵护佑一方、辟邪纳吉的功利目的，还包含了凝聚族人、教化子弟的用心。从福主庙庙会的组织形式来看，无论是盛大而庄严的游神活动，还是其乐融融的酒席，都是表达宗族意志、炫耀宗族力量，乃至宗族沟通人心的最好手段；而从以上庙会活动的内容来看，它所努力张扬的，正是一个"义"字。

古代的婺源县隶属于徽州。婺源有民谚云：庙前穷，庙后富，庙左庙右出寡妇。因此，其庙宇往往建在村边的水口，有的村庄水口甚至是庙宇林立，形形色色的菩萨共同镇守着百姓幸福安康的梦想。在当地影响较大的福主有元帝（玄帝）、关帝、汪帝、周王、观音、地藏等。

那位汪帝是隋末唐初时的本地英雄汪华。传说汪家是个大财主，汪华小时候被邻里当作傻瓜，十五岁时还是痴痴呆呆的，十六岁其父给了他一万两银子，让他带着一个精明的伙计去苏州开当铺。不料，汪华与众不同，大手大脚的，有穷人拿锅来当钱，他闻知后，赔上钱还让人家把锅带回去。不久后，银子悉数散尽，他打道回府，其父勃然大怒，揪住便打，他反而笑道：怎能不把钱散出去呢，老朝奉在家里，半间茅草房，几件粗布衣，数石糙米，一罐猪油，就够他用一辈子了。气得乃父说不出话来。

隋朝末年，天下大乱，以义服人的汪华高举义旗占据歙州，发动兵变，宣布起义，过去得到他帮助的穷人纷纷响应，都来投奔这个仗义疏财的豪杰。不多时，汪华就拥兵十万，自号吴王，一连攻下婺州、杭州、饶州、宣州、睦州等地，并把郡府迁往休宁的万岁山，在汪华掌管六州的十几年里，境内安定太平。唐高祖称帝后，唐王李世民挥师南下，汪华审时度势，对部下说："日月出矣，而烛火不熄可乎。"于是，他果断决计归附唐朝，以利于全国大局，安稳境内百姓，唐高祖嘉其忠义，封其为"越国公"。贞观二年，汪华前往朝廷任职，贞观十年，唐太宗征辽，诏其为九宫留守，可是，汪华在这个职位上只待了十八天，因为太宗征辽很快失利

上饶乡间的关帝庙

而还，故民间传说他死后曾被太宗封为"阳间天子十八日，阴间天子万万年"，旌表其"生为忠臣，死为明神"。历代皇帝多有追封，尤以宋代最是显赫，什么"灵惠王"、"英济王"、"显灵英济王"、"信顺显灵英济王"、"信顺显灵英济广惠王"，直到把最多八个字的封号封到顶，就连汪华的九个儿子也屡屡获封，汪氏家族中其他敕封者上达三代，下及四弟、九子之媳、长孙等。

徽州民间更是将"汪公大帝"与义薄云天的关公大帝一样对待，世代崇祀，古徽州乡间汪公庙星罗棋布，那些小庙往往有对联赞颂汪华的功德，这就是"镇静一隅，保障六州"。宋真宗当朝时，徽州知府表请追封的《申状》说，汪华卒后，"郡人思其德，大启庙貌，以时祭享。自此，郡有水旱则祀之，民有疾疹则祀之，鲜有不获其灵应焉"。何止水旱，后来的绩溪知县在《申状》中又称："飞蝗入境，不可胜数，再谒王庙祈祷，则蝗虫尽已疹灭。"在人们的心目中，汪公大帝成了庇佑天下、有祷必应的灵神。据说，有位徽州守自表"学自孔堂"，坚守"乱神不语之戒，敬

神而远之章",从不烧香拜佛,不承想有一年大旱,形势所迫,他不得不应吏民泣诉而躬谒忠显庙,也是奇了,顿时,风起云涌,电闪雷鸣,降雨"三凤宵而未霁"。于是,那位徽州守大发感慨:"神能变凶荒为丰穰,守敢不改慢易为敬信!"

婺源乡间仍留存着一些汪公庙,无意间也许会遇见,而刻意去寻找却往往很难找到,我就曾在得到确切线索后,或被领往佛寺,或迷失在高速公路的高架桥下。坑头村有座汪公大帝庙,其中供奉的汪公神像和关公一样也是红脸,庙旁有明嘉靖十七年的"桃溪汪王庙碑",碑上大多数字已模糊不清,但仔细辨认,仍可见到"施功德于民"等字样。作为大唐一统的功臣、六州稳定的保障,汪华成为古徽州汪氏宗族乃至这一地域人民普遍崇仰的神祇,而他急公好义、以义处世待人的事迹,深刻影响着包括婺源人在内的徽州人。

由流坑的何杨神崇拜和古徽州的汪帝崇拜,我们可以发现,福主崇拜所产生的地域认同感是非常强烈的,如果说宗族意识是维系传统社会的血缘纽带的话,那么,福主崇拜可能就是一条地缘的纽带了。不过,这条地缘纽带也会缠绕着血缘纽带,因为在聚族而居的村庄里,禳神仪式正是盛大的宗族活动,许多福主正是某个宗族所信奉的神明,有的神明甚至是宗族的先祖，或如流坑的何杨神崇拜那样充满了宗族的炫耀意识，即便是影响广泛的汪帝崇拜，对于徽州的汪氏来说，它无疑是和虔诚的祖先崇拜融为一体，并使之升华了、神化了。在汪帝崇拜和祖先崇拜的共同影响下，徽州之汪形成了忠孝节义的家风，汪华后裔的一支曾创造出九世同堂、千人同灶的奇迹，成为宋真宗旌表的"义门"。

宗族意识有时也会被人们煞费苦心地糅进民间信仰中，以标榜其宗族门第的高贵。这时，它是含蓄巧妙的，因而是耐人寻味的。安福县柘溪村为刘姓村庄，村东有座主祀观音的竹林寺，该寺为两进，后殿供奉着观音等神像，而前殿神龛上供奉的却是关公，这是因为村人传说关公曾经显圣于竹林寺。其神龛两侧的镏金柱联已斑驳脱落，然依稀可辨："正气塞天地想当年佐汉锄奸压倒一时英雄，精忠炳日新到此际扶朝显圣永尊万世人杰。"

关公原为三国时期蜀国名将关羽，宋以后他忠义勇武的精神被朝廷渲染利用，历代皇帝多有加封，至明万历年间更是被封为"三界伏魔大帝神威远镇天尊关圣帝君"，佛道两家也竞相罗致关羽为本门神祇，明清时关羽被列为国家祀典，以"三国"为题材的话本、戏曲、小说把关羽写成"义薄云天"的神人，凡此种种，使得红脸关公成为家喻户晓的万世人杰，成为中国老百姓最喜爱的神明之一。而柘溪刘

氏祀奉关公，除了崇尚那个"义"字外，可能还与关公辅佐的正是刘姓的老祖宗刘备、与桃园结义有关，也许，所谓"显圣"的说法只是给自己一个理由而已。若然，请到关公来庇佑这个刘姓村庄，再合适不过了。

民间对关圣帝君顶礼膜拜，不仅表现为普遍建庙祀奉，不仅表现为对关公故事的津津乐道，对它的形象的喜闻乐见，还表现为笃信它的神威，凡司命禄、佑选举、治病除灾、驱邪避恶、诛伐叛逆、巡察冥司等等职能，都交给它了，甚至将其作为保护商贾的武财神。当关圣帝君成为一个地域、一座村庄的福主时，它更是有求必应、无所不能的灵神。

萍乡民间传说，关公升天后，被玉皇大帝封为风雨神，它管得风调雨顺，五谷丰登，所以，百姓为它建起了关公庙，人们纷纷进香朝拜。那座关公庙对面还有座土地庙，一年到头却一点香火也没有。土地老爷心里不服，常常发牢骚说：掌管风雨有什么难，这差事谁都干得了。一天，关公因赴王母娘娘的蟠桃会，便托土地老爷暂时代理他掌管风雨。关公走后这一天，庙里陆续来了四个人，一起跪在关公像前祈祷，可是土地爷根本不搭理他们，直到四个人一起跪在土地爷面前祈祷，他才慢慢地说："你们分别讲吧。"

晒烟叶的祷告说："求求风雨老爷行行好，千万别下雨，我的烟叶再不晒要霉了。"土地爷心想：那还不容易，大权在手，这差事我干得了。于是，便一口答应了。

种庄稼的祷告说："求求风雨老爷行行善，快下些雨吧，我的禾就要干死了。"土地爷不假思索地也答应了。

栽树的祷告说："求求风雨老爷做做好事，千万别刮风，要不，果树上的花刮掉了就不会结果了。"土地爷又

麂溪竹马班的关公

答应了。

　　乘船赶路的祷告说："求求风雨老爷积积德，快刮大风吧，要不，船行太慢就会误事了。"土地爷点点头说："好吧，我满足你的要求。"

　　四个人都心满意足地走了。土地爷仔细一想，这四个人的要求，一个要下雨，一个不要下雨，一个要刮风，一个不要刮风，心中不免一惊，哎呀，这个差事我可办不了！他赶紧把正在王母娘娘那里赴宴的关公叫回来。关公回庙，听说这四种相互矛盾的要求，不慌不忙提起神笔，随手写下了四句话：白天太阳晒烟叶，黑夜下雨浇庄田，刮风不进果树园，清风顺河送客船。土地爷一看，非常佩服，从此之后，再也不敢轻视关公爷了。

　　这个传说不仅赋予了关公呼风唤雨的新职能，而且，刻画的是一个以智慧过人、亲切感人而令人耳目一新的关公形象，民间对他的虔敬也流溢在字里行间。

　　赣北幕阜山区的修水、铜鼓等地，是客家人集聚地之一。清初，因"国家生齿日繁"、"分宁地广人稀"，赣南、粤东、闽西的客家人应召，成批迁来此地垦荒。他们有的在山里搭棚居住，有的居住在崖洞中，因此，史书上称之为"棚民"。在修水，客家人至今仍被人们称为"怀远人"。我不知道这是对当年打闽粤赣三角地区迁来垦荒的客家人"慎终追远"心态的提挈式描摹，并以此指代他们呢，还是缘于他们为落籍而勤奋劳作，曾争得了"怀远都"之名的历史。这个称谓本身就充满了沧桑感。怀远人普遍崇祀关圣帝君，许多家庭都供奉着关公神像。毫无疑问，这一现象非常生动地传达出了有着共同命运遭际的人们，置身于陌生而孤独的生存环境，那份能够温暖自己的心理诉求。我到过修水的金盆村。那个村庄沿着山沟里的垄田散落在两侧的山弯中，最大的自然村怕是也不过三五家，零零落落的房屋一直绵延到深山里。这种松散的居住状况大致反映出原始的生产形态。遥想当年，单门独户在山中垦荒的怀远人，举目无亲，唯有那个"义"字是他们联络异姓的介绍信，沟通四方的通行证，当然，也是他们最可靠的心灵慰藉了。共同崇尚的信仰，使关圣帝君成为所有怀远人的一面精神旗帜。

尽管，"傩舞之乡"南丰曾有多座被列入官祭的关帝庙，高高在上的关老爷享受着四方百姓祀奉的香火，但是，周边的村庄仿佛还嫌不成敬意，仍然把关公当作自己的福主，或在村中建庙专祀，或与别的神明合祀。我在赓溪等村庄都看到了关帝庙，我想，关羽可能是在乡村兼职最多的一位福主了；而民间格外崇拜关帝，反映了在社会生活变化的背景下，随着经商活动的日趋频繁，人们对"义"的崇尚和追求。

石浒村的柳灯正是借关帝神像前的烛火点燃。灯与火，是一切民俗活动的灵魂，无疑，也是南丰傩事活动的灵魂。石邮搜傩之夜的火把，赓溪照迎竹马的蜡烛，三坑逶迤游走的神灯，上甘插在路边恭候众神的线香……闭目回想，我眼前尽是火的意象。

灯有灯的身体、相貌和表情，火有火的性格、情感和心思。在南丰，最为别致、最为古朴的神灯，大概要算石浒村的柳灯了。

柳灯，顾名思义，与柳有关。它以柳枝为灯柄，每根柳枝上悬着四支火媒子，其状也如风摆枝条，绿柳依依。儿童提灯踏夜，穿梭往来，颇有古风。

竹马班回村

　　古朴，并不意味着简单，古朴的风格往往是通过古老而复杂的工艺来实现的。比如，柳灯的制作就得费一番工夫。在每年正月十二那天，头人就要买好爆竹、蜡烛、牛胶、白蜡、火纸等物，组织村民制柳灯。柳灯的火媒子内用竹子，外缠火纸，中间穿铁丝，再灌上牛胶、白蜡，扎在柳树枝丫上。在制柳灯的同时，人们还要糊六边形的高脚灯笼，写上"揭"字或"三史民家"字样。不知所谓"三史"是否指的是石浒开基祖的三兄弟。

　　石浒村民为揭姓，由广东揭阳迁入。据说，他们本来姓史，其祖上出了一位将军，征讨匪患有功，世人美称史将军。可是，族人听来觉得别扭得很，一念之下，竟认为姓史不如姓揭（捷），干脆就把姓改了。也是一时居功气盛吧。此事在过去的宗谱有记载，然而，因宗谱被毁，如今只是人云亦云罢了。

　　我们来到石浒村时，正赶上连续三日举行的"起灯"。石浒村分为里堡、外堡两部分，里堡是祖上定居地，外堡则是后人迁居地，跳八仙的整个仪式过程都融合了里、外堡的地理概念。在十三日起灯之前，里、外堡的八仙弟子已经有分有合地举行了参神仪式。晚饭后，由里堡放铳通知外堡起灯，于是，里、外堡分别在福主殿、骑路亭起灯，而后，相向迎灯。

每日的路线相同，但会灯的地点不一。我们来石浒的这天是十四日。

福主殿里供着三尊神像，正中的那尊红脸长须，颇像关帝，该村外堡便有一座关帝庙。我进入福主殿时，才见几个男孩子在这里点灯，不一会儿，殿内就挤满了人，以男孩为多，也有几个汉子，他们帮着孩子点燃各自的柳灯后，一同加入了集结在福主殿前的迎灯队伍。

在关帝老爷的注目下，柳灯的队伍出发了。高脚灯笼在前面引路，紧跟其后的是锣鼓家什，接着是铁拐李、汉钟离、吕洞宾、何仙姑、曹国舅、蓝采和、韩湘子、刘伶等八位仙人，提着柳灯的孩子夹杂在其间。石浒八仙中缺了那倒骑毛驴的张果老，而换上了又名刘海、风僧的刘伶。

一盏柳灯上盛开着四朵火焰，花团锦簇的队伍仿佛一条浴火而生的巨龙。柳灯是它金光闪闪的鳞甲，是它自由舒展的身体，挟着风，蜿蜒前行，穿破了沉沉夜色。

在村庄的另一头，也有这样的花朵，这样的灯火长龙。我渐渐看到了那时隐时现的光亮。

很快，相向巡游的队伍在村中交会，但并不停步，大路朝天，各走半边，依然大步疾行。唯有柳灯在彼此招呼，火与火击掌，光与光相拥。

我随着柳灯到了村中，只见村子正中位置的路边摆着一张供桌，桌上供奉着八仙的面具、道具及供果。在这里侍奉着八仙神像的是一位婆婆，她说，过去八仙班是要在这里着服装戴面具的，因为她家信了耶稣，就改为别处了。至于为什么改换门庭，她的回答是：耶稣信上帝，上帝比傩大。

我不由地想起，下午在中和村佛寺看到这样一副楹联："为人正直见吾不拜何妨，心存恶意日夜焚香无益。"然而，看来这位老人家还是真心顾念傩神菩萨的，只是再想交结一个更加位高权重的神而已。依然在路边供奉八仙的行为，就表明了她感恩于傩神、唯恐有所不敬的复杂心迹，和上甘村那些皈依了上帝便对傩神敬而远之的人家比起来，也算是有情有义了。

因为这一耽搁，再也追不上迎灯的队伍。横穿村庄而去的队伍，消失在外堡方向，消失在刚刚升起的圆月下面。我只好坐在一户人家门前，等路上的八仙弟子快快回来，等头上的月亮慢慢过来。

圆圆的月亮，照着一张圆圆的供桌。月光下的面具，表情也柔和了许多，仿佛目光迷离，暧昧地笑着。原来，木雕的面具是有血肉有神经的，那看似恒久的表情，也会有丰富的变化。与其说那是光线导致的，不如说它们经常受环境气氛感染而变得栩栩如生。

这天的下午，我在中和村看了跳十仙表演。中和的十仙，除众所周知的八仙外，还有风僧和刘伶。传说刘伶与风僧是一个人，因此，这两枚面具是一个模样。据说，此二人在海上劳作，十分艰难，八仙见后，利用各自的长处帮助他们，后来，他俩也成了仙。于是，便有了"八仙飘海十仙到"的说法。

中和村的表演是在铺满阳光的操场上进行的，八仙们依次登场独舞，退场时二人对舞；八仙都出场以后，相互穿阵，分站两边；这时，刘伶上场耍钱，钓蟾不成，风僧上场与其一同捉蟾，靠着众仙指点帮忙，刘伶和风僧终于将蟾捉住。在这个不无谐趣的捉蟾表演中，那只用红布制作的蟾，无疑是一种吉祥的象征，或指向生殖崇拜，或隐喻金钱累累，或有别的深意。学者对此各持己见，言之凿凿，我不敢置喙。不过，我以为，既然为百姓所喜闻乐见，它勾连着的，一定是人们最朴实的心愿。

中和村春节期间的跳十仙仪式于正月初二开始，先由弟子们到附近福主殿、汉帝庙、清源庙等处参神，初三出坊跳十仙，从十一至十五日则在本堡跳。其中，十一、十二日为上灯日，凡年前结婚生子的人家，要在祠堂里挂上裙灯以告慰祖先，到了晚上弟子们则登门跳十仙表示庆贺。经过十四日下午为全村表演的跳全堂，元宵节之夜就是逐户的跳年灯了。这天，已婚妇女可到新媳妇家吃甑盖茶，新媳妇要将饭甑盖顶在头上，任由年长的妇女用刷把敲打甑盖。我之所以记下这些与跳十仙一同进行的民俗活动，是因为这些活动普遍流行于客家人聚集的石城、宁都一带乡间，由此可见，各地民间文化兼容并蓄、融会贯通的奇丽景象。

这也许是随着历史上的人口迁徙带来的文化记忆。或者，民俗文化也如遍布江南丘陵的马尾松，它们的飞子会在阳光下随风轻扬，而后，落地生根？

听说中和刘氏于南宋庆元年间由福建迁入后，即有跳迎活动。而在石浒则传说，某朝揭家有人在杭州做官时，有两户人家为八仙圣像被盗事打官司，衙门断不清案，就说：你们两家都别争，干脆留着给老爷我自己玩吧。老爷遂将圣像带回了石浒老家。他既不会跳，也不知用什么曲子配，便派人去苏杭学。所以，石浒有民谣概括此地跳八仙的特点，云："杭州的八仙，苏州的丝线。"丝线指弦乐，石浒跳八仙时除鼓、钹、笛子、唢呐外，还有两把胡琴伴奏。可是，当晚表演并没有用胡琴，伴奏时最卖劲的就是笛子了。

我们坐在人家门前，皎洁的圆月不知何时悄悄地坐在我们身后。八仙弟子也是悄悄回来的，像月光一样轻盈无声。

从十三日晚上迎灯后开始，到十五日晚上，为里外堡八仙弟子跳迎时间。十三日他们各自回到本堡，在各家的厅堂里跳迎；到了十四日，要互相跳迎，即里外堡八仙分别在别堡跳；十五日晚上则为未跳完的人家补迎。按照这一程序来盘算，此夜我们看到的应该是外堡的八仙了。

不过，事实上我们在这里看到的是两个八仙班的竞技，这大概是村里的刻意安排吧。有一班，也不知属里堡还是外堡，弟子们都很年轻，有两三个不过是半大的男孩。他们在厅堂里跳八仙。接着，另一班在门前坪地继续表演。铁拐李、汉钟离、吕洞宾、何仙姑、曹国舅依次上场两两对舞后，蓝采和与韩湘子同时上场对舞，再是八仙分队穿阵，最后刘海捉蟾。八仙的舞蹈看似简单，却也传达出不同的韵味，或有仙风道骨，或充满凡趣。

看着八仙的舞蹈，我却牵挂着那些柳灯。此时，柳灯不见踪影。原来，在迎灯之后，孩子们已将柳灯带回家，图的是"沾老爷的光"；而到

了举行"圆迎"仪式的十六日晚上，柳灯的队伍会再次出来，依然按照迎灯的程序和路线，穿行在人们美好的祈愿中。只是，那个夜晚，八仙班弟子还要举行庄严肃穆的辞神仪式。辞神时，提柳灯的队伍在福主殿外烧纸作揖，头人则前往村庄的水口处，点燃一挂长爆竹，抛向空中。这就是送神了，神灵在空中的远方，在望中的前方。正在福主殿内跳八仙的弟子一听到爆竹声，立即停下舞蹈，停下伴奏，一切声音都静止了，人们静静地等着去送神的头人回来，再返回本堡，一路上屏声敛息。

在那肃穆的夜色里，柳灯还在燃烧吗？我不知道，我没有守候石浒村的正月十六。每年正月，是南丰乡间的假面舞季，我得走马观花，去领略别处的精彩。

我想，即便辞神之后，柳灯也不会熄灭的，人们不是期待着"沾老爷的光"吗？关帝老爷就是一盏长明的心灯。

不承想，到了石城县山区，关帝老爷竟成了月老。那里有个上柏村，每年农历五月十三是"过漾"日。据说，此俗形成于明代，风行于周边诸多村子，只是时间不同。

上柏村的过漾，是在有着近三百年历史的楼阁式廊桥——永宁桥上拉开序幕的。此桥设有亭阁，称武圣庙，祀关羽像。五月十三上午，上柏熊氏长老首先在神像前摆上猪头、鸡鸭和酒等供品，点烛燃香叩拜，然后，由化妆为八仙的村人在庙中"打八仙"并喝彩。接着，将关公及周仓、关平神像请下神位，分别坐入不同的神轿中，用清水为之洗脸开光。要游神了。游神的队伍由六个举着黄旗的男童开道，六个村人举着排灯和箕笼灯为第二方阵，其后是八仙们簇拥着三尊神像，鼓乐吹打压阵。

游神的队伍离开武圣庙，前往参拜社公。见了社公，三尊神像面对社公摆放，关公神像居中。又是焚香点烛放爆竹，八仙则喝彩道："八仙下山来，鲜花满地开，福山对福海，福寿万万年。"而后，对社公行叩拜礼。

上柏村有熊氏古祠十三座，均需一一巡游祭祀。于是，村内人头攒动，鞭炮大作，游神队伍所到之处，家家鸣炮祷祝。到了午间，则是户户高朋满座，酒肉飘香。客人多，酒喝得多，主人便觉得脸上有光。午宴之后，熊氏总祠便要演大戏了。始建于南宋时期的熊氏总祠，有上下两厅。三尊神像自然端坐在上，与熊氏祖灵一道，欣赏着由村人自排自演的古装戏《向阳镜》。日间是神人同乐的一天，夜晚是男女合欢的一夜。祠堂里的大戏要演到半夜呢，于是，有情有义的男女纷纷成了一出出爱情戏的主角。他们成双成对，或漫步于夜色中，或倾情于灯影里。据说，过漾日外来的宾朋特别多，这就为村人提供了谈情说爱的机会。即便在旧时，上柏村对此也不干预。因为，人们认定，过漾日定的姻缘是关帝赏赐的美满婚姻。

如此过漾日，何尝不是乡村情人节呢？

在聚族而居的乡村，维系业缘关系的行业神崇拜，很容易地被宗族利用了……

乡土行业神

6 >>>

福主崇拜所张扬的传统道德观，还表现为对行业神的崇拜。行业神崇拜是随着社会分工和行业的发生、发展，以及行业观的确立而出现的，不仅"三百六十行，无祖不立"，而且大量的行业都把它们各自认定的祖师奉为神明，举行有组织的祭祀行业神祇活动。这一崇拜反映了行业群体的精神诉求和情感寄托，因而，行业神被行业弟子视为凝聚行业内部组织、加强行业内部管理、树立行业规范的重要象征，它反映了中国传统社会业缘关系的维系纽带和核心观念。

比如，木工行供奉祖师鲁班，并有固定的祭祀仪式，而在祭祀的背后又联结着行业群体的种种习俗。在供奉祖师时，要坐北朝南立鲁班牌位，安放鲁班工具墨斗、方尺和斧子，一并供奉。牌位两边立两双筷子，供鲁班和鲁班妻使用。收徒拜师及出师仪式也要在祖师面前进行，先祭拜祖师再拜师父，这样方可正式成为行业组织中的一员。而木工学徒的参考手册《鲁班经》，则把建筑行业中规定的各种营造法式一概神化为鲁班祖师的遗留法式，借用鲁班的名义来约束行业成员，遵守行业规范。

行业内部的祖师信仰往往洇散开来，深刻影响着人们的日常生活，从而在不同的地域形成不同的生活习俗。在赣县乡村，烧砖瓦时，东家要做瓦祭，即烧香杀鸡敬鲁班。在烧第三窑、第七窑时，东家为祈求生产顺利、兴旺发达，要宰杀小狗祭窑，并选一块好青砖、四片好白瓦敬社官，在烧第四窑、第八窑时则要点香燃烛烧纸敬社官。旧时江西各地乡村建造新屋的每个重要过程，都要举行祭拜仪式，通过唱彩赞颂天、地、鲁班及各路尊神的功德，并祈求平安吉祥，其中，最隆重的是上梁仪式。丰城的上梁彩词唱道："……一祭天，二祭地，三祭师傅鲁班艺，四祭午天分长短，五祭曲尺关四方，六祭凿子铁杆响叮当，七祭泥架泥刀两面光。天地师傅都敬了，鲁班弟子祭门梁……"唱彩之后，除女儿外，全家人跪拜房梁。有的地方在当晚夜半要举行为新屋驱邪的"出煞"活动，由木匠、石匠扛着做工用的木马，带上鲁班工具及煞棍，举着摇炉和火把，敲锣打鼓，捶栋打壁，高声吆喝"出煞"。一个头扎红巾的强壮徒弟，背着那叫"煞马"的木马往外疾跑，众人则手持斧头、煞棍紧追，等到"煞马"被抛入水中，锣鼓停息，人们静悄悄地绕道返回。

景德镇瓷业所奉之神又称"窑神"。窑神有童宾、赵慨、蒋知四、华

樟树三皇宫

光等多位。童宾本是当地瓷工，因其舍身赴难、蹈火牺牲而赢得瓷业工人的崇敬，人们为其建庙奉祀，尊之为风火仙师，后来，清朝廷也敕封其为广利窑神。赵慨是因其"道"、"法"被视为有利于制陶，而被奉为神明。蒋知四也是瓷工，因争取瓷工福利而被官府杀害，和童宾一样，他由英雄成为景德镇瓷业的行业神。而能够降妖伏魔、神通广大的华光，则是来自通俗小说和佛教中的神祇。景德镇瓷业还祀奉瓷土神高岭土神。高岭土因产于景德镇高岭村而得名，是世界通用的制瓷黏土的命名。传说很久以前，饥寒交迫的瓷工们在高岭村的土地庙里祈祷，昏昏欲睡间，有位鹤发童颜、面目慈祥的老人飘然而至。老人手托金钵，指点了好瓷土的位置所在。按照神示，瓷工们果然挖出了上好的瓷土。于是，这座庙里的土地神就被瓷工们奉为瓷土神。赣县七里镇早在唐代末年就开始烧造青釉瓷，故此地有民谚云"先有七里镇，后有景德镇"，从前这里的康王庙内便祭奉着一尊窑神。每年正月，由七里镇迁往景德镇的窑工后代，要来此取"将军塘"里的釉水，再到康王庙里祭窑神，然后，将那又称"娘水"的釉水带回景德镇。

由以上对窑神的简单描述亦可窥见，行业神的来路和被村庄奉为福主的神祇一样庞杂，而且，和民间信仰中的杂神有着千丝万缕的联系，更重要的是，行业神崇拜的精神与行为规范，其内核具有明显的社会伦理价值，是世俗生活的有机组成部分。

樟树，以中药业著称于世，享有"药不到樟树不齐，药不到樟树不灵"的美誉。樟树三皇宫的前身可追溯到宋宝祐六年（1258年）。当时，樟树药材商为纪念历代神医、圣手，修建了一座药师院。明中期再次改建后，易名为药师寺，并在附近辟药圩开药市，迎接四方药商。清初，樟树药帮组织药王会，把其改建为药王庙，光绪十三年（1887年）又兴建三皇宫，并移圩于宫旁。此地由此得名药圩巷。三皇宫正大门呈八字形门楼，正殿为三皇宫，两侧为关帝庙和文昌宫。正殿主祀伏羲、神农和轩辕，配祀扁鹊、华佗、张仲景、王叔和、王惟一、李时珍、叶天士、皇甫谧、葛玄、孙思邈等历代药王、医学家塑像。

三皇宫是樟树药材行铺集资修建的。它不仅是中华医药始祖和历代药王的殿堂，而且也是全国药材交流场所。昔日，每年农历四月二十八日，要在这里举行盛大的庙会。全国药业商贾纷至沓来，宫外是人山人海的中药交易市场，宫内请来戏班演出，历时半月之久。每逢除夕，药界同仁向药王礼拜辞岁，大年初一则聚于三皇宫团拜。这样，三皇宫便成了集道教、药市、会馆、商社、剧场、族馆于一身的多功能药业场所。

在聚族而居的乡村，行业神崇拜就不仅仅是维系业缘关系的纽带了，它很容易被宗族所利用，通过以宗族为单位组织的祭祀活动，成为维系血缘关系的又一条重要纽带。于是，行业神便可能成为保佑一方土地、一个群落的福主。

我愿意把南丰的正月形容为乡村的假面舞季，因为，此时在这傩舞之乡，许多村庄都戴上了面具，在傩神庙或福主庙里参神、请神；所有的神灵都舞之蹈之，为新年祈福；家家户户都恭迎在门前，请傩班登堂入室为自家辟邪纳吉。既然人们如此虔诚地信奉傩神，如此痴醉于傩舞，那么，傩舞艺人所尊崇的戏神，理所当然地也就成为南丰乡村普遍祀奉的神明，不少村庄索性尊之为本村的福主，把戏神请进福主庙里。可以说，对戏神的崇拜，深刻地影响了这一地域的文化心理，反映了后代对前人创造性劳动的极大尊重，建庙以祭祀，既是尊师敬祖、知恩图报的道德教化形式，

也是南丰傩薪火相传的某种制度保证。

南丰傩有大傩、竹马、和合、八仙之别。大傩班奉祀的傩神，或称"老爷"，或称"菩萨"，傩神的概念既可指清源妙道真君，也可指傩面具神，有时又泛指众神。端坐在傩庙神坛正中的清源真君，全称"敕封西川路口清源妙道真君"，传其为赵昱，原从道士李珏隐青城山，隋炀帝时为嘉州太守，二十六岁时入水斩蛟，为民除害，后弃官隐去。民感其德，立庙于灌江口，俗称"灌口二郎"。唐太宗封他为神勇大将军，宋真宗时追封为清源妙道真君，明皇加封赤城王。南丰现存三十余座专用或代用傩庙中，有十座庙的傩神为清源真君。较大的神像两边，一般都配祀千里眼与顺风耳两位神将，或握刀剑，或持剑戟。有的还配祀金花小姐、银花小娘、三伯公公、三伯婆婆、金毛童子、铁甲将军等。

上甘傩班是南丰县现存持续时间最长的傩班之一，因传说傩神灵验，被誉为神傩。据说这里唐代就有傩，还建有三座傩神殿。我被朋友领着去看了尚存的古傩神殿。

这座傩神殿为明代迁建，位于村旁后龙山下，坐西朝东，砖木结构，殿内一厅六柱，厅中上面为八角藻井，下方有天井。傩神殿至今寿高几近

六百年，建筑整体保存完好。走在村巷中，从正面看，傩神殿的屋顶气宇轩昂，像是一顶巨大的官帽，或者是道士帽吧。紧闭的殿门为我们豁然洞开。大门上最近开光时贴下的楹联仍未褪色，仍然新鲜。入内，仰望上过漆的梁枋，雕饰图案依稀可辨，尽管有些曾遭斧錾强暴，想来，过去这里也是个富丽堂皇的所在。

殿内正中的神坛上祀奉清源妙道真君，那是一尊木雕坐像，它年轻英俊，身着袒臂战袍，左手按腰带，右手握圣笏。其两侧分别是站立的千里眼和顺风耳。它们之下，供奉着几十枚傩面具，很整齐地排列成四行。那些脸色彩斑斓，蓝的，绿的，褐色的，粉色的，白里透红的；那些眉目神情各异，甜美的，丑陋的，慈善的，凶恶的，憨态可掬的，狰狞可怖的。当着这些圣像的面，朋友给我讲述了半个世纪以来，这些傩面具失而复得、被盗继而重刻的经历，我不知道它们一个个是否也心有隐痛、满怀感伤，如我这般？

在这神坛之上，有小阁楼，用以存放装傩面具的圣箱和道具。殿内的上方东侧，塑有土地，西侧立着历代传法启教演傩先师的牌位。傩神殿对面为戏台，中间有雨棚相连，可容数百上千人看戏。我去时，戏台已被板墙封锁，可能台上腐朽破败不便任人上下了吧？但至今上甘村在每年农历六月二十四日，仍要请戏班演戏，为傩神清源真君过生日，最盛时，可连演十夜。此日上午，傩班弟子要全部集中在傩神殿，摆上寿面，点香焚烛，为清源真君拜寿，然后吃长寿面。演戏时，则要把全堡三十多尊菩萨一个也不少地悉数请来，让它们陪着"傩神老爷"看戏，俗称"老王会"。

我注意到，傩神殿神坛前面置有一张供桌，供桌正面公然画有阴阳八卦图。虽然，傩与道教的关系是非常突出和明晰的，甚至有专家称"傩是道教的主要源头之一"，后来傩道分流，"傩甚至成为民间道教的一种载体"，但是，这八卦图的出现还是叫我感觉突兀。上甘出过一位叫甘凝的真人，他是受南丰西乡一带百姓祀奉的仙师，其道派如何影响了上甘傩，就不是走马观花的我等所能描述的了。傩文化的博大精深，甚至令我不敢贸然探问。

历史上，上甘曾盛产豆子、苎麻、烟叶，那条长街十日两圩，吸引着周边三县农民前来贸易，当是富庶之地。一些残存的老房子，用它雕梁画

（左页上图）
万载潭埠傩神庙

（左页下图）
石邮傩神庙

栋的追忆，默默地沉湎于往昔，苍凉之感从倾斜的砖墙、腐朽的梁柱上流泻出来。当我走进它的古老时，古老的解傩仪式仍在今天的阳光、烛光里进行。

解傩为南丰傩仪的一种类型，又称解除，是驱鬼逐疫、送旧迎新、祈福纳吉的仪式。上甘的解傩由食鬼、吞魔和搜除大神三神担当。食鬼被称作鹰哥元帅，故而戴着禽鸟的面具，圆睁的鹰眼寒光逼人，长而又弯的鹰喙透出凛然杀机，吞魔为遗留着螺壳类原始动物信仰的田螺大王，而搜除大仙则是由开路神方相氏演化而来的神。这三个大神，分别镇守着天空、水中、地上，真可谓水陆空三军司令。听说，在神殿解傩之后，三神人还要将鬼疫"解迁"至水塘里，塘边又有斩蛟除害的许真君庙镇压，使之不能再作乱人间。

在今天听起来，这仿佛是一个童话。对了，这正是人类在蒙昧时代用他们抵御灾难的勇气和意志、用他们丰富的想象力，所创造出来的充满幻想的童话！

家中解傩仪式较为简单。傩班弟子踩着锣鼓点子，先后在厅堂里跳《二郎发弓》《傩公傩婆》和《捉刀》等三个仪式舞的片段，前两个节目表现求子的内容，后一个节目是驱疫。

第一个节目正是取材历史传说和民间信仰、体现生殖崇拜的《二郎发弓》。二郎右手执竹弓，左手作"毫光诀"张弓跳跃，向西、东、中方向射弹后，将弓放回供桌。这位年轻英俊、风流倜傥的二郎神，便是傩神清源真君也。按上甘艺人的说法，此君喜欢玩、喜欢嫖，所以二郎成了民间的生殖文化符号，而弓矢则是威猛男子的象征。二郎张弓射弹，表达的正是清源送子的祈愿，那动作活泼有趣、稚拙可爱，惹得一帮男孩子跟着傩班弟子手舞足蹈。具有强烈象征意味的舞蹈，应该就是香火绵延的祷祝了。

县里来了一拨摄影家。他们打算当晚在村中住下来，住在殿上解傩惊天动地的鞭炮声里，住在许愿还愿诚惶诚恐的表情里，住在冗长的请神词里，住在插路香的光焰和轻烟里。

仅仅是他们的描述，已经让我不忍离去了。就说插路香吧，傩班弟子洗净手，各持点着的线香分四组出殿门，在出村的四条路边插香，特

上甘雄神庙

别是在拐弯的路口要插上一把香，为的是让众神看清道路，好顺利地进殿安座。

想想看，在浓重的夜色里，那点点香火是流萤还是灯盏，那条条道路是龙蛇还是星河？

军山王吴芮是南丰竹马班艺人供奉的行业神。吴芮为汉代将军，即长沙王，他领兵驻扎在南丰时，曾"传傩以靖妖氛"，南唐时已把他作为军山神祭祀。北宋哲宗和南宋理宗时，朝廷两次昭封吴芮，军山神成为南丰一带乡村奉祀的福主。跳竹马表现的是战争对阵舞蹈，又具有祈福禳灾功能，因此，竹马班多借军山福主殿为神庙。

竹马，一个充满距离感的名词，也是一个洋溢幸福感的名词。它和童年有关，和爱情有关。它是稚儿的游戏，是成人的记忆。

李白诗曰："郎骑竹马来，绕床弄青梅。"一竿竹梢，象征着一匹白马；一枝青梅，象征着一片童真。青梅竹马，状两小无猜、亲昵嬉戏，其实，也隐喻一种古典的爱情。

甘竹曾家班的清源戏祖

我幼年时也曾骑竿为马，与一帮男孩子追逐厮打。我以为，这样的儿戏乃儿童本能的模仿，其间并没有什么传承关系。然而，人们借鉴这一游戏形式发展起来的各种竹马艺术，却在民间世代相袭，绵延千百年后依然顽强生长在乡土之中。

我曾在距离南丰县不远的宁都乡间，看过出现在祭祖仪式上的一种竹马。它用竹篾做骨架，蒙以各色彩布，马头较大，马头、马尾分两节挂于腰间，人与马融为一体作骑马状。此竹马称竹马灯或竹马戏，属民间灯彩歌舞，在江西，尤以瑞金竹马最为出名。而南丰的竹马舞则为傩舞，角色有关公、花关索、鲍三娘、周仓等，角色均戴面具，前三个角色的坐骑安小马头，周仓的坐骑则安小狮头。竹马舞只在春节期间表演，有祈福辟祟之意。该县的赣溪村和西山村可以算得竹马舞之乡了。

正月十五的夜晚，是赣溪村跳竹马驱疫的时间。从年前打福神祠取出面具供奉、起迎始，二十多天来，经过了参神、本村跳竹马、收香钱、外坊跳竹马等跳迎程序，赓溪的跳竹马仪式在此夜的活动，叫作跳夜迎。

就像前往夜晚必经下午那么真实，我在前往赓溪村的途中注定要在西山村逗留。西山与赓溪是隔水相望的近邻，西山也跳竹马，西山的竹马也许和赓溪的竹马是血亲。

至于竹马何时传入，赓溪无解，西山不详。因此，两村曾为孰先孰后争论不休，以至不惜想靠打官司解决。听说，最后是相互赌了一把，以看谁敢穿烧红的铁靴来一较高下。怎奈西山人怕死不敢穿，而赓溪人则灵机一动，花钱雇了叫花子冒充赓溪人穿上铁靴。结果，让西山人输得很不服气。

不过，在赓溪，倒是有着关于面具神秘来历的传说。相传不知何朝何代，有人在七龙窠挖到七个面具，有开山、花关索、鲍三娘、关公两枚、周仓两枚和三只小马头、一只小狮头，村人一并贡献皇上。朝廷大概是为赓溪人的忠诚而心动，允许其复制一套，以供他们表演花关索与鲍三娘、关公与周仓等对阵的舞蹈，竹马舞以两锣伴奏，称"五角迎"。清代，南丰县举行迎春礼时，县衙要请赓溪竹马参加表演，并有赏银。

西山竹马班在迎候我们。花关索们已穿戴整齐，它们是专门为我们表演的。在一所学校门前的草坪上，花关索与鲍三娘、关公与周仓、打旗与承旗捉对厮杀，它们的武器有大刀、长矛、砍刀、棍棒等。除了头戴面具，花关索、鲍三娘、关公和周仓还另佩竹马圈，竹马圈被服装遮蔽着，只在胸前露出个木雕的马头或狮头，南丰人管它叫马仔、狮仔。西山的表演也是以双锣伴奏，当打旗与承旗上场时，还有一个真正舞着旗帜的角色登场，叫开山或旗头。不知西山竹马是否因此称"七角迎"？

竹马班弟子的服装是信士敬奉的，每人的背后都写着类似的字样："信士×××喜助入本坊福主三圣灵佑公王台前，合众清吉，老幼平安，男增福禄，女纳千祥。"有些文字则干脆把那三圣灵佑公称作竹马神。

于是，我好奇地走进了西山村的福主祠。它坐落在村口，祀福主三圣公王，在三尊木雕神像的上方墙壁上，有用红漆书写的神像封号，中为一圣正国公，左为二圣宝国公，右为三圣灵佑公，具体神名不详。两旁配祀鹰哥元帅与金鼠郎君。神坛左侧塑土地神像，右侧放竹马头盔箱柜，艺人称此处为"竹马神公王"神座，但墙上并未书写标明。作为道具的竹马圈悬挂于祠内门楣上方。

福主祠左边有乾隆辛亥年借墙重建的苏胡祠，听说南丰从宋代起就有祀苏胡的，然而，这苏、胡二人究竟是哪路英雄、何方神圣，仍是不详。

尽管如此，这两座祠庙却是跳竹马最重要的仪式发生地。正月初一起竹马后，竹马班先要到福主殿参神；从初一到十二日，通过拈阄产生的新头首每天傍晚轮流到福主殿、苏胡祠和本村五个小神龛点殿灯，为神照明，请神下殿；到了十六日下午"圆竹马"，新头首先将装面具的箱柜扛到福主殿，傍晚时分放铳迎接老头首进殿跳竹马，双锣只能轻轻敲，对打的武器也要避免碰撞发声以至惊动神灵。当面具、马仔、狮仔被洗净装箱安放在殿内，下殿来看跳竹马的各位神圣也就上座了。

源于民俗的表演，一旦脱离了仪式的氛围，总是呆板和单调的，就像一尾跳在岸上的鱼。所以，西山的竹马表演只是给了我一个粗略的印象。我们在日暮时分匆匆赶往赓溪。

头年正月，我也曾在赓溪看过一场表演。那是正月十七的下午，赓溪已经"圆竹马"，就是说，正月里的傩事活动已告结束了，是县里出面特意为我们安排的。大约刚刚马放南山、刀枪入库又要劳人大驾吧，竹马班弟子多少有些厌烦情绪。我记得，在祠堂门前的坪地上跳竹马时，围观的村民不时发出一阵阵笑声，因为他们看出花关索们的步子不对。想来，那些观众要么也曾是演员，要么就是资深评论家了。一个小伙子提着一面大锣，敲锣伴奏的却是一个小男孩。为了拍张好照片，我们请竹马班从村口的石桥上来回走一趟，他们倒是满足了客人的这一要求，但步履匆匆的，脸上泛起不耐烦的表情。

不过，那场表演还是给了我关于南丰竹马的最初印象。在跳竹马的过程中，不时有人向竹马撒谷糠，听说这是"圆竹马"的一个环节，有些人家还会在谷糠里掺加茶叶和豆子，这是为了"喂饱马仔好上殿"。也是，竹马们辛苦了。

静静的赓溪福神祠里，依然悬挂着几只竹马圈，它们仿佛是一种暗示：存放在此处阁楼上的竹马面具已经随神灵下殿去了，去往恭迎着的烛火、翘盼着的人家，去往夜的深处、心的内部。

石邮的傩神太子

　　这座福神祠始建时间不明，但在20世纪30年代曾被国民党军队拆毁，取其砖石修炮楼以围剿红军，后村民用留下的石柱在原址上重建福神祠。祠内上方正中神坛为福主公、福主婆及太子坐像，座前配祀量田、决海菩萨。左方为土地坐像。前列玉兔郎君、赵大将军及开枷、脱锁小神；右边为华光，配祀千里眼、顺风耳。厅中有供桌，东立文判，西立武判。至于福主姓甚名谁，却只有凭着祠内石柱上的对联去分析判断了，专家据此认为其应是南丰军山王吴芮。其实，后来我注意到，竹马班弟子衣袍的背上便写明了"福主军山尊王"。

　　与福神祠毗邻的关帝庙、祠堂和社公殿，也是静悄悄的。然而，"跳夜迎"的准备却在有序进行。此日下午，头首即已巡视各家，凡厅堂供桌上放有茶叶、豆腐的人家，就是需要在晚上举行"打关"仪式的，头首收去茶叶和豆腐。同时，给全堡各户送一二对蜡烛，以便晚上"照迎"。

西山福神庙与苏胡庙

夜色渐深。忙着感受整个村庄的环境气氛，不觉间，依次逐户进行的跳迎已经开始了。是一大群孩子分散了我们对竹马班的注意。那些大大小小的孩子各个举着一炷蜡烛，簇拥着，欢呼着，抢在竹马班之前，扑向前方的鞭炮声。

这就叫"照迎"，由孩子们秉烛为前往各家各户驱疫的竹马照明。从前参与活动的只限男孩，如今生男生女都一样了。烛光映红了一张张小脸，烛光也照亮了竹马所选择的路线。

孩子们手里的红烛，大多套着一块纸板，用来挡着流下的烛泪避免烫着，也有少数举着火把的。一些年龄小的，尚在大人的怀抱中，竟也双手捧烛，加入了照迎的队伍。那些懵懵懂懂的眸子里，尽是红彤彤的蜡烛，尽是跳荡的火焰。

烛火吸引着相机，相机也吸引着孩子。在许多相机的镜头前，孩子们自然少不了来一番"人前疯"，一个个大呼小叫，挤眉弄眼，任由我们拍摄。但是，让我惊讶的是，疯过一阵后，一些稍大些的孩子便会赶紧离开。他们没有忘记自己的责任。

烛光引领着竹马班走进一户户人家。在烟雾腾腾的厅堂里，竹马班开始表演起来，其内容依然是表现花关索与鲍三娘、关公与周仓对阵。据说，南丰的竹马舞专演花关索故事，至于花关索是谁，历来众说纷纭，学者们各持己见。

因为成群的孩子拥入，各家的厅堂都显得逼仄，舞刀弄枪的花关索们根本就是英雄无用武之地。所以，我以为，逐门逐户的表演其实就是一种形式上的象征，它意味着驱疫的神到了，这就足够了。至于那神姓甚名谁，神们如何作为，对于老百姓来说，并不重要。

听说，需要"打关"的人家，事先会在供桌下放一个瓦钵和一把柴刀，待关公跳毕，头首便扯关公衣服并示意桌下，关公会意，拿起柴刀打碎瓦钵，然后双手持刀作揖，主人则迅速将瓦钵碎片扫净倒掉。"打关"是为了让男孩更健壮、更胆大，凡"打关"人家需连续三年如此。可惜，我并没有看到这一情节。

竹马班在夜的村庄里穿行，在不夜的心灵中舞蹈。此夜，家家门前马蹄嘚嘚，人人心中烛影摇红。

西山竹马

当花关索们舞蹈起来时，当烛光引领着竹马班消失在鞭炮声中时，我忽然觉得，此夜大人和孩子的身份置换了，那些骑着竹马的男子真像一群天真烂漫的儿童，那些秉烛照迎的孩子才是虔诚陪伴着神灵的大人。

遥想千年，人们由儿童胯下获得的灵感，是不是一种源于生命意识的冲动呢？是不是渗透了人们对童年的眷顾、对光阴的嗟叹、对自我生命的体恤呢？

马克思说："舞蹈尤其为一切宗教祝典底主要构成部分。"而戴着各种圣像舞之蹈之的艺人，就是来路纷繁复杂的各种神明了。令人眼花缭乱的南丰傩事活动，让我相信，老百姓心中的神灵世界也是叫人眼花缭乱

的。在那里，神职是混淆不清的，也是，谁为戏神、谁为傩神、谁为福主并不要紧，神明们且能和平共处护佑一方，人们何乐而不为呢？

与南丰县毗邻的广昌县，盛产通心白莲，是著名的白莲之乡，该县从唐朝仪凤年间开始种莲，至今已有一千三百余年历史。相传，很早很早以前，正值抢季栽莲之际，世代种莲的大禾村却遇强梁为害，村民们被迫外逃，避难于山林。七莲童领王母之旨从天而降，几经醋战，除暴安良，赐医药，赠饮食，把缺衣少食、贫病交困的村民从水火之中解救出来，并且，扶危济困，帮助莲农尽快恢复生产。可是，当莲田复现花如红云、叶似碧波、蓬若金樽的勃勃生机时，七莲童却飘然而辞。此日正是农历六月二十四日。为感戴七莲童恩德，在"村与莲相依，民以莲为荣"的大禾村，村民把这一天定为"莲花生日"，寓连生贵子之兆，并拜救危济困的七莲童为"莲神七太子"。

数年后，正巧又是农历六月二十四日。一场大雨使大禾港山洪暴涨，顺水漂来一株古樟，在漩涡中回返往复，芳香四溢。莲农们闻香而至，打捞起樟木，锯成七段，七个自然村每村存放一段。这天夜里，大家竟然同做一梦：七莲童化作香樟，再临莲乡降吉祥。于是，莲农们请来木雕师傅，把古樟雕刻成七尊菩萨，作为"莲神七太子"的化身，并在打捞樟木的地方，依山傍水地建了一座神庙，供奉"莲神七太子"，取名"莲神太子庙"。

我前往大禾村，见到的莲神太子庙已修缮一新，旁边建有戏台，曰：莲神台。庙门口有联称："莲花广织田地锦，仙子深通世人情。""神庙香缘联闽粤，太和气象贯乾坤。""焕金身莲神照千古古庙长存，登宝殿七子应万民民安物阜。"如此等等。戏台两侧对联则道："扮君王将相扮才子佳人登台我扮非我，装杰士英豪装忠臣孝子入戏谁装像谁。"又称："净旦生末丑唱演人文史话，喜忧怨悲欢寓合世日风云。"

莲神崇拜孕育了独特的莲乡风俗。每年农历六月二十四日至二十六日，大禾村的莲农都要举行莲神太子庙会，意在酬莲神、祈福祉、庆丰收。此时，家家户户淘米磨粉，做成包括莲花等各种纹饰图案的糍粑，用以酬神祭祖、馈赠亲友。庙会之日，这一带村村堡堡、大街小巷，商贾云

庙里的莲神太子们

集，观者如潮。方圆数十里的莲农，不分男女老幼，早早赶到莲神庙，每人手中必擎一面彩旗。那花布的彩旗都经过精工制作，并缀上一条白穗带，正面写有莲神太子神位字样和自己的姓名，后面标注着制作时间。信众们自然少不了在莲神七太子雕像前虔诚叩拜一番。

农历六月二十六日是游神日。人们逐个把七太子请上轿，并按照它们七兄弟的长幼排好出巡顺序，年纪小的在前面开道，老大走在最后压阵。安排停当，随着三声炮响，莲神出巡的队伍出发了。人们前呼后拥，肩抬莲神七太子的镀金雕像，走村上户，过街穿巷，沿途示庆。队伍之中，间有八仙、舞龙、三福船、蚌灯等表演。据说，莲神出巡是每屋必到。家家户户都虔诚地盼望着莲神登门赐福，个个在禾场边、家门口供上美酒佳

肴，恭候莲神光临。每到一个村落，随队的炮仗手要抢在队伍之前赶到村口，迅速往三眼铁铳中填好炮硝，只待莲神一到，即刻点炮迎接。莲神所到之处，彩旗招展，鼓乐喧天，鞭炮齐鸣，周围各村轮流演唱戏文，热闹非凡。

莲神太子庙旁的莲神台，虽然简陋，却是人们最神往的地方。每年庙会期间，这里好戏连台，通宵达旦，往往要连演好些天。此庙的碑记写得好："入夜，庙台戏楼，婆娑翩翩，鼓乐阵阵。婆娑乐神，歌舞迎神，自古有之。然，莲，果有神？莲神爱琴瑟，谁则闻知？质言之，大禾莲农是以娱神之名，行'演古劝今'之实，使村民在娱悦中受教化，以增强战胜邪恶之信心与力量，以期净化社会，以德治农，以莲会友……"寥寥数语，其实也道破了各种民间信仰经过演进发展后，指向功利性目的的真谛。

莲农膜拜莲神，剪纸妇女也有属于她们的神祇。赣北长江边的瑞昌县是江西有名的剪纸之乡，在漫长的岁月中，南北文化的相互浸润与渗透，使得瑞昌剪纸融进了南方的花巧和北方的粗犷，渐渐形成一种粗细有致、刚柔并济的独特艺术风格。瑞昌剪纸的历史至少可追溯到千年以前。据说，20世纪70年代初，在瑞昌发掘了西晋古墓，其墓砖纹饰及陪葬陶器上的许多纹饰图案，与今天民间剪纸的常用花纹十分相似，其手法和风格也如出一辙。人们视之为瑞昌剪纸的历史雏形，并由此推测，瑞昌剪纸至少起源于汉、晋之间。

瑞昌峨嵋一带有民谣唱道："好曲烧好酒，好米锻好粑；讨亲要巧姐，玲珑会剪花。"南阳一带则和道："走路要望水竹枪，敬神就要烧好香；求人只求英雄汉，讨亲要能剪鸳鸯。"此起彼伏的民谣生动地反映了瑞昌民间普遍重视剪纸的传统，而剪纸正是衡量妇女是否手巧、能否持家的重要标准。所以，"男人学犁耙，女人学剪花"，成为瑞昌农村根深蒂固的传统观念。剪纸来源于帽花、枕头花、鞋花、围兜花、背褡花、儿童涎兜花、被面花、帐帘花等女红，那些剪花是刺绣必备的纸样，后来，逐渐发展为脱离刺绣而能够独立欣赏的剪纸艺术品，它不仅成了人们迎年庆节、贺喜拜寿的礼物，交朋结友、谈婚论嫁的信物，丧葬与祭祀活动中的用品，并且，每逢过年过节、喜庆之日，心灵手巧的艺人们喜用精巧的剪纸装点现场、营造氛围，以此表达自己祈福避祸、追求平安祥和的美好心理和愿望。可以说，剪纸是老百姓的生活艺术。

在瑞昌，女孩三四岁时，便要学唱一些古老的童谣——

张打铁、李打铁，打把剪刀送姐姐；
姐儿乖、姐儿能，剪个刘海戏金蟾；
蜂采菊，人采花，剪个蝴蝶戏金瓜；
……

蛤蟆跳缺，剪个蝴蝶；
蝴蝶飞飞，剪个乌龟；

乌龟脱壳，剪个麻雀；
……

童谣中的这些祥瑞形象，常见于瑞昌剪纸的图案中。此外，还有龙、凤、麒麟等传统图腾，狮、虎、猴、兔等吉祥动物，以及花鸟虫鱼和神话、戏剧人物等，而且都有美好的寓意。瑞昌剪纸常见的品种则有窗花、团花、喜字花饰、灯彩花饰、花边、戏剧道具、灵屋花圈等等。瑞昌的剪纸能手绝大部分是女性，其中的高手往往可以闻名几十里甚至几百里，受到四乡八邻的赞誉。

在这样的生活氛围中，剪纸之神应运而生也就不奇怪了。瑞昌剪纸发展到宋代，产生了一个美丽的神话。传说，南阳乡有一位剪纸、刺绣技艺高超、聪明美丽的邹姓姑娘。一天，她正在窗下剪花，忽闻村中锣鼓喧天，便探头张望，原来是乡人抬着俗神元福主游春。岂料，那菩萨也是多情种，就在她探看的那一瞬间，元福主竟然对她一见钟情，当即变化成一只蜜蜂飞到姑娘身旁，向她求婚。姑娘又惊又喜，把此事告诉了母亲。女儿能被元福看中，就是仙缘，母亲自是欣然。次日，蜜蜂再来，得到姑娘的应允，便蜇其一下，那是叫人灵魂出窍的深情一吻。姑娘当即仙逝，随元福主升天而去。乡人十分怀念邹姑娘，就为这位女菩萨塑了金身，与元福主菩萨供在一起。邹姑娘成了人们心目中的剪纸女神。这大概是世上唯一的剪纸女神了。

据说，南阳乡曾有供奉剪纸之神"邹氏太婆"的千年古寺，寺中有僧人主持，常年香烟缭绕。排砂村"元公祠"，其实也是人们祀奉元福主及邹氏太婆的所在。元公祠分为前后两部分，前栋是佛寺，供奉佛教列位菩

排砂村的元公祠

萨；后栋则是福主殿，神龛镶有玻璃而玻璃积尘太厚，看不清内中的神像。听说里面有两组元福主和邹氏太婆神像，一组常驻殿内，一组专供游神。殿中一角，存有看上去挺古朴的神轿，可村人摇头说：它还年轻。进村时见一位婆婆正在绣花，有朋友问她"你有八十岁吗"，她的回答是："还增一点。"在这里，"增"是还差一点的意思。可见，方言里也蕴藏着耐人寻味的民俗精神。

因为邹氏喜爱剪纸和刺绣，当地百姓就用"百花帐"做神龛前的帐帘。所谓百花帐，是由元公祠主持和村中长老挑选一百名出类拔萃的未婚姑娘，先剪一百张各自最拿手的菱形花样（又称方胜），然后按纸样贴料完成刺绣，祠中收到上交的绣品，再邀请高手把每块刺绣连缀起来，这就成了献给元福主和邹氏太婆的百花帐。每块刺绣上都留有绣者的芳名。想来，那些名字不仅仅是为了告知神明，也是为了在百花丛中竞芳斗艳吧？所以，参与者皆为高手，用料也颇为讲究，刺绣色彩鲜艳，花样题材尽取寓意吉祥的花卉、动物纹样和神话故事图案。

每隔几年，南阳乡一带都会举行盛大的祭祀活动。届时，要把众手制作的百花帐，隆重地挂在元福主和邹氏太婆的塑像面前。这样，两位神主面前的帐帘常挂常新。当地百姓认为，有姑娘被挑选出来参与这项活动，便是家庭的荣耀。听说，做百花帐的习俗已延续了近千年，至今仍在继续。这一独特的传统民俗活动，实际上也成了当地剪纸、刺绣技艺交流和传承的重要载体。在瑞昌，诸路神灵仿佛都艳羡元福主，什么灶神、门神、天花姑娘、令公娘娘、土地公、土地婆，它们一个个也都成了剪纸、刺绣的爱好者，各种祭祀活动无不荟萃了精美的女红作品，从活动场地的布置，到祭祀用具的制作和美化，从主持人的道具，到男女老幼的穿戴。

而那位能让邹姑娘得道成仙的元福主又是何方神圣呢？元公祠其实为我们提供了明确的答案。原来，安史之乱时，唐代诗人、散文家元结举族南奔，先后避居于湖北大冶与江西瑞昌，以耕钓自全。三年之后，朝廷命其率师守卫九江城，其间得暇回瑞昌探望，他挥毫写下《喻瀼溪乡旧游》一诗，诗曰：

往年在瀼溪，瀼人皆忘情。

（左图）

帐后有个美丽的剪纸姑娘

（右图）

如此百花帐

今来游瀼乡，瀼人见我惊。

我心与瀼人，岂有辱与荣。

瀼人异其心，应为我冠缨。

昔贤恶如此，所以辞公卿。

贫穷老乡里，自休还力耕。

况曾经逆乱，日厌闻战争。

尤爱一溪水，而能存让名。

终当来其滨，饮啄全此生。

　　果不其然，一年之后，他如愿解甲归田，辗转鄂城，最终偕夫人竺氏和两个儿子结庐于南阳排砂村。在瑞昌隐居期间，他因兴办学堂、免费行医，深受村人敬仰。元结教书之所原为"次山书院"，其死后，当地百姓感念他的恩德，遂将书院立为元公祠，并尊元结为福主。历史上，该祠香火旺盛，当地百姓每逢初一、十五都会前去敬香。每年正月间，周边村庄还要请两位神灵去游春坐案，以降福消灾。直到如今，每年请神游春的仍有三十二案，神迹所至达六十多个村庄，两位福主菩萨不到二月初五是回不了"家"的。排砂村外的小树林里，还有元福主衣冠墓，墓旁也设有小祠堂。现在的元公祠，系"文革"中被毁后于1987年重建的。

　　传说，元结睿智谦和，竺夫人温良贤淑。当男孩子都投入元结帐下时，女孩子则纷纷围绕竺夫人身边，元结的家成为远近青年男女向往的地方。竺夫人原本就精女红，见当地女孩个个心灵手巧，甚为惊喜，她在传授北方剪纸的技艺时，也在用心揣摩瑞昌剪纸。于是，南北剪纸的风格技巧第一次在这个小山村汇流。一说，元公祠里供奉的福主是元结夫妇，竺夫人被唤作竺福主，而得道成仙的邹姑娘也被塑成菩萨金身，请入元公祠，与竺福主并列于元福主左右。可是，我在祠中看到，神龛内仅有两尊神像，据此，我更愿意取那个浪漫的传说，更愿意相信那叫人灵魂出窍的深情一吻。

诗人竟成了老百姓世代膜拜的神明，这真是一个意外。元结继承《诗经》、乐府传统，主张诗歌为政治教化服务，要"极帝王理乱之道，系古人规讽之流"，认为文学应当"道达情性"，起"救时劝俗"的作用。他以诗歌内容富有现实性，风格质朴淳厚，成为新乐府运动的先行者。他的散文，刻意求古，意气超拔，故后人又把他看作古文运动的先驱。不过，元结的文学成就是绝不可能转化为能让老百姓虔诚信奉的神能的。造访古村落的经历，让我看到了这样的事实：一个文豪如果没有成为金戈铁马的英雄，或叱咤风云的名宦重臣，也就没有可能成为民间的神明，充其量也只是个文人而已，哪怕他的功名才学为族人、为后代所尊崇。这就是说，瑞昌民间之所以把元结奉为自己的福主，根本的理由在于，他是一位富于正义感、关心国家安危与人民疾苦的政治家。比如，元结在道州刺史任上，实行惠及百姓的救困苏民之政，甚至甘冒抗命之罪，蠲免百姓的赋税，因此赢得民心，为百姓所爱戴，道州人就曾为其立石颂德；而在瑞昌南阳乡一带，他的事迹通过民谣世代相传，直至如今。人们这样唱道："元结夫子，治病神仙，济世救贫，誓志终生，任何难症，药到除根，华佗扁鹊，难及先生。劳苦百姓，其视苍天，佑我夫子，福寿万年。"

因为是个好官，这位杰出的诗人得以与美丽的剪纸姑娘一道，在五彩缤纷、常常更新的百花帐中居住了千百年。千百年来，多少批妙龄女子纷纷变成了太婆，而他们的蜜月仍未有尽期……

硝烟的天幕。苍茫的烟云。游神的队伍仿佛颠沛流离，辗转千里，来自遥远的历史。

命运的寓言

7 >>>

每每行走于赣南乡村，我总能感受到某种非比别处的文化气息。它的语言、建筑、服饰、饮食以及生产、生活习俗，依稀透露出古代中原的遗风余韵，浸润着客家人耿耿难忘的历史记忆和"慎终怀远"的共同情感。

一部背井离乡、逃避战乱的迁徙史，正是一部寻找家园、开天辟地的奋斗史。悲壮的历史记忆和深沉的共同情感，同样也渗透在赣南客家的民间信仰里。我指的不仅仅是在客家人祭祀神明的活动中，至今保存完整的不少娱神形式显然来自北方，更重要的是，赣南乡村所祀奉的民间杂神中，多有指向远古的神祇，它们身上闪烁着照彻蛮荒的光辉。也许，把这些神祇当作自己的福主来崇拜，既为了在艰难困苦的新的生活环境中获得强大的精神支撑，也为了书写关于客家人生活命运的寓言？

于都长岭村有座盘古祠，称"三元盘古帝庙"，祀奉着盘古祖胸露背、树叶遮体、手托日月的神像，这是一个象征开天辟地的英雄形象。塑像前立有"三元盘古大帝合庙文武尊神位"，盘古神像两侧则排列四尊文官武将塑像，分别为文官杨太公和乌仙公，武将黄飞虎和红旗将军。常遭旱灾的于都，自从立起盘古庙，便风调雨顺，年年丰收。人们用这样的说法来坚定自己的信仰。

农历二月十二日是盘古的诞辰，当地人们要举行祭祀仪式。这一天，村人的亲朋好友和嫁出的女子都会赶来上香祭拜。家家户户杀鸡宰鸭，还要请戏班来唱戏。整个活动延续十多天，比过年还热闹。而正月十五，附近一些村庄的长辈要到庙里占卦，询问当年下稻种宜早还是宜迟。从五月初一到端午节，邻近村庄则要抬着盘古神像到田野上巡游，队伍跟在后面敲锣打鼓摇旗呐喊，口中念念有词，意在保佑禾苗顺利开花抽穗，收获好年景。盘古也管着六畜，如果谁家养的猪长得慢，可去庙里祈求盘古，保佑猪快快长膘，只要许愿等猪长大抬到盘古面前宰杀即可。

开天辟地的这位尊神，暗合了客家人垦荒开基的历史，表达了经过颠沛流离的客家人顽强不屈的生存意志。人们请它做自己的保护神，再合适不过了。

石城县城里有座后稷庙，坐落于古驿道"闽粤通衢"的入口处，是通往闽粤的咽喉要道。该庙为客家先辈尊祀太古时期的"后稷"以祈求五谷

石城后稷庙

丰登、幸福吉祥而建。始建于宋朝祥符年间，后经多次修缮，因而留下了各个历史时期的文化遗迹。初建时只供奉后稷神像，后来又附祀道教神像。其建筑为砖木结构，内设有正殿、庭院及东西厢房、古戏台。大殿结构为穿斗式木作梁架，梁倒板上绘有栩栩如生的龙、麒麟等瑞兽彩画。如今，庙内还存有五块明清碑刻，上面详尽记载了后稷庙的历史沿革。

我看到的后稷庙，正殿中央祀后稷福主神像，并立有"后稷福主五谷尊王之神位"。后稷神龛左右的神龛中祀有土地、胡氏等神，匾额分别题有"风调雨顺"、"五谷丰登"。正殿两侧还供奉着别的菩萨。庙内众多楹联内容大同小异，无非赞颂后稷功德、表达崇敬之情，如："崇圣贤之德树仁义之风黎庶千秋皆睦富，敬后稷之功行稼穑之教田家万代必兴隆。"又如："教民稼穑事农耕古圣文章传后世，选种施肥夺高产今人科技创先河。"

传说后稷为黄帝的第四世孙，他的母亲姜嫄在荒野中踏上巨人脚印，于是怀孕生后稷。姜嫄认为后稷是不祥之物，把他扔于隘巷，故名"弃"。但是，弃于隘巷中，牲畜不敢侵凌，绕道而走，再被丢往山中，却被一群野人保护，丢于冰天雪地，飞鸟见了用羽翼温暖他。姜嫄便以为后稷是神，又收养了他。后稷善于农耕，尧让他做农师，教百姓耕种，官名稷，稷为五谷之长，故名主谷官。他是周文王、周武王的祖先，武王即天子位时，尊号为后。许多古籍，如《诗经·生民》《尚书·舜典》及《史记·周本纪》等都歌颂和记述了他的功绩。因此，后稷也就成了百谷之神。

自古以来，历经千年的石城后稷庙香火旺盛，南来北往的客家人途经此地都会入内拜祀一番。直至如今，此庙每年都要举办隆重、热闹的庙会，其间古戏台上娱神娱人的演出，延续数日。

于都一些乡村则有斋九皇风俗。所谓九皇，民间指的是北斗九皇、北斗星、九皇老爷。在那些村庄，每年农历八月底，人们都要认真清洗家具、灶具、用具和衣服被褥，并在屋里屋外大扫除，干干净净地迎接九皇老爷的生日。自九月初一到初九，则要斋口斋心斋身，除了素食外，心里也不能有邪念，并禁房事，各家还要轮流做东请戏班来天天演戏。请来的道士不仅要在各家厅堂里念经，还要到各家灶前念经、焚表、烧纸钱，以保太平。白口村周氏的对联大致透露出人们崇拜九皇的缘由，称"我祖先传教后裔代代成心斋戒，迎九皇福庇周宅年年大显威灵"、"诚心拜斗各户保长生，虔意敬神每人添福寿"、"斋心斋口跪接九皇驾，沐手沐浴朝拜北极神"，如此等等。

游历赣南乡村，最常见的应是汉帝庙了。汉帝庙中主祀汉高祖刘邦夫妇，以及张良、樊哙、萧何、韩信等，还有皇太子们。民间崇祀汉高祖，这是因为刘邦重农抑商、减轻刑罚、轻徭薄赋、释放奴隶，深得民心，故被尊为"米谷神"。宁都璜村郭氏宗祠旁的汉帝庙有联云："崇高祖孚黎民顺乎潮流四海定，藉神威凭人力勤于稼穑五谷丰。"大致道出了汉帝崇拜的根由。尽管清代官府曾下令不宜祀奉汉高祖，但赣南的汉帝崇拜至今流风不绝，除了天高皇帝远，恐怕也渗透了客家人对中原故里的万般缱绻吧？

宁都曾坊村崇祀汉帝的那般虔诚，恰好为此提供了一个生动的例子。据该村曾氏族谱记载，其十三世孙曾据在汉朝为官，公元9年王莽废西汉帝自称帝改朝，于是，忠于汉朝的曾据举族南迁，落脚在袁州，后经湖南、广东、福建等地，至明末清初，由曾顒公开基于曾坊。曾氏在村东头建起汉帝庙，塑汉帝神像供祀。每年正月初一到初十，村中要安排十户人家把菩萨请去各住一天，叫菩萨过家。过家的次序按村中出入路线，每年轮流。汉帝成了寻常人家的座上宾。到十一日，则要张灯结彩、敲锣打鼓

地把菩萨送回庙里，当晚全村男女老少提灯入庙祷告。后来，灯的制作越来越讲究，发展为"桥梆灯"，游灯也就成为汉帝庙祭祀活动的主要内容。

宁都县号称"早期客家摇篮"。在那里，汉帝是民间的共神，也是许多村落的福主，因此，我在好几个村庄都看到了汉帝庙。它们的建筑规模普遍偏小，往往是一间低矮的土坯房或砖房，内部空间更是简陋，几乎没有什么装饰，水泥或砖砌的神台上，置一组较小的神像，汉公、汉婆的神像稍大一些。各座汉帝庙里陪祀的神明不尽相同，比较常见的除了列位将军，还有汉高祖的太子们。汉帝庙没有专门的庙祝，无人看管，平时不见香烛，然而，当谁家突然有事有求于神明时，只要上香焚烛燃放鞭炮，就可以临时抱佛脚了。尽管，像民间崇祀的其他福主一样，平时的祭祀仪式比较随意，但是，到了为神像开光的时候，以及每年春节期间举行襄神活动时，其仪式则有严格的程序，庄严而隆重。襄神仪式中的游神活动最是热烈，伴随着神明出巡的，是喜庆的乐声、吉祥的色彩，争奇斗艳的队伍仿佛是展示民间艺术的长廊。还有一些汉帝庙，在每年农历五月间也举行庙会活动，俗称演"禾苗戏"。

该县洛口镇灵村的邱氏祠堂，由始建于明万历年间的"丘氏宗祠"和始建于清嘉庆年间的"邱氏家庙"组成。邱姓本为"丘"，至清雍正皇帝时，由于避讳孔子的名号，朝廷下令把"丘"姓一律改为"邱"姓，在丘字的右边增加一个邑旁，藉以表示对至圣先师的崇高敬意。灵村邱氏始祖为唐光禄大夫邱文仲，系姜太公之子穆公第六十一世孙，唐开元年间从河南洛阳迁此定居。

丘氏宗祠和邱氏家庙建筑结构相同，均为砖木结构，墙体为平摆顺砌青砖，东西封火墙为五岳朝天式，由七座牌楼式建筑组成，两边由六座大小不等、相互对称的牌楼相衬。丘氏宗祠祀奉的神位竟写道："丘氏远祖炎帝神农裔传一脉历代太公之神位"，一块"渭水流芳"的牌匾不禁让人遥想千年、思接万里。

在丘氏宗祠上堂的厢房里，我看到有两组新塑的神像供奉其中。一组为汉公、汉婆，以及韩信、萧何、张良、樊哙、文武判官等，汉公、汉婆的神像稍稍高大一些；另一组为兴周、兴泰、兴爵、兴霖、成魁诸公，不知它们是灵村邱氏先祖否。厢房中还停放着几抬小巧玲珑的红漆神轿。看样子，汉公们的神像是临时置身此处的，可是，虔敬的人们并不敢怠慢，地上的香炉已盛满了灰烬。

江背村的汉帝庙坐落在水口处，与之比邻的建筑有石拱桥上的牌坊、中栋高耸的慈恩阁、较小的土地庙和一座别的庙宇等，汉帝庙里悬挂着多抬木制神轿，上面有墨迹标明每抬神轿属于哪位神明。原来，神明出巡也是很有讲究的。

也许是为了给汉帝崇拜提供精神支撑，宁都民间传说其境内的凌云山巅，曾有汉高祖刘邦的祖坟。刘邦的祖父因经商亏欠甚巨，为躲债四处逃避，几经辗转到得风景秀丽、紫气萦绕的凌云山，并终老于山中，葬主峰西侧。山脊如巨大

在赣南，游神出镜率最高的是汉帝崇拜所信奉的神明

的墓背，前端石壁状似墓面，故墓地叫"天子地"。于是，这里出现了一系列与汉室有关的地名，发源于天子地的溪流叫"汉水"，溪流出山处叫"汉口"，并有了汉口村，天子地前方的山峰分峙左右，仿佛守陵的将军，叫"将军柱"，天子地东西的群峰分别称"东十二太保"和"西十二太保"，俨如群臣拱卫，而在天子地的西南方横插一座大山，曰"王莽山"。这座山峰演绎了"王莽篡汉"、造成汉王朝中断近二十年的历史。传宁都刘氏始祖就是在朝谒汉高祖祖坟后，定居此地的。

果真如此吗？面对眉飞色舞的宁都，将信将疑的我却被它的表情感染了。

因为，汉帝的确是最受此地百姓心仪的尊神。

春节期间，即便茫无目标地游走在乡间，或许也能碰上盛装出巡的汉

其实出门的总是汉
帝的太子们

帝菩萨。我乘车前往田头镇的半路上，就听得连绵的丘陵间传来一阵吹打、几声响铳，留意车窗外，只见一群孩子站在山包上举着神旗呐喊，赶紧停车看个究竟。原来这是一支抬菩萨游村的队伍，他们专为去年所建的新房驱邪祈福。

队伍来到一幢新居门前，放下神轿。端坐于一抬抬神轿上的菩萨，在鞭炮中受用着屋主人的膜拜。接着，其中两尊菩萨被抬进厅堂，再次接受屋主人的焚香叩拜。一问，它们正是"汉公"、"汉婆"，即刘邦和吕后，想来，守在门外的就是汉高祖手下的各位将军了。

简短的仪式过后，队伍又游向别处。高举红白二色三角神旗的孩子们在前开路，随后是依次排列的六七抬神轿，一路敲锣打鼓，前往下一座新宅。

如果说为新屋辟邪的游神活动，是具有功利目的的庄严仪式的话，那么，诸如田头镇的游神活动则是神人同乐的狂欢了。听说洛口镇麻田村的游神更有趣味，在活动的最后一天，人们要把出游的神明全部抬到河边沙滩上进行"拔脚比赛"。我不曾亲眼目睹，不知菩萨们怎的"拔脚"、如何比赛，但我可以凭着对各地游神活动的印象，想象那热闹的场面、欢乐的氛围。

在宁都各地各种福主菩萨的巡游活动中，出镜率最高的就是汉帝崇拜所信仰的神明。但是，且慢，尽管汉帝刘邦是米谷神、是福神，能给人们带来丰收和福气，然而，它既身居至尊之位，那么就不能轻易出游了，正所谓"高处不胜寒"也。在一些村庄，出游的是汉帝的太子们，或太子们全部出游，或仅由一尊太子出游，最常见的是三太子和七太子。至于想劳哪位太子的大驾，当然也不是凡夫俗子所能决定的，全看天意和神示了。比如，古夏村每年游神前，由道士去庙里念经并跌"阴阳筶"，由此决定哪位太子出游，通过这种方式决定的出游神明，不受出游次数的限制。我在江背村看到，元宵节前夜，和那九只精工制作的扛灯一同聚集在慈恩阁门前的三尊神像，正是汉帝的太子及将军。

不知是否因为汉帝位至天尊，令百姓不敢仰视，所以人们更愿意把汉帝供奉于心中，只把其太子祀于庙中。于是，汉帝崇拜出现了一个有趣的现象，那就是一些村庄宁肯把太子们当作自己的福主，而不敢造次，贸然惊动汉帝。

与宁都相邻的兴国县，其墅田村的坊神庙，祀奉的就是三太公、七太公以及关公、周仓、赖公、华公、曾公等神，我注意到，每尊神像前都放着一只犹如饭甑大小的木桶，人称"兵桶"。这些神像旁边还蹲着一位可怜见的小小土地神。该庙始建于清代，庙宇虽小，却盛下了世纪风云，有"重整庙宇碑文"称：20世纪50年代以后，"……为革命需要所利用，土地改革做过办公室，打地主、分田地取得巨大成就，60年代驻扎村政府，70年代在此做过学校，为革命培养人才，大跃进时期做了□□厂办公室，推动了□□发展，它曾成为全村人民政治文化和娱乐场所的中心"。如今，该是信仰中心了。我在快出正月的三十日来到这里，里面还住着县城来的戏班。此庙有两座戏台，一座建在庙旁，是露天台，另一座搭在庙的前厅，正对着上厅的众神。本村及周边村庄百姓为还愿，于春节期间在庙里谢戏，谢戏时还要杀鸡宰鹅敬神。庙内戏台上演的是为兴国一带民间所喜闻乐见的半班古装戏，所谓半班戏，是由三角班发展为半班规模的采茶戏。每年来谢戏的信众多达数百人，因此唱戏时间长达两三个月。据说，2007年竟把全年时间排满了。也就是说，三太公、七太公们没日没夜地整整看了一年的戏，神灵们都是戏迷。我去的那天，下午演《柳妹吵嫁》，晚上演《彭祖加寿》。观众除了老人，就是那些神灵，而老人不及神灵多，幸好有一群刚刚放学的小学生蜂拥而至，庙里这才有了神人共享、其乐融融的景象。

前文所述宁都县田头镇正月十二和十五的"妆古史"，是庙会活动的内容之一。此外，还有演戏和禳神。演戏俗称"唱新年戏"，演的是祁剧。正月十一日上台，先在城隍庙演出十二天，然后移至汉帝庙戏台再演十二天。规定第一天演吉利戏《龙凤阁》，又名《二进宫》，最后一天下台戏也要演吉利戏，为《满堂福》，又名《打金枝》。

禳神，即"出神"，于正月十六日举行。这天清晨，人们将汉帝庙、东岳庙、七仙庙和老官庙所有的五十三尊神像洗刷一新，有穿戴的还要换上新衣帽，通过对号入座，把它们分别请入装饰一新的木轿，或坐或站。人们围在轿边，虔诚以待，不可说错话，更不能有亵渎神灵的行为。最后，依照次序请菩萨排好队。最前面的是赫赫有名的汉室大将军、被封为三齐王的韩信，接着，为七太子、八太子、张良、樊哙、萧何、曾公、其他皇子、土地公、土地婆、皇后、汉帝；汉帝庙神像之后，是老官庙、七仙庙、东岳庙神像，各庙均以主神压阵，总队伍以东岳大帝压阵。这是因为东岳大帝是道家供奉的泰山神，而泰山神统领群臣五千九百名，号称百鬼之师，被唐玄宗封为"天齐王"，又在元世祖二十八年被尊为"东岳天齐大生仁皇帝"，简称"东岳大帝"。这次"出神"，城隍庙的神像不参加巡游，因为城隍神是阴曹地府的神，不能与阳世间的神为伍，故对其另有安排。

一切准备就绪后，两人抬一轿，按序游行。前面是肃静、回避牌引

路，随后是执士槌、双梆锣开道，加上神旗、万人伞，还有四堂西皮锣鼓、六把三眼铳夹杂其间，威风凛凛，俨然皇帝出巡一般。所到之处，人们喜爆迎送，以迎神接福，祈望人神共安，同享清平之乐。十六日的禳神，和正月十二日、十五日的"妆古史"一样，也要游遍田头四坊及所辖的全部自然村。

赣南的神轿

　　被尊为五谷神的汉帝，自然也关乎人丁兴旺。石上村的"割鸡"，强烈地传达出人们添丁以后的喜与忧，人们通过繁缛的仪式，把自己的心思都告诉本村的福主了。

请去汉帝为新屋辟邪

石上村横卧在梅江边。正月十四的梅江，竟然在磨刀霍霍。一进村，便见磨刀人提着几把菜刀离开码头，对他在"割鸡"仪式上所担当的角色我不禁有些疑惑，跟着他去到街上，见他进了铁匠铺，这才恍然。炉火正旺，锤声当当，许多的菜刀被铁匠的手指镀亮了，铺子里因淬火而激起的热气，透着凛凛威风。

村街却是喜气洋溢。一些缠绕着鞭炮的竹篙立于门前，一些忙碌的身影快乐地奔走，一些年轻母亲陶醉在怀中孩子的脸上和午后的阳光里。当然，也有几张牌桌满不在乎地支在街中央，顾自赞叹个个的牌技和手气。石上村的老街平直且宽阔，为我游历乡村所仅见，想来往昔这里一定是商贾云集、车马辚辚的水运码头。

我是专程来看"割鸡"仪式的。所谓"割鸡"，其实是石上村李氏为庆贺添丁所举行的独有的集体典仪。大年初九，村中的马灯会邀集全村去年一年的添丁户聚首于汉帝庙，会商仪式有关事项，抽签决定进入汉帝庙"割鸡"的顺序。正月十三，亲戚们携着礼篮到来，新丁的外婆家还得送公鸡，请来吹打乐队，他们要在添丁户家中吃住三天。正月十四下午，仪式开始，添丁户先祭拜家祖，再祭各个房派的分祠。

我巧遇该村六十年来添丁最多的一年，也就是说，这将是最为隆重壮观的庆典。漫步于街巷之中，听得人们在美滋滋地反复叨念一个数字——四十八。四十八种婴啼，该让一座妇产医院忙得不可开交了吧？四十八个学童，该令乡村小学多建一间校舍了吧？四十八位小伙子，长成了，该是另一个村庄吧？

第四十八个胖小子，是抽签之后呱呱落地赶来凑热闹的，自然排在最末。以往，并无抽签的规矩，添丁户争先恐后抢着进庙"割鸡"，秩序很是混乱。近年，才由马灯会组织此项活动，为了约束大家，每户须先交二百元押金，活动结束，押金退还。有不遵守秩序者，则罚款五百。

乡文化站的老站长，大概就是马灯会的领导者之一，他始终人前人后地招呼着。要知道，五六十年代他曾是闻名遐迩的农民诗人，有了诗名，胆气也壮了，见县里迟迟不给国家干部指标，他居然上省城找领导，当仁不让地替自己要了来。忆起往事，老站长还是悻悻然的，可见当年的他果

田头庙会日

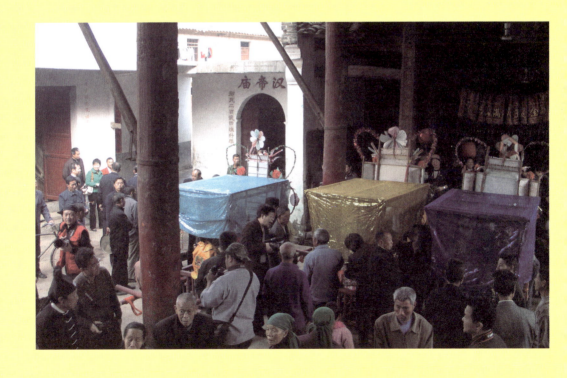

然够牛。按照他的吩咐，我守候在"梅海翁祠"，这是一座建筑年代较为久远的分祠堂。

四十八把菜刀已经锋利无比，村民约定的时辰就是雪亮的刀刃。

约摸四点半，村中陆陆续续有鞭炮炸响。不一会儿，便有一彪人马冲进了祠堂，他们都是添丁户的家人、至亲，均为男性，领头的高举一只公鸡，随后的或背上斜插护丁烛，或端着烛台，或提着盛有供品的竹篮，吹打班子紧跟队伍入祠堂，而一挂鞭炮则在祠堂门前点燃了。鞭炮声中，举鸡的男人祭拜祖先，另人用护丁烛引祠堂里的烛火点燃自己带来的香火，插于堂前，而后分别立于堂前两侧，等着本房派的其他添丁户接踵而至。

属于这支房派的添丁户共有六家。"梅海翁"的后人聚于一堂，虽然锣鼓唢呐和鞭炮营造的是喜庆气氛，但人们的表情却庄严得很，说话也是轻言细语的，而且几乎未见孩子闯入祠堂。看来，在此地，根深蒂固的宗族意识不仅表现为延续宗族活动的自觉，更让人惊讶的，是仪式参与者打

心底流露出来的神圣感和敬畏感。从前修谱贴在堂上的对联依稀可辨，横批是"丁帮繁盛"，添丁的典仪正是告慰祖先，族人的祈愿如今又得圆满。

满街的妇孺作为旁观者，她们的表情竟也毫无游戏感。她们在用耳目用心灵参与男人的活动。这三天是四十八个新丁的节日，也是四十八位母亲的节日。有朋友觉得街上那些怀抱孩子的年轻妇女似乎都带着骄傲的神色，我却没有体察到，我看见的笑意是平静的、庄重的，是与仪式氛围十分和谐的表情。

祭过分祠，添丁户从各条村巷涌到大街上，集中在汉帝庙附近的路口，准备依次"割鸡"。一时间，满街人头攒动，满街鞭炮林立。红彤彤的鸡冠，红彤彤的烛台，红彤彤的竹篮。

祀奉汉高祖刘邦的汉帝庙坐落在由大街下码头的小路边。既然汉帝为米谷神，选择在汉帝庙里"割鸡"，祀奉的行为中恐怕隐含着告知的目的吧？

"割鸡"以铳响为号。一声响铳，便有一位汉子举鸡提刀疾步入庙，缠绕鞭炮的竹篙紧随其后，在庙前点燃。汉子在神案前杀了鸡后，提着鸡由庙后跑回自家。四十八声响铳，震撼了山水田园和村庄；四十八对扑扇的翅膀，惊醒了冥冥中的神灵；四十八行新鲜的血迹，铺成了一条啼血的生命之旅。

汉帝庙在云里雾里，在明明灭灭的电光里。待硝烟散尽，人流一起涌向李氏祖祠。这时候，所有添丁户已跑回家中，他们要将刚刚被"割"的公鸡褪毛，稍煮后抹上红色。接着，添丁户在村口集合，由一长者端着烛台，并配两位青年保护，随后一人提着盛有红公鸡、香烛等物的供品篮（篮子也是红的，有的上了红漆，有的糊着红纸），列队走河堰沿着正对李氏祖祠的田埂，进入总祠祭拜。

石上割鸡

这支队伍以五节龙灯领头，五匹竹马压阵，浩浩荡荡地穿行在暮色苍茫的原野上。重重叠叠的身影投映在水中，是祷祝风调雨顺吗？乱纷纷的脚步惊醒了冬天的田园，是呼唤五谷丰登吗？

又是鞭炮齐鸣，鼓乐喧天。新建的李氏祖祠里甚至还来不及细加布置，但满堂烛影摇红、香烟弥漫，也足以告慰祖先的神灵了。人们纷纷在神案上添上香火，端着烛台的男人则分成几排，站成了红烛的队伍。

随后，这支队伍将游遍全村。因为天色已晚，我和老站长约定明日再来看燃放鞭炮的仪式，还希望他找个空闲给我介绍介绍整个"割鸡"过程中的讲究。比如，先后供奉过家祖、分祠、汉帝庙和总祠的公鸡，最后的用途是很功利的，鸡头要给新丁的母亲吃，以为褒奖；

鸡尾给父亲吃，而且鸡尾留有几根羽毛，寓意龙头凤尾，祈望再生个女儿；鸡腿、鸡翅分别酬谢参与"割鸡"仪式的主要辛劳者。 汉帝庙里

正月十四的"割鸡"仪式，共有五个环节，每个环节要燃放一挂鞭炮，而添丁户哪家不曾收获几十挂鞭炮？听说，今年最多者达七十二竹篙。于是，石上村便又有了元宵节下午的燃放鞭炮仪式。人们要把所有的祝贺都点燃，让它化作惊天地泣鬼神的滚滚春雷。

正月的宁都令人惊奇，驱车驶于乡间，随时都可能遇到古朴罕见的民俗活动。正因为如此，第二天下午我赶到石上村时，已是鞭炮大作。整个村庄捂住了耳朵，却睁大了眼睛。天地间只见爆炸的火光在跳跃，脑海中只有轰鸣的声音在激荡。

浓浓的烟雾生于每座祠堂的门前，奔涌在每一条村巷里，吞没了所有的房屋，所有的人，老站长自然也找不到了。我心中的许多疑问，便没有了答案。比如，石上"割鸡"的风俗，是否还带着慎终追远的客家人对中原故里乡风民俗的朦胧记忆，是否与昔日繁忙的码头、富足的生活有关？它应该是赣南客家添丁的种种喜俗之一了，但是，它的铺张恐怕不仅仅为了张扬添丁的喜悦。我的朋友在为这盛大的仪式震撼之余，悄悄算了一笔账，整个活动下来，每家的开销应在数千元。于是，我觉得，一定是炫耀的思想统率着所有的欣慰、所有的庆贺，使之成为一个宗族的荣耀，一座村庄的荣耀。

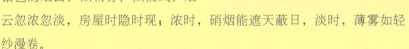

我在村外看村庄。村庄是一团银色的烟云，似朝雾，似夜岚，烟云忽浓忽淡，房屋时隐时现；浓时，硝烟能遮天蔽日，淡时，薄雾如轻纱漫卷。

我在村里看村庄。鞭炮是村中唯一的主人，硝烟是家家户户的熟客，进了厅堂，又进厢房，一直走进了人们的肺腑里、血脉里。是的，当鞭炮声渐渐零落，我听到它的脚步声了，像一声声咳嗽。在烟雾里忙碌的还是男人。燃放完鞭炮以后，他们忙不迭地收拾那些用过的竹篙。一捆捆竹篙倚墙立着，沾在上面的爆竹屑好像还沉浸在亢奋之中。

每座祠堂的门前都是厚厚的一层爆竹屑。它把我在这两天所接触到的红色的意象——鞭炮、红烛、篮子、鸡冠、抹上红颜色的公鸡及血……都熔化了，浇铸在奠定本族基业的土地上。

硝烟尚未散尽，男人们又抬着喜字担灯进了分祠。灯为圆柱形，剪贴着金色双喜的灯花，每组担灯不等，有三只的、四只的、六只的，用一根杠子串起提手，由两三人抬着走。担灯旁边，还有些青年手提一只同样的灯笼，称陪送灯。此时，暮色被阻隔在东边的村外。暮色无奈，于江面上

徘徊，在田野里缱绻。因为，全村妇孺不约而同地聚集在村口，筑成了一道鲜亮如画的人墙。通过数码相机的屏显，我不停地扫描那些年轻妇女的表情，试图从中找到某些异样的情绪。毕竟，这三天属于四十八户喜添男丁的人家，属于赢得"鸡头"的母亲。生了女儿的母亲心里大约不好受的。但是，我看到的眼睛无不充满热切期盼的神采——集合在各座分祠里的喜字担灯向村口走来了。

担灯的队伍将游遍本村地界

当地人称为"担灯"。相传明朝万历初年，该村一位姓李的财主，因夫人陈氏得梦而建汉帝庙，庙成果然生下一子，取名汉灵。汉灵一生乐善好施，曾独资兴建一座大木桥，架通了梅江东西两岸。时值元宵节，大桥落成，汉灵的夫人生下第五个儿子，正逢三朝汤饼之喜，汉灵非常高兴，一边大办喜宴，一边请巧扎匠赶制六盏花灯。以每子一盏，共五盏，因取"好事逢双、再添新丁"之意，故以门盏合成一担。当晚，汉灵亲自挑着一担灯，敲锣打鼓去游庙、游街、游村。从此石上村便形成了群众性的"游担灯"习俗。并约定俗成，担灯人必须是德高望重者。清末起，先担灯到各自祠堂内鸣爆，然后绕村的外围一周。绕村走完，进行"敬神"和"传福"，到汉帝庙、社公庙、谷雨庙、老官庙和清源祖师坛敬神，再分散活动，各自到亲友家"游灯传福"，预祝来年都能添丁担灯。

硝烟的天幕。苍茫的烟云。担灯的队伍仿佛颠沛流离，辗转千里，来自遥远的历史。灯是他们前仆后继的希望和力量，灯是他们生生不息的祈愿和意志。当我的思想不由自主地跻身这支队伍与之一道负重前行时，我忽然觉得，一些传统观念，诸如"割鸡"仪式所体现的重男轻女思想，其实也是我们认知自己民族生存发展历史的一条途径。

而此刻，当我在揣摩女孩母亲的心境时，也许随着生活的变迁，震耳欲聋的鞭炮声已不能惊扰她们了。也是巧了，我在该县田头镇看到城隍庙边的一座民居有副对联，恰好以它的豁达，很准确地诠释了我的判断，此联云："阴阳道合你过你的年我过我的年，男女平权公说公有理婆说婆有理。"

担灯的队伍从村口出发，这回，由五匹竹马领头。队伍行进在河堰上，然后穿过河边的田畈，攀上远处的山冈。马蹄嘚嘚，叩醒了梅江，叩醒了土地，叩醒了山林。我想，它们应该早就被声声响铳、阵阵鞭炮惊醒了，此刻，它们大约在琢磨着喜字担灯里已被点燃的内心秘密。

我想，经历了这三天的喜庆，天、地、山冈和江河，一定和这座村庄祖先的神灵一道，完全读懂了人们的告知。灯的语言，随着夜色渐浓，越来越明亮。

在这个夜晚，梅江和被它滋润的田野也会受孕吧？

水神的故事一定是讲给包藏祸心的江河湖泊听的，而好运总是从水上泊船靠岸的。

水边的灵神

8 ›››

道教以崇尚自然、返璞归真为主旨，祈望入仙化神，追求名山神药，认为高山是神仙的居所，因为山林更接近仙界，能仰吸天气，俯饮地泉，在信奉道教的人们眼里，山林又是最好的成仙之处。所以，道家修行之地或道观都深处山林之中，尤其白云缭绕的山巅，更是修行入道进入神仙世界的理想之所。向往名山，或选择与天界接近的山巅，成为道观选址的重要条件。

同样，佛教主张在世之人行善积德，修身养性，这样，死后可升入天堂；希望潜心修炼，脱离尘世，以达到涅槃境界。正因为佛教追求超凡脱俗的理想境界，佛寺也多建在远离尘世的僻静山林中，高山作为人间与天堂的交接地带，更为多数寺院所钟情。

在群山连绵、江湖密布的江西大地上，当道教诸神、佛教众菩萨盘踞山林之后，山水怀抱中的平畴沃野、村舍田园，仿佛顺理成章地成了民间杂神的防区，或者说，人们有机会创造出一大批亲近烟火的神灵，并为之提供用武之地。而既造福于人们又潜藏着灾祸和凶险的江河湖泊，则被人们郑重地托付给了形形色色的水神。

许真君就是在江西民间影响最为广泛的水神，它的神迹不仅遍及全省各地，在南方多省也有它的传说。许真君是个被神化了的历史人物，其俗名许逊，字敬之。先世河南人，祖父和父亲都是高节不仕的儒者。东汉末年，社会动荡不安，战乱纷起，父亲许肃将全家迁至当时较安宁的南昌。三国吴赤乌二年（239年），许逊出生于南昌县长安乡益塘坡村，相传其生性聪明，姿容俊秀，五岁启蒙读书，自幼知孝事父母，十岁通经书大意，后发奋苦读，精研经史、天文、地理、阴阳五行学，特别偏爱道家修炼学说，一心研读道家仙术。后来，许逊随西安大洞君吴猛学道，选择南昌西山逍遥山进行修炼，每日以修炼为事，不求闻名显达，并以忠孝佛信教化乡邻百姓，受其祖父和父亲的影响，无意仕途，连郡里两举孝廉都不愿就职。西晋太康元年（280年），四十二岁的许逊，由于豫章太守几次推荐，朝廷屡加礼命，许逊不得不卷入仕途，出任四川旌阳县县令。在县令任上，许逊近贤远奸，居官清廉，实行了不少利国济民的措施。许逊曾在菜园中悄悄埋下钱财，让欠租服役的群众于无意中挖到，免受坐牢之苦；每当大疫流行时，善医术的许逊还曾以妙方为民治病，药到病除，活

于都乡间的万寿官

人无数。老百姓自然感恩戴德，爱之如父母。经过十年的精心施政，旌阳这个岁岁饥馑、野有饿莩的地方，生产发展，社会安定，人口大增，就连邻县人也因为仰慕许逊德政，纷纷迁入。许逊任旌阳县令十年后，终因痛感晋室腐败，国事日非，而愤然辞官。蜀地百姓则感念许逊的德化，凡许逊所到之处，无不筑立生祠，家家供奉其画像，许多人还追随到南昌西山住下，并改姓为许。

　　许逊辞官回到故里，正值洪水肆虐江西。许逊便组织百姓治水救灾，兴修水利工程，取得了显著的效果。由于当时的认识所限，人们认为洪水是蛟龙作祟，所以，许逊被人们想象成为仗剑布阵、擒斩孽蛟、法力无边的神奇人物，当许逊在一百三十六岁上去世时，又被附会为举家升天。对许逊事迹的颂扬，之所以能逐渐发展为许真君崇拜，就因为其能御大灾，能捍大患。

　　东晋年间，后人为了纪念许真君，便在其故里的住宅旧址上建立了许仙祠，南北朝改称游帷观，北宋大中祥符三年（1010 年）升"观"为

"宫"，后来，崇尚道教、自称教主道君皇帝的徽宗诏令仿洛阳崇福宫重建，并御笔亲题"玉隆万寿宫"。重建后的万寿宫成为最大的道教圣地之一，有正殿、三清殿、老祖殿、谌母殿、蓝公殿、玄帝殿和玉皇、紫微、三官、敕书、玉册五阁，以及十二小殿、七楼、三廊、七门、三十六堂。明正德十五年（1520 年），皇帝题额"妙济万寿宫"，宫内建筑又经重大修葺。至清代，则增建了关帝阁和宫门，此后历经废兴。如今，万寿宫内还有据说是许真君亲植的参天古柏，宫门左侧有八角井，相传当年许真君在此铸铁为柱，链构地脉，以绝水患。

万寿宫历来香火极盛。由于传说八月初一为许逊全家四十二人升天之日，南昌民俗定此日为福主生日，家家户户斋戒礼拜，有的还前往万寿宫进香朝拜。久而久之，方圆百里各县也前往进香，朝拜的人越来越多，宫门前车水马龙，院内青烟氤氲。后来发展到，从八月起的两个多月间，万寿宫里都是香客络绎不绝，据说进香的人数可达几十万之众。

仗剑布阵、擒斩孽蛟的许真君也被众多村庄供奉着，如丰城的白马寨、吉安的渼陂等古村落都建有万寿宫；取材于许逊治水事迹的民间传说更是口口相传，各地的版本不同，表达的却是一样的尊崇。于都县石灶村黄屋干真君庙主祀许真君，有数百年历史，传说一个孩子在小河里玩水，拾到了一根木头，就把它放在河边的小山上供奉起来，本来完全是儿戏，不想，后来真的有人朝拜许愿，居然灵验，于是，村人才建起了小庙。

我手头有一本兴国作家应该县宗教事务局之邀而编写的《兴国宗教与文化》。翻开这本书，其实就是翻开一个地方宗教信仰的历史和现实，书中介绍和开列的寺庙、道观等宗教场所达二百多处，星罗棋布地散落在全县境内。尤其值得注意的是，那些寺庙、道观藏于山林的却在少数，大多坐落于村庄中或与村庄为邻。它们与凡尘俗世的这种亲近关系，生动证明了宗教信仰在民间的生存状态。从这个角度看，那些镇守在村中或村庄水口处的寺庙、道观，何尝不是各个村庄的福主庙呢？只不过它们把世人普遍供奉的众多神明，当作了自己的村坊神罢了。

我大致算了一下，在兴国如许多的庙宇中，有万寿宫、真君庙二三十座，还有不少庙宇中设有真君殿的。可见，作为"西江福主"的许真君，也是兴国不少村庄的村坊神。

铜鼓排埠万寿宫戏台

　　如果说，许真君是有广泛影响的江西水神的话，那么，杨泗则是被江西民间普遍信奉的外来水神了。《大清会典》载："此神系河南温县人，生而灵异，未冠成神，以治水功德于民，建庙张秋镇。"杨泗将军神像的造型是左手握蛇（或龙），右手执斧。握蛇表示有降龙伏波之能，执斧则有斩蛟除魔之力。相传杨泗生于宋代，一岁丧父，两岁丧母，三岁得道，七岁成神。在父母双亡后，由叔父抚养，而叔父仅靠一条小船为生。七岁的杨泗借助神力，把叔父那条小船的船钉一个个拔了起来，叔父勃然大怒，把杨泗打落水中淹死了。叔父仍然怒气难消，指着杨泗的尸体喝道：你要是真有神灵，给我香三天，臭三天，上浮三天，下沉三天。结果，杨泗的尸体果然如此。此事传开，乡人惊诧不已，便将其供奉起来，并流布甚远。

　　杨泗将军得道后被封为镇江王，制服孽龙作乱。民间广泛建有杨泗庙，供奉杨泗为水神，并称农历五月十三日为"关公磨刀日"、六月六日为"杨泗晒袍日"。若六月初六下雨，五月十三日天晴，人们就会说，五月十三日杨泗不给水让关公磨刀，关公也不撑日让杨泗晒袍。俗传六月初六也是杨泗菩萨的诞辰，人们须在这天进庙烧香，祈求水神护佑。德安乡间认定，杨泗菩萨是日必须晒袍，于是，家家户户的妇女及儿童皆着新衣新裳迎接杨泗菩萨，而且，要恭恭敬敬，不敢说一句笑谈；如敢有不敬笑谈，谓菩萨必将降灾于其人之身。人们将杨泗菩萨由此屋迎进到彼屋，名曰过案。所供之物，有发粑、细茶和猪肉。供过之后，便把供品分给儿童，相信食之必得菩萨保佑而身体强健。

抚州市郊曾有一座木桥，名"杨泗桥"。当地传说，很久很久以前，船夫肖公有个外甥，名叫杨泗，长得一表人才。肖公非常喜爱杨泗，把这个外甥当作亲生儿子看待，教其驾船。可是，有一天，贪嘴的杨泗竟把船上的铁钉拔出来拿去换糖，肖公一怒之下将其撵走了。离开舅父的杨泗单独在江河湖泊里驾船，有一回行船至彭泽江口，狂风大作，只好抛锚于小孤山下过夜。当晚，杨泗在睡梦中被仙女摄进孤山娘娘庙中，娘娘命夜叉教杨泗武艺及趁风行船、乘云驾舟之法。学得法术后，杨泗为人们做了不少好事。比如，作法让阻在汉口的抚州商人一夜之间赶回家过年，如此等等。后来外番入侵，杨泗弃船从戎，屡立战功，官封将军。但因年轻气盛，邀功心切，竟单人独骑深入敌后，不幸战死。噩耗传来，那些抚州商人便筹集资金在当年停船处建起了杨泗庙，塑"杨泗将军"像，以为纪念。木桥因坐落庙旁而得名。如今，建在木桥原址上的新桥，仍称"杨泗桥"。

散落在乡野上的遗迹，生动证明了水神杨泗在江西各地的影响。而且，杨泗还是民间艺术中时有出现的神灵形象。比如，萍乡傩舞中便有杨泗将军的面具，乡间虽没有专祀杨泗的庙宇，却在傩神庙内供奉着杨泗神位。

江西还有两位地方水神，叫萧公、晏公，明初因朝廷推崇而成为具有全国性影响的水神，职司平定风浪，保障江海行船，因此各地纷纷立庙奉祀。

萧、晏二神的事迹记载在《三教源流搜神大会》卷七中。"公姓萧，

讳伯轩，龙眉蛟发，美髭髯，面如童。少年为人刚正自持，言笑不苟，善善恶恶，里闬咸为之质平。殁于宋咸淳间，遂为神，附童子，先事言祸福，中若发机。乡民相率为立庙江西临江府新淦县之太洋洲，保釐救民，有祷必应，福泽十方。大元时，以其子萧祥叔死而有灵，合祀于庙。皇明洪武初，尝遣官谕祀于此，诏封为水府灵通广济显应英佑侯，大著威灵于九江八河五湖四海之上。"民间把萧公传得神乎其神。比如，在世时，萧公分身有术，明明见其伏案休息，却能去营救翻船落水的人。逢年过节乡人宴请，萧公竟能同时在几个地方出现；成为神后，萧公不仅能保佑航行安全，预言吉凶祸福，就连朱元璋与陈友谅决战于鄱阳湖，也得到萧公率领的数万金甲神兵的帮助，所以漕运水军奉祀萧公尤为笃诚。四月初一是萧公诞辰，许多地方都要举行隆重的祭祀仪式，除了要唱大戏以酬神外，还要烧献纸马，以供其作战需要。

另一位，"公姓晏，名戌仔，江西临江府清江镇人也。浓眉虬髯，面如黑漆，平生疾恶如探汤。人少有不善，必曰：'晏公得无知乎？'其为人敬惮如此。大元初以人才应选入宫，为文锦局堂长。因病归，登舟即奄然而逝。从人敛具一如礼。未抵家，里人先见其扬骖导于旷野之间，衣冠如故，咸重称之。月余以死至，且骇且愕，语见之日，即其死之日也。启棺视之，一无所有，盖尸解云。父老知其为神，立庙祀之。有灵显于江河湖海，凡遇风波汹涌，商贾叩投所见，水途安妥，舟航稳载，绳缆坚牢，风恬浪静，所谋顺遂也。皇明洪武初诏封显应平浪侯"。又因晏公曾变化为老渔翁，指点钓起了掏塌大堤的猪婆龙，明太祖加封其为"神霄玉府都督大元帅"。

有些地方将萧、晏二公同祀一庙。新余与二神家乡邻近，因而立庙较早，仙女湖钟山峡东口北岸的萧公庙，便是将萧公和晏公一并供奉。据说二神灵气惊人，来往船家经过此处都要进香祈福，否则难保平安。当地百姓传说，严嵩衣锦还乡时，船到钟山，自认为是当朝一品宰相，竟不愿去庙中烧香。神灵勃然动怒，当即呼风唤雨，大施法术，霎时间天昏地暗，狂飙大起，暴雨倾盆，船只受阻。严嵩恼羞成怒，指使随从捣毁了神殿。不想，厄运随之降临到他头上，没几年严嵩就被革职抄家，落得个孤愤而死的下场。

这样的传说，坚定了人们的信仰。

于都有个寒信村，每年农历七月二十四举行盛大的水府庙会。我起了个大早，从县城赶到那里时才七点钟，然而，江边为大榕树所覆盖的道路，已是人声鼎沸。道路的前方鞭炮大作。前方就是水府庙，与之相邻的是萧寿六公祠和萧玉新公祠。寒信村坐落在梅江中段，江流通过一道山峡奔涌而来，在水府庙前产生回流，又向山峡流去，扼守峡口的将军山与旗形山兀然而立，呈狮象把关之像，无疑这里就是村庄的水口了。比邻而建的水府庙与两座祠堂并非整齐排列，而是渐次突出，参差错落。听说，萧氏两房兄弟曾为一块风水上佳的葬地作出约定：谁先作古，那块地就属于谁。岂料，为了后世的发达，为兄的等不得寿终正寝，竟自杀身死，从而为子孙谋得了风水宝地，其弟无奈且不甘，终于横生一计，建萧玉新公祠时比寿六公祠突出一截，以抢占风水。看来好运是从对岸层层叠叠的青山上来的，是从江上登船靠岸的。

人们在水府庙前燃烛放炮，杀鸡宰鸭。宰杀前后，手提鸡鸭的男女老少都要对着水府庙再三叩拜。然后，把鸡鸭放在祠堂门前备好的热水

里泡一泡，褪了毛，一个个蹲在古码头上清洗起来。只有少数信众会进入水府庙敬香，大多数人是在庙门口完成祭祀仪式的。也许，因为这座庙太小了，来的人太多了。以祭神仪式为纽带，这一天成了周边同宗萧氏团圆的节日，四乡八邻以及在外工作的萧氏族人齐聚寒信，到了上午九点钟以后，人们将齐聚在几座祠堂里的百桌酒席上，吃的是流水席。

寒信的水府庙会

　　把人心凝聚在一起的，是温公菩萨和金公菩萨。传说该村萧氏开基祖寿六公某日在寒信潭里捕鱼，见一黑脸大眼的木制菩萨漂浮水上，他屡次用竹篙拨开，却再三被水冲到船边，仿佛天意。于是，他捞起菩萨，在自己居住的房屋旁建了一座简陋的小庙供奉，并依菩萨身上的字迹称其为温公菩萨。不久后的农历七月二十四，寿六公又在捞得温公菩萨的地方，捞得一尊全身泛着金光、脸朝上的小菩萨，因它身上没有字迹，便取泛金之象命名为金公菩萨。寒信人将这两尊菩萨泛称为"水府老爷"，并定下每年农历七月二十四日为水府庙会日，相沿成习。

水府老爷显灵的故事举不胜举。有一则说，在于都的横石埠渡口，有两个男人过渡后对渡工说：我们没有带钱，你可在七月二十四日到寒信峡来收，人们还会请你吃宴席、看大戏，我们一个姓温一个姓金。后来，渡工果然来收钱了，那天寒信村真的是人来客往，热闹非凡，然而，问遍全村也没有温、金二姓人家，只打听到水府庙有温公、金公。进庙一看，菩萨们的面容神韵与那两位过渡客无异，撩起菩萨的衣袍再看，下面放着几枚铜钱，正是过渡该付的数额。渡工当即虔诚叩拜，祈求神灵保佑。此后几百年间，直到20世纪50年代初期，横石埠渡工年年此日来寒信收水钱，而那个渡口也从来不曾淹死人。

由这则传说亦可证明，水府老爷正是当地百姓敬仰的水神。庙门两边便有对联赞颂它们保佑舟楫平安的功德："水源古峡来舟楫频繁十里险滩赖护佑，府庙前朝建神灵显赫八方信众沐恩道。"水府庙主祀温公、金公，附祀赖公、杨公、龚公等神像。

在寒信村，一年到头，以祭祀水府老爷为内容的民俗活动频频举行。正月初一，人们要抬着水府老爷"出行"，沿河岸游遍村庄，把吉祥带给家家户户；年后至元宵节期间，由德高望重的"十老子"出资，在祠堂里举行"禳灯"仪式，喝酒、看戏、看灯彩，与人们同宴乐的除了祖灵外，自然少不了水府老爷；元宵节前后的某个吉日，要举行别具一格的"送船"仪式。这天，由"十老子"的晚辈打扮成文官、武将、差役等角色，带上"刑具"、"印章"、签筒和龙头凤尾的小纸船，敲锣打鼓地去各家收"种子"。所谓"种子"，竟是邪气，人们竟可以把头年遇到的一切不幸不祥迁怒于某种植物，在这时候用纸把这种植物包起来，这个蓄意纸包就是"种子"。人们把它放入纸船，让"送船"队伍带走，由那些文官武将押送到水府庙里。到了半夜，纸船登上木船被送到河中央，点燃香烛后入水任其漂流，这意味着所有的邪气都已经顺水流逝；农历五月初六是温公生日，人们要到庙中祭拜，而五月初七、初八则要举行"朝仙"活动。先是吹吹打打将水府庙里的所有菩萨送到高山上的水灵寺里去做香火，第二天再接回来在田野上"巡游"，祈求五谷丰登、六畜兴旺。

最为壮观的就是七月二十四的水府庙会日了。自清明时节起，村人便

请神明去村后祖坟山"下营"

选出理事会开始筹备，人们把活动的总管称作"总理"。到了七月二十一日，庙会拉开帷幕，信士们奉戏、奉电影在庙里和圩上演出、放映。温公、金公二位当然也要被请去看戏，它们要到二十三日下午才回庙做"香火"。二十四日一大早，我赶到寒信村时，沿江通往水府庙的路上已是人流穿梭，庙前鞭炮大作，地上禽血横流。菩萨们尽情受用着人们虔诚的香火，到了半上午的十点钟，则要去"练营"、"下营"了。"练营"是训练的意思，"下营"指的是在萧氏祖坟山所在的铜锣湾驻扎下来，与萧氏的祖灵"会晤"叙旧。也是，萧氏开基祖与温公、金公情缘天定，寒信村世世代代得二位庇佑，每年找个机会让神明和祖灵坐在一起畅谈一番，本是人之常情。

约摸九点钟，流水席就在萧寿六公祠和萧玉新公祠里早早开席了。在阵阵鞭炮声中开怀畅饮，饮的正是手足之情、同宗之谊。在这两座可同时摆上七十桌的祠堂里，这一餐要翻三四回台，那就是二三百桌了。家家扶得醉人归，清醒着的大概只有那些菩萨。

"练营"、"下营"的仪式准时进行。先后被人们从庙中请出的菩萨依次是温公、金公和赖公，还有康公元帅的神位。这和我从文字材料上看到的情况有异，并非所有的神明都参加。等到三尊菩萨在庙前坪地上聚齐了，又是一阵热烈的鞭炮，它们端坐在四人抬的木轿上，在人们的簇拥下去往村后的祖坟山。

神明在此与祖灵共叙友好

"下营"时，赖公居中，温公、金公分列左右，前面置一张方桌作供桌，设"得道康公元帅"神位并摆放着供品。不时也有信士来此敬奉香火的。不过，相对水府庙前，这里还是清净。也许，更多的信众愿意让神明与祖灵好好地共叙友好吧？毕竟，一年只此一回，到了下午三点钟，神明还要去看戏呢。

神明应是戏迷。它们要在坐落于农贸市场里的戏场上，没日没夜地看到二十七日下午方兴尽回府。戏是信士们献给神明的还愿戏，每场六百六十元，二十四日全天的剧目有《凡事由天》《巧配姻缘》，歌舞和《加寿图》。戏台两侧的对联恰好道出了庙会日盛况的真谛："峡水滔滔在传颂温金神灵八方显应救苦难，鼓乐悠悠是迎接你我宾朋四面会聚呈吉祥。"

和于都县相邻的赣县，有个地方叫储潭。流经赣县的赣江，为古时通往粤、闽的必经水道，从万安至赣县储潭的江面上，密布着十八道险滩，古纤歌唱道："赣江十八滩，滩滩冤魂缠，航船从此过，如过鬼门关。"南宋民族英雄、爱国诗人文天祥则写道："惶恐滩头说惶恐，伶仃洋里叹伶仃。"这段江面水流湍急，暗礁丛生，仅由惶恐滩、黄泉潭这些滩名也可以想见行船至此的凶险了。于是，在储潭，便有了临江立于十八滩头保佑过往船只、木竹排筏安全的储君庙。

储君庙又称广济庙。相传晋咸和二年（327年），刺史朱玮提兵伐苏峻，兵扎储潭，夜梦神人告曰：我为储君，奉帝命守此土，府君能建庙祀我，当有以报。刺史大人按神明旨意行事，果然克敌制胜，遂建庙祀典。

传说储君为黄帝长子冯夷。黄帝与蚩尤大战于涿鹿时，蚩尤施魔术，顿起漫天大雾，黄帝即命长子冲出魔雾，南下寻找并联合南方各部落共同抗恶，后隐居储潭钓捉水怪，并艰苦修炼，终成为天帝命官，并助朱玮克敌。《通志·氏族略·储老》载："……或是储老之神为赣人，故以姓溢其山川也。"认为他"生有保障乡里之德，殁有通灵郡将之祥，其后祷雨立应润泽斯土"。故享祀绵长，可见储君作为人也好作为神也罢，皆能灵撼天地，惠泽山川，消灾弭患，化险为夷，从而造福一方。

具有一千六百多年历史的储君庙，曾多次修缮，内有正殿、储君殿和关公殿。正殿为砖木结构，歇山式屋顶，飞檐翘角，正脊中央用"双龙抱珠"装饰，角檐下三挑出檐，挑上彩画艳丽，但只剩右边，左边已毁。这里有一个传说：相传清顺治年间，广东大盐商林大钦，亲押食盐九十九船开往南昌。船经储潭时，他看见驶经此地的船只上都有船夫焚香燃烛，向着储君庙跪拜，而自己船上的船夫也纷纷效仿，顿时火冒三丈，一面呵斥船夫，一面高声对储君庙说："我是广东巨富林大钦，你是区区储潭一小神，我有盐船九十九，你奈何哪条沉？"如此大不敬，自然激怒了储君，储君决意惩治这个狂妄之徒，便大声回答："你是财大气粗的林大钦，我

是神通广大的庙里神，扬善弃恶施法术，九十九条都得沉！"说罢，念咒作法。顿时，乌云翻滚，雷电交加，狂风怒吼，惊涛骇浪，九十九条盐船如片片树叶，顷刻间翻腾沉没。林又悔又恨，欲与储君决一死斗，便将一块草席抛入江中，自己睡在席上，也喃喃有词地作起法来，并抛出画角击打储君，储君迅速掷出神剑迎击，神剑与画角相撞，迸出万道金光，神剑劈开画角，直刺林大钦，林被剑刺中，沉入江底，而被劈开的半边画角击中储君庙，将庙宇左上挑击倒，虽经历次修葺，仍无法复原。

储君殿的规模比正殿大，也是砖木结构，正脊正中置一宝瓶，里面放着三把戟，意指"平升三级"，两边倒立着小龙。神台上供有储君神像，前面左右附祀受玉帝派遣来协助储君的四位副将，它们分别为东方木星、南方火星、北方水星、西方金星，两边还排列着十八滩神。通过储君殿的两边门，进入一个小庭院，那里正中有关公殿，左边为种德堂，右边为雷神殿。

作为赣江十八滩的水神，储君理所当然地受到过往船工和当地百姓的膜拜。我依稀记得在邻近赣县的别处也曾听到关于储君的传说，这就是

某次灾祸的尸骸

说，许多的福主虽然职在护佑一方平安，但它们的影响往往会随着神灵显应的故事传播到周边地区，赢得更多百姓的崇拜；而水边的灵神得舟楫之利，势必声名远播。

有意思的是，兴国县的一位村坊神竟为储君保佑着的储潭人所垂涎。该县社富乡有座真义寺，寺中有三宝、真君、江东三殿，江东殿中祀奉的江东菩萨，原是被社富有钱人家收作放牛娃的流浪儿。江东长着瘌痢头，平时寡言少语的，备受东家欺凌。有一年人们在社富河上修水坝，每每合龙，没几天便被洪水冲垮。江东见状，竟自告奋勇，村人嗤之以鼻，称：你要是能修好，我们就尊你为神。说话间，江东已把一块巨石推到堤坝裂口处，顿时堵住了河水。江东因此被人们视为神童。后来，社富一带连遭数月大旱，百姓日日祭拜求雨，仍不能如愿，便去求江东。江东掐指一算，声称不出三朝就会下雨。可是，头上是万里晴空，有人不信，打赌道：三天内真若下雨，就塑你金身，要是没有雨，就绑你沉河。江东竟同意了。三天过去，正当好事者把江东绑在板凳上准备沉河时，天空乌云顿起，雷声大作，紧接着暴雨倾盆。欢呼雀跃的人们忘记了给江东松绑，等到大家想起来时，江东已被大雨淋死了。人们确信江东是羽化成仙了，不仅为其塑金身、建庙宇，将其立为村坊神世代供奉，还以江东的名字来命名当地的坝、桥、坪等处。

此处江东庙香火旺盛，传说邻近的赣县储潭一带经常遭受水灾，人们得知江东菩萨的灵验，密谋要窃取江东金身。储潭人第一次趁着夜深人静潜入社富时，江东报梦社富人：有人要偷金身了！社富人起床察看，并无动静。如此反复几次，社富人就麻痹了。储潭人终于得逞。然而，尽管储潭人祀奉江东是一样的虔诚，在那里，江东却没有大显神通。江东还托梦给社富人，说：我身在曹营心在汉，食储潭人的饭，理社富人的事。储潭人无奈，只好照模样另塑江东金身，把原金身送回社富，各尽供祀之职，结果是共沐神恩，皆大欢喜。于是，社富乡各村都把江东敬为本村福主。

既然，其貌不扬的一位小小村坊神都能得到如此追捧，想必威震赣江的储君，其影响一定会随着南来北往的船只泊港上岸，一定会拥有四面八方的"粉丝"。

正如江河孕育了许多神明显灵的故事，作为中国最大的淡水湖，烟波浩渺的鄱阳湖也曾是一位故事大王。

它的故事像湖里的鱼群，游弋在粼粼波光中，潜藏在狂风骇浪下，或者，随着暮归的渔船，拥挤在夜的码头、梦的港湾。

湖色就是它神情动人的脸色，瞬息变化间也许就是生离死别；水声就是它娓娓道来的讲述，抑扬顿挫中注定蕴含喜怒哀愁。我相信，鄱阳湖的故事是讲给包藏祸心的风浪听的，是讲给和湖一样辽阔的夜晚听的，是讲给那些即将落网的鱼儿听的。

最为神奇动人的，大约是鼋将军的故事了。传说，鄱阳湖里的老龙王生了九个儿子，老大最难看，大头，大眼，四只蒲扇一样的脚板，背上还有厚厚的甲壳，外形酷似甲鱼，重达千斤，力大无穷，名"大头鼋"。如此龙种，当然令龙王不悦，龙王声称它若不能脱去背上的壳，就不再相见。于是，大头鼋得到了寿星老神仙炼的仙丹，但这能帮助它脱壳的仙丹，需以天庭华表柱上玉柱龙的龙涎吞服。可是，在玉柱龙吐涎的时候，

湖上突然狂风大作，许多渔船都被掀翻了，大头鼋忙着抢救渔民，竟忘了去接龙涎，再也无法脱壳了，只好定居在鄱阳湖中，每当风兴浪起，它都会奋不顾身去保护渔民。它成为鄱阳湖上渔民们的保护神。

关于鼋将军的另一个故事是，当年朱元璋与陈友谅大战鄱阳湖，因遇风浪，朱元璋的乘船折断了风帆，舵也因触礁毁坏。危急关头，大头鼋以身代舵，救出了朱元璋，并保佑朱元璋取得了胜利。后来，朱元璋感念大头鼋的功德，封其为"定江大王"。

鄱阳湖渔民崇拜大头鼋，反映了人们不肯屈服于命运，企图通过幻想来征服大自然的美好愿望。的确，在辽阔的湖面上，潜藏着太多的凶险。比如，在鄱阳湖的北湖区，就有一处令人谈之色变的"百慕大"。那片水域在都昌龙头山老爷庙附近，形似三角，几百年来在那里葬身鱼腹的生命不计其数，故又称"魔三角"。在最近的一个枯水季节，宽阔的湖面萎缩成了一条蜿蜒的河道，来往的船只挤挤挨挨地缓慢通过，夕阳下，裸露出来的湖底是一片金色的沙滩，是一片开着紫色小花的草洲。我漫步在沙滩上，只见不远处有两座沙丘，沙丘之上是两堆白得耀眼的乱石，走近才看清，那两座沙丘原来是两船将被沙子完全掩埋的水泥，水泥是用白色塑料编织袋包装的，其出厂日期为2003年。

面对两条货船的新坟，我不禁想追问：我漫步走过的草洲、沙滩之下，该有多少人的声嘶力竭的呼号，船的已经腐烂的骸骨？

老爷庙水域之所以成为鄱阳湖上的"百慕大"，与其特殊的地理环境、天气气候特点和复杂的水文状况有关。那里是鄱阳湖的咽喉要道，中等水位时水面约三百五十平方公里，该水域上方是星子到湖口之间长四十多公里、宽仅三至五公里的狭长水道，西北面是与水道平行、连绵起伏的庐山诸峰，东西两旁及南部为高低起伏的沙丘，植物稀少，地形开阔。因此，老爷庙水域好似一个喇叭口，全年刮大风的日数就有一百六十三天，经常出现的龙卷风能把船卷起十多米高，再摔成碎片，或把船从湖上卷到围堤外边；而在水陆交界处，由于湖面与陆地的热力差异常，在水域周围形成

鄱阳晏公庙会

龙凤之舟

积雨云，积雨云大多沿着湖边移动，即使停泊在港内的船只也会被雷雨大风掀翻。老爷庙水域的水文情况也相当复杂，吉山、松门山两岛横立于鄱阳湖中，把该水域与南湖大湖体隔开，赣江的数条支流与修河、抚河等几股强大的水流在老爷庙水域交汇，注入长江，由于此处骤然狭窄，同样造成水流的狭管作用，水流紊乱，流速增大，在主槽带产生涡流。由此可见，吞噬了无数船只和生命的魔鬼究竟是谁了。

然而，在先民的眼里，老爷庙水域的风是青面獠牙，雨是张牙舞爪，浪是血盆大口。人们只能祈求那位鼋将军来保佑自己了。龙头山上的老爷庙，建庙久远，旧为龙王庙，光绪年间改称"定江王庙"，当地群众把王爷称老爷，故后人一直称此庙为老爷庙。该庙庙基以花岗石条堆砌七米高，右侧有阶梯曲折而上，由主殿、龙王殿、同仁堂、大小客厅及附属建筑组成。主殿内祀有"定江王"塑像，两侧墙壁嵌有石碑两块，右为"鼎建左蠡元将军庙记"，左为"加封显应元将军庙记"，殿前方形花岗岩石立柱上阴刻对联，称："数百年庙貌重修偏颂吾王功德，九万里威灵丕显顿平蠡水风波。"庙门平台两侧有石狮一对，庙后有朱元璋点将台和插剑池遗址，庙前左侧山岩上有"水面天心"摩崖石刻，相传为明太祖朱元璋题。据都昌旧县志记载，清代此庙曾经三次维修和扩建，民国二十七年遭日寇炸毁，民国三十五年得来往船商捐助，由僧人按光绪时模样重修。

20世纪80年代，我第一次乘船经过此地时，曾见老爷庙前鞭炮大作、湖上也鞭炮轰鸣的情景，人们或上岸烧香许愿，或在船上对着老爷庙跪拜，一团团青烟随风随船，在湖面上奔走。听说，直到如今，过往船只依然要按照旧俗朝向老爷庙顶礼膜拜。那个方向就是一帆风顺、鱼满船舱的吉向。

鄱阳湖沿湖地区除了信奉定江王鼋将军外，还信奉晏公、萧公及大王爷、二王爷、三王爷等水神。那三个王爷本是要渡湖去对岸的僧人，其时，湖里正是风大浪急，但是，当他们登上渔民兄弟的小船时，风浪竟然平息了。到达对岸后，渔民兄弟怎么也不肯收取僧人酬谢他们的金元宝，岂料，后来得到了鄱阳湖的慷慨馈赠，他们只要一出湖便是风平浪静，便是鱼儿满舱。于是，渔民们认定那三个僧人就是神，并建庙奉祀。

　　过去，每年腊月小年渔民收船靠岸时，年后第一次出船时，都要去祀奉水神的庙宇烧香朝拜。每当新船下水时，要给新船披红挂彩，放炮点香，烧些纸折的元宝以供诸神，求福求财求平安。农历八月初一、十月初三为鄱阳湖那几位水神的祭日，当地渔民要举行盛大的祭祀活动。而以饲养渔鸟捕鱼的渔民，则要在农历正月十三、七月十三或十五祭祀专业神，他们以薛元帅、千岁老子等为主神。

　　鄱阳湖上有座长山岛，属鄱阳县管辖，原名强山，岛上现有三千人口，以杨姓为主，兼有陈姓，杨姓于明末由都昌县迁来。沿着码头而建的渔村呈带状绕岛半圈，村中有座福主庙建在山坡上，站在门前望去，万顷碧波尽在眼底，庙内祀奉的却是包大人和三大人，庙里的老人告诉我，那位三大人是屈原的三儿子。世世代代在风浪里讨生活，如何拜个黑脸包公作福主呢？追问起来，老人也茫然。于是，我想：莫非当年杨姓是蒙冤含恨，不得不背井离乡、偏安一隅的吗？

平安是福

　　坐落在鄱阳县城里的晏公庙，应是鄱阳湖区水神崇拜的集大成者。我在几次访问鄱阳后，偶然得知此庙，便兴冲冲穿过那个叫管驿前的渔村，带着浑身鱼腥味来到庙前。公布于门前的《县府批准开放晏公庙记》，是最简明的介绍

（上图）
长山岛上福神庙

（下图）
鱼和阳光

文字，不妨抄录下来——

　　神灵信仰，虽为宗教现象，实则民间文化、风俗之组成。是故，有晏公庙立饶六百余年之久。其间，历经倾覆坍塌，又香火旺盛，乃文化渊源之继续也。公元1995年岁在乙亥八月，湮没四十有五年的神庙获波阳县人民政府宗教事务局批准，列为本县开放庙宇。其神也欣，其人也欣。

　　晏公庙祀晏公戍仔，明太祖朱元璋敕封神霄玉府都督大元帅是也。址在县城高门外柳林津管驿前村西，始建于洪武年间。清初，饶州同知刘愈奇率众大兴土木，乾隆四十二年又修。《江西通志》有记曰：晏公"立庙饶州府"即指此。庙因在饶河，滨鄱湖，常遇连天巨浸，风涛震撼，坍塌在所难免。数百年间，百姓受庇，神恩浩荡，官民舟楫，出泊必祷，香火为之绵亘。纪元甲申年（1944年、民国33年），有江神中水府济远定江王，自鄱阳湖老爷庙而入。异附人言，广治病疾，善风鉴之求，谈医理，论卦象，灵显饶城，士大夫为之折服，善男信女无不顶礼膜拜，虔诚络绎于途。

由以上文字可知，晏公庙里除了祀晏公外，还有一时间"灵显饶城"的定江王，也就是老爷庙里的那位鼋将军。然而，有着前后殿的晏公庙其实也是一座"信仰超市"。前殿左右的神龛中分别端坐着土地和社公，后殿上方神龛为晏公神位，左右两侧的神龛供奉杨泗将军神位和护国周王神位。而列位神像的前面，还有一群群的小神像。靠在墙上的一排已经陈旧的鱼形灯彩，分明在告诉人们，晏公庙也举行庙会活动，而且，这里的庙会充满湖区特色。那是鲤鱼、鳜鱼、鳊鱼们的狂欢，是船夫、渔民及各色人等的祈福聚会，想必，那时鱼虾鳖蟹们一定会簇拥着龙王和各路水神巡游。

就在我认识这座晏公庙不久，巧逢此庙举行两年一度的庙会。为期一周的庙会始于农历十月初三。这已是第十七届了。庙会由一班道士主持，道士们每天要做三场法事。我到达的那天，正赶上信众们在"度关"。鞭炮声中，守候在晏公庙院门前的人们忽然蜂拥而入，更有青壮汉子，从人潮中跳起来，伸臂去扯头上的红灯笼。男男女女挤挤挨挨，步履匆匆，在庙门前绕行一圈。值得注意的是，人们要么牵着、抱着孩子，要么紧紧搂着襁褓似的衣物。可见，"度关"的意义在于保佑子孙平安，人丁兴旺。至于为何叫"度关"，据说，典出老子过函谷关的故事。公元前491年的某一天，函谷关令尹喜清早出门，忽见东方紫气腾腾、霞光万道，断定紫气东来必有异人过，立即安排人打扫街道，盛情迎接。后来，果然迎来了一位气宇轩昂、银须飘飘、骑着青牛的老翁。这就是西渡隐居的老子。尹喜诚邀老子在函谷关小住，老子在那儿写下了《道德经》。既然如此，悬挂在晏公庙院门上的红灯笼就是祥瑞的象征了，难怪，两只灯笼被撕扯得七零八落。

与平时相比，盛装的晏公庙里除了更热闹外，还显得更为森严。后殿上空架起了罗汉宝座，层层叠叠地挂满了神像，它们是二十八星宿，三十六雷神，仿佛天庭一般，故有匾额称"咫尺天颜"。女性是不许进入后殿的，她们只能在前殿敬香叩拜，拜了众神，又拜那纸扎的太平龙船、顺利凤船。到了送神日，这龙船、凤船将在道士们的引领下，随晏公等水神巡游于管驿前窄窄的街巷，领受人们虔诚的香火和祈愿，然后，去参加送神仪式，在饶河河滩上被付之一炬，化作缕缕青烟随神明而去。

因为地缘，特别是因为历史上客家族群的迁徙活动，在与福建毗邻的江西，一些地方也祀奉为海上女神的天后娘娘。

相传天后娘娘是宋代福建莆田人林愿的第六个女儿，她幼年便精通玄理，能预知祸福，死后多次显灵海上保护过往船只，被元顺帝封以天妃神号，又被清康熙皇帝封为天后，沿海地区多有立庙奉祀。而景德镇也建有天后宫，供奉天后娘娘，并祀顺风耳神和千里眼神。关于它的来历，传说有位福建商人从景德镇贩运瓷器去海外，途中遇狂风恶浪，眼看要遭灭顶之灾，绝望的瓷商大呼天后保佑，天后果然显灵，使商船转危为安，回到景德镇后，瓷商为报恩，遂倾尽资财为天后建宫。武夷山中的铅山石塘镇，历史上以生产"品重洛阳"的连四纸而发达，在鳞次栉比的古建筑中，我看到了"天后宫巷"这样的地名。想必，那是来自福建的纸商和造纸工人把天后娘娘作为自己的保护神了。

同样为山区的修水县，也在黄沙港、山口等地建有天后宫，救苦救难的海神之所以走进修水山里，正是因为这里不少客家人由福建迁来，天后娘娘既是林姓祖先，可以藉此表达人们对祖先的怀念，她又是救苦救难的灵神，应合了人们祈求神明庇佑的需要，同时，天后崇拜也是一种凝聚人心的精神力量，它把由福建迁来的客家人紧紧地团结在一起。

水边的灵神，在水一方。

> 这是酬报大地的谢忱，期盼丰收的祝福。然而，苍天果然会被人们的真诚所感动吗？

无奈小虫

9 >>>

吉安一带的古村落喜好在房屋正面的檐宇之下刷白，形成宽可盈尺、由若干篇幅组成的书画带，抄录在上的一般是古诗词名篇名句，每首诗词之间，间以彩绘墨绘，有人物，有情景，也有一些体现民间吉庆寓意的图案。井冈山下有一处叫"八栋屋"的建筑群落，院墙之内建有八栋住宅，严氏八兄弟各得其所。封闭的建筑群落有院门开在右侧，正对院门的檐头上书写着这么两句诗："一世英雄到白头，无伤害虫蝗鼠起。"英雄无奈小虫的感伤，大致透露出屋主人借重笔墨以驱邪的心机。

　　在婺源的磻坑村，水口处有新旧两座磻龙庙。旧的庙较小，里面供奉着龙帅老爷、周云老爷、蝗虫老爷，以及社公老爷、社母老爷，门前的樟树下，有一丛残香，大概是敬土地神的吧。与此庙几步之遥，新建了一座庙宇，虽简陋，却也令村人骄傲，我就是从老庙出来被路过的热心人领着去的。庙里除了供奉着周昌老爷、判官老爷、财神老爷、小鬼老爷、运气老爷等神位外，还坐着几尊菩萨塑像，有观音，还有三尊大概是刘关张。

　　看看，财神终于如愿以偿跻身其中了不是？还有不知从哪儿冒出来的那位叫运气的老爷。

　　我笑问磻坑：谁是你的福主？磻坑不语。

　　老庙里的蝗虫老爷让我浮想联翩。既然，小小的蝗虫也堂而皇之地成了高高在上的神明，心安理得地世代受用人间的香火，那么，不难想见，它曾经和这里人们的生活命运发生了怎样密切的关系。是不是遮天蔽日的蝗虫，也遮蔽了人们混沌的祈望？

　　宜春的民间传说倒是多少披露了那位蝗虫老爷的来历。相传很久很久以前，有个农夫名叫"婆观"，他心地善良，老实巴交，农家活儿却是样样都在行，无论是上山割漆打芝麻，还是下田耕作扶犁耙。村民们都夸他是农家的好把式。有一年，庄稼遭受蝗虫侵害，禾叶、番薯叶全被蝗虫啃噬得不像样子。婆观忧心如焚，急得手拿竹梢帚在田间地头拼命地赶呀、打呀，扑打得蝗群飞逃到山里，结果山林又遭殃了，没几天工夫，就把大片的树林祸害得只剩秃枝。于是，婆观下决心上山追打，只打得蝗虫无处落脚，剩下的最后一群飞进了山洞。婆观暗暗高兴，立即拣来干柴杂草堆在洞口处，并撒上辣椒粉，背来风车，点着火摇动风车，风送浓烟直往洞里灌，熏得蝗虫四下乱窜，婆观忍不住冲进洞中扑打，可是，深入洞

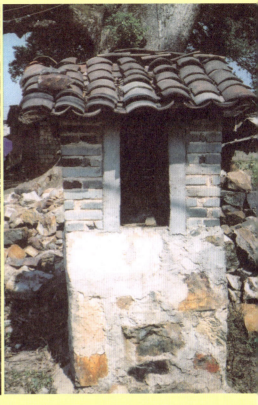

村前的树下

中后浓烟呛得他喘不过气来，最后被闷死在里面。治了虫害，那年获得了好收成，家家户户感谢婆观为民除害，便在六月六吃新节这天，端出香喷喷的白米饭，炒上几道好菜，又烧钱纸、放爆竹，磕头敬婆观。那天，天上姜太公下凡巡察路过这里，不知百姓在干啥，便上前询问。得知婆观为民除害而丧命，姜太公连连点头称赞，心想：自己作为管米谷的大神都没能管住虫害，婆观却为民除蝗立了大功，就封其为"虫神"吧！并定下六月初六这天为"婆观"日，或称"鄱官节"。婆观被封为虫神后，天天四处奔走，为民除害。每年的此日，婆观都要借助太阳神的威力，镇妖除邪杀虫，这件事一传十十传百在民间流传开了，天下百姓都知道婆观专治虫害，再也不担忧了。每年的六月初六，百姓们都要把家里的东西搬出来晒，逐渐形成了民间习俗，相传至今。

如果说，把蝗虫敬为"老爷"，体现了相信万物有灵的人们面对灾害时惶恐无措的窘态，更多地反映出他们祈望通过祷告、祈求的通融方式来驱邪消灾的心情的话，那么，在这个关于婆观的传说里，我们看到了先民企图控制强大自然力的主观努力，或者说，它在真诚地呼唤着一种能够庇佑自己的力量。

赣东一带乡村把稻田中吃害虫的蛤蟆当作虫神，不少地方还曾立庙塑像，供奉"蛤蟆菩萨"，要说起来，蛤蟆真是劳苦功高的主儿；在瑞金乡村，每年农历五月二十二日要举行仙太会，祀圣母娘娘，人们认为圣母娘娘善良，除恶助善，专司农田里的虫害，视其为虫神。如遇虫害，人们要抬出"仙太娘娘"金身到屋场、田间去游神，意为请仙太察看虫情。有的地方须全村斋戒到庙里敬神，祈求害虫远走，同时扎草龙穿巡于田埂上，口念"龙灯出埂游，害虫别处走，龙灯到处走，年年保丰收"等辞，穿巡完毕，要将草龙齐集在神庙前放火烧掉，并念"龙灯化纸钱，害虫上西天"；安远县乡村则有"保苗法会"于农历五月初二举行，这一天家家户户要在庭院里焚香、秉烛、摆供、杀猪、作揖跪拜，做法事，上表章，祈求社官、山神、土地公公大显威灵，驱除各种自然灾害以保禾苗正常生长。五月初七为迎神日，人们要采几株稻穗插在诸神手中和身上，吹吹打打地抬着神农皇帝、雷公地母、东海龙王、三仙福主等神像巡游。

南昌县石岗镇的锦南村，正是拿虫神鄱官大王当作自己的福主。如今的石岗镇是不甚起眼了，可是，在20世纪曾经一度声名显赫，它几乎成了南昌的卫星城，三线工厂纷纷搬迁落户于斯，学校也纷纷转移定居于斯。那是为了战备的需要，一旦和美帝、苏修打起来，不得已可以从那儿重上井冈山。我年轻时就听说石岗，当年有下乡插队的同学被推荐去读中专，校址正是那儿。

头年八月底，我造访一座古村途经石岗，得知那里还是一个出银匠的地方，凭着祖传的手艺，石岗籍的银匠师傅走遍天下。也是一时兴起，我竟建议道：利用如今已废弃的厂房、校舍，建一座银器博物馆如何？镇里的干部点头称是。接着，向我绘声绘色地介绍了石岗正月里的民俗事相。他们用语言为我建造了一座民俗博物馆。他们的馆藏是鞭炮声震耳欲聋的狂欢之夜，是板凳龙逶迤游走的灯火大地，是被鼓声摇撼的漫天星斗……是的，在他们的描述中，最为动人的就是人们竞相擂鼓的场面了。所以，我一直在想象着那个场面，并期待着走进那个场面。

于是，我在正月二十走进了石岗街对岸的锦南村。正月二十是一个让人疑惑的日子，一般来说，乡村正月里的民俗活动过了元宵节也就结束了，可是，锦南村却不然，锦南村在这天举行盛大的龙灯庙会。为什么呢？传说男丁被抓去修长城了，迟迟不能回家过年，许多村子都在等着盼着，直到全村家家团圆才开始玩龙灯，于是，一片片村庄便有了不同的喜庆之日，比如，石岗街是在正月十三游板凳龙。虽然，传说当真不得，不过，传说倒是让古朴的民俗变得更为厚重了。

鼓声大约是团圆的欢笑。不待天断黑，锦南村外便传来了咚咚的鼓声。鼓声来自锦河的圩堤下面，来自灯火通明的戏台旁边，来自近年重建的土谷祠里。关于这座庙宇，村人叫法并不一致，有称观音庙的，也有称陈吴庙的。入内才明白，这座庙宇有前后两个神殿，前殿供奉着土谷祠众神的牌位和神像，主祀的是鄱官大王和清源真君，后殿正是观音殿。至于村人如何称之为陈吴庙，可能因为当地陈、吴等姓把土谷祠众神及观音娘娘当作了自己的村坊神吧？

土谷祠前殿的墙上嵌有一块石碑，记载着它的来历。说的是，原先这里没有庙宇，村人平时祈祷和元宵节请神、送神要涉水过河到远处的拿湖庙去敬香求神，虽然河窄水浅，终有不便，于是，便与拿湖庙分神立庙。乾隆皇帝巡游江南时曾路过此地，进庙一看，顿时龙颜大悦，敕命其为"敕建土谷祠"。这座庙宇也就成了此地六保七姓共同信奉的神圣所在。

庙内庙外的对联都是藏头联。什么"土沃千里绿，谷丰万民欢"、"土育壮苗翻绿浪，谷收黄金醉春秋"、"土也者植物悠赖也，谷兮焉黎民本食焉"，如此等等。庙中主祀的鄱官大王和陪祀的土地神当然都与"土谷"有关。在这里，与鄱官大王一道受用着香火的清源真君，既是入水斩蛟的水神，又是生殖崇拜之神，也是百戏艺人崇拜的行业神。

大概正是因为有清源真君和观音娘娘入主，如今的土谷祠对于人们来说，更重要的意义应是求子添丁了。所以，在这个夜晚，我眼前尽是人丁兴旺的景象。

大大小小的男孩，三五成群地来到庙里，他们围着一面大鼓，轮番上阵，比试身手；锣鼓声中，只见一对对年轻夫妻进入后殿，敬香叩拜于观

音神像之前。

悬挂在前殿的两只大灯笼上，也是人头攒动。那灯笼以竹篾为骨架纸糊而成，红红绿绿的，上面画着一组组练武习艺的小人，他们或舞刀弄枪，或踢腿行拳，画笔虽然只作粗粗勾勒，稚拙得很，一个个形象却是姿势生动，憨态可掬。这是一幅百子图，寄寓着多子多福的传统思想，也洋溢着尚武精神；而表现尚武精神的民俗活动乃至装饰艺术，在以耕读为本的江西乡村是比较少见的。绘画中的百子题材倒是源远流长，是民间喜好的吉祥图案，俗传周文王百子，皆聪慧有才识，后人画作《百子图》以象征文王治世祥瑞，民间则以此题材表达麒麟送子、瓜瓞绵绵的祈愿。我断定，灯笼上的百子，无疑是《百子图》的一种摹写。

对人丁兴旺的祈求和感恩，还靠着前殿墙壁摆放了一堆。我发现它们时，很是新奇。像是一只只风筝，又似人形，确切地说，更似妇人微微隆起的肚腹。也是以竹篾为骨架，花纸为底，上面粘贴着三行小人，其间点缀着一些贴花。每行四五个小人并排站立，作拱手作揖状。这些小人的脑袋是面捏的，身体却是纸扎的，作揖的动作通过衣袖的处理显得很是传神，形象也因此富有立体感。经再三打听，才知道这叫捏面架，是添丁户为还愿敬献灵神的供品。捏面架上额分别写着"百子图"、"福寿图"、"状元图"等字样。

随后，我看到的是活生生的百子图。

鼓声越来越热闹了，鞭炮声越来越近了，夜空不时有团团簇簇的烟花绽放，一支支龙灯队伍出现在这个送神之夜。听说，来自附近村庄的龙，共有十一条。它们是陆续抵达土谷祠的，除了提头灯、敲锣打鼓的为成年男子，举着一节节龙灯或一只只牌灯的，尽是小伙子或半大男孩。

龙灯队伍进入土谷祠，经过前殿，从后殿神台背面穿出，回到前殿时稍作停留，由头人焚香叩拜。之后，队伍出门，在庙旁新建的戏台前集结。每支队伍所举的牌灯上面都标明了各自的姓氏和村名，有唐、陈、吴、熊等姓，以唐姓为多。大大的姓氏两侧，还写有"风调雨顺，国泰民安"之类的祝福文字，有一只牌灯上写的却是"自己动手，丰衣足食"，久违了的语言，令人忍俊不禁。

等十余支队伍到齐，游龙灯的活动就开始了。群龙将前往土谷祠众神

（左页图）
扼守水口

庇佑下的每座村庄，依次围着那些村盘绕行一周，然后，再回到出发地表演一番。在等待龙灯回来的时间里，人们可以观看县剧团的文艺演出。听说，锦南段的圩堤下，建有三座戏台，今夜都是灯火通明，不过，另两座戏台上演的是地方戏，吸引的是曾当过公社社员的人们，这里却是为年轻人喜欢的歌舞节目。坪地上、圩堤上挤满了男孩、女孩，许多的脸甚至贴在了戏台的台沿上。密密匝匝的脸，让我联想到捏面架上的那些面捏的小人头。

此夜，家家户户都要在土谷祠门前燃放烟花、鞭炮，仿佛比拼一般，一家赛过一家，那烟花大的如茶几，那鞭炮大的如圆桌桌面。因此，这时的演出，是在隆隆雷鸣中进行的，是在滚滚硝烟中进行的，堪称天底下最勇敢、最忘乎所以的演出。居然有一把二胡也敢登台，长时间地为炮声、鼓声伴奏。也许，二胡知道自己是微弱的，但它必须忠于职守。

我在土谷祠中的那面大鼓边逗留了许久。那种长长的大鼓，我头年在丰城的清溪村见识过，鼓身是用一截樟树主干镂空制成。让我好奇的，是簇拥在鼓声中的壮汉和男孩，是那些跃跃欲试的表情。在这里，没有固定的鼓手和锣手，人人都可以接过家什，敲打一番。有的发着狠劲，一阵乱拳；有的仿佛学徒，鼓声中似有羞涩；有的则是高手了，铿锵的鼓点却蕴有丰富变化，起伏跌宕的，滚滚雷声中依稀有车辚辚、马萧萧。无论技艺如何，鼓声总是庄严的。鼓声和游走于田野上的龙灯，应是向苍天和大地展示人间的百子图吧，以求得风调雨顺的年成？

在我看来，当晚最好的鼓手就是那个叫金义发的中年男子了。可是，他谦虚地声称自己算不上，在这里比他强的鼓手很多。话虽这么说，但看到我翘起的大拇指后，他嘟哝着抱怨了锣手一句，接着，又很投入地抡了起来。

我相信这里遍地鼓手。因为，每一条龙的后面都跟着一副锣鼓，我发现其中有好几面鼓都被擂破了。

这是催春的锣鼓。经历了这个夜晚，土地就会醒来。隆隆鼓声中，一路有腾空而起的烟花伴随的龙灯队伍，回到了土谷祠门前。戏台上的演出停了下来，把时间交给了更为热烈的鞭炮。地上是金蛇狂舞，夜空是火树银花，时间被浓烟呛得停滞了。

最后的龙灯表演却是简单，龙们各自扭摆了一阵，猛然间散去。只有一条龙没有走，它横卧在土谷祠门前的池塘边。

听说，从前在龙灯散去的这一刻，现场乃至周围的世界会出奇地寂静，人不语，犬不吠，流水无声，每个村庄都屏声敛息，静得庄严而神秘。而如今，鼓声依旧，龙灯依旧，神圣的寂静却是不再了。

就连池塘边的那条龙，也得陪着人们通宵达旦地看演出呢。

宜春南庙泽溪姜氏的鄱官会又称"跳魈"，目的也是为了消除虫患，人畜平安。跳魈时，由四个人分别装扮成婆观、大鬼、二鬼和小鬼，身穿彩色法衣，各戴红、黑、白色面具。装扮婆观的人选由姜氏族长确定。农历六月初六，跳魈活动随着鞭炮齐鸣在土主庙里开始，四个青面獠牙的跳魈者在唢呐和锣鼓声中蹦蹦跳跳，来回舞动。之后，离开土主庙，先到社官庙去叩拜社官，并围着社官庙转几圈，烧纸燃烛后，再在屋场周围巡游，最后，到达潭子庙。在潭子庙里，由族长先行敬过财神，村人才可陆

锦南龙灯

续祭拜。仪式结束，也就意味着人们已经战胜鬼魔，可以安享太平了。

在生产力水平低下的条件下，世代以耕作为本的先民，真正是靠天吃饭。这个天，也许是风调雨顺，也许是灾荒饥馑，大自然的暴戾无常愈加反衬出人的渺小和脆弱。无奈小虫的感伤，非常传神地道破了人们无法把握自己生活命运的悲凉心境。怀揣这种心境，创造出形形色色的神灵，藉以寄托自己对五谷丰登、人畜平安的祈望，无疑是抚慰自我、实现心理平衡的最好方式了。所以，形形色色的神灵分工也不甚明晰了，许多神灵都成了万能之神，人们把一切祈愿都委托给了它们。比如，土地神其实也担负着虫神的使命。

宜春乡间的土地神祝词唱赞道——

今岁以来，该保满门，耕种禾苗者，一籽落地，万担归仓。方方下种，处处全收，早禾千担，亚禾万担。山猪野兔，蝗虫蚱蜢，钻心害虫，皆尽驱逐。

今岁以来，该保满门，习读诗书者，聪明智慧，早登科甲，文章盖世，独占鳌头。

今岁以来，该保满门，做起生意者，一钱为本，万钱为利，腰缠万贯，满载而归，脚踏财山。

今岁以来，该保满门，做起手艺者，千家来请，万家来迎，四方请来，四海传名。

今岁以来，该保满门，已娶者，早生贵子，未娶者，媒人说合，早合鸾凤。

今岁以来，该保满门，未布天花者，天花不染，地痘不生。

今岁以来，该保满门，养有牛羊者，朝放山冈，暮归家栏，跳嶂过洞，四足当心，豺狼虎豹，驱逐别方。

今岁以来，该保满门，养有肥猪者，天风吹长，地风吹长，朝长千斤，夜长万两。

在这些文字里，土地神的职能广泛而又非常具体，它既可保佑五谷丰登、六畜兴旺，也可以保佑人丁平安、香火绵延，同时，兼具了魁星、财神、行业神的神能，甚至，还可以充当红娘。由此可见，土地神的神能与人们的生活起居息息相关，它是人们日常生活的保护神。一旦人的生命终结，土地神又扮演着安抚亡灵的角色。

渊源于史前时期的土地和土地神崇拜，反映了先民们对大自然的朴素认识和对生长万物的土地的感恩和祈求，土地在感恩和祈求的心灵中获得了灵魂，神灵由此而生。由原始社祭的形态发展至城隍神及土地神的信仰，是中国基层社会的基本信仰之一。"社"字的本意是"示土"，即祭祀土地，古人称："社者，土地之神，能生五谷。"又说："社者，五土之总神。土地广博不可遍敬，故封土为社而祀之，以报功也。以句龙生时，为后土官，有功于土，死配社而食。"于是，人们把传说中四五千年前的部落首领共工氏之子句龙当作社神供奉，宋元以后，确定二月初二为社日，社日成为古人相当重视的日子。从社祭到土地神崇拜的演变，在江西乡村仍留有鲜明的痕迹，不少地方把土地神称为社神。万载县乡间在农历岁首要洁身净斋三天，择吉日，请道士，齐聚于社令祠焚香点烛，列队虔诚祷祝："社公社母，保佑今年全村人清泰，四季平安，五谷丰登，六畜兴旺。"有的地方则流行过"社火节"。

作为地方守护神，土地神尽管地位不高，却是民间供奉最普遍、知名度最高的神祇之一。在江西乡间，社祠或土地庙几乎遍布每个村庄。也许正是因为土地神在诸神中级别最低，土地庙一般都是小巧玲珑的，高的一般也只有二三尺，有的村庄干脆将瓦缸处理后倒覆于地上，将土地神牌位供奉于内，或用三片石头作墙、一片作顶，我所见到的最甚者，是拿一棵古樟根蔸处耸起的几个疙瘩，权充土地神的祠宇了。看来，土地神也是最没有架子、最亲切随和的一位神祇。于是，浮梁县严台村水口处的土地庙里，便有一联赞道："公公十分公道，婆婆一片婆心。"

土地崇拜演变为土地神崇拜的过程，实际上也是自然崇拜走向人格化的过程，一些真实人物充当了这一角色，被人们称为"土地公公"，但是因为各地有无数的土地神，所以真正有姓名的并不多。通常土地神是以一对老年夫妻的形象出现的，称为"土地公公"、"土地婆婆"。庙中的土地神多为泥塑或石刻的，有的庙中没有塑像，只是象征性地摆上一块砖头，或写上"土地"字样。许多别的神庙里，常常并祀土地公公的神

像，不过，那位身着长袍、头戴乌帽、慈眉善目、银须飘飘的白发老翁，一般端坐在神龛之下或旁边。有些宗祠乃至民居的厅堂里，也供奉土地神，但在那里土地神的形象只是几个字而已。广昌驿前有座豪宅因门槛、墙体、地面、柱子均为石材，故称"石屋"，其厅堂上方石神龛分为两层，上层为"天地君亲师"及祖先、福德神的牌位，下层祀奉"招财童子、土地龙神"。

农谚云："二月二，龙抬头，大仓满，小仓流。"人们崇拜龙，是相信它有通天的神性、管雨水的神能、给人带来祥瑞的神力，于是便有了二月二引龙、扶龙的风俗。鄱阳人自元代起，就把这个日子作为土地神诞辰，称为"社日"。旧时，大小官庙都有社公或土地公公的祭祠，官府谒祭，吏胥奉香花，以三牲和鼓乐酬祭。农人则备下壶浆祝神，俗称祭田公田婆。清人有诗描述了鄱阳社日的情景："雷声起势雨声浓，布谷催人快力农。桑柘林中群赛社，频闹社鼓响咚咚。"

旧时萍乡的土地庙内，在土地公旁边贴有一张形象似虎爷的画像，称之为虎爷，它是土地神的部下，对土地神非常尊重，很听使唤，是个好助手，守庙、消灾、驱魔样样都行。人们相信，当瘟疫流行时，尤其是小孩生病时，只要用钱纸抚摸虎爷下颚，病就能好。如今，只有在傩神庙中才能看到虎爷的面具了。

萍乡乡村春节期间祭祀土地神的情景甚为动人。那时，各村从头天至第二天黄昏，锣鼓喧天，鞭炮阵阵，以一个人装上胡须，反穿马褂，左手持杖，右手执扇，摇头摆尾地唱赞"土地神，土地神，土地原是天上人"，唱赞之后，用酒肉祭祀。

——这是人们酬报大地恩惠的谢忱；

——这是人们期盼来年丰收的祝福。

先民对小虫都无可奈何，何况变幻莫测的天气乎？风雨、雷电、洪水、干旱等自然现象，更是让他们感到神秘而困惑，便将自然物和自然力都当作存在于冥冥之中的有生命力、有意志力的对象。于是，在民间信仰中，有了专司催雨和惩办恶人的雷神，一些村庄建有雷神庙，过去如遇久旱不雨的气候，善男信女要前往焚香跪拜，乞求降雨；有了能够兴云布雨的龙王，人们认为刮风下雨受龙王所支配，年景是风调雨顺还是干旱水涝，在于龙王的兴趣和情绪，于是，人们总是满怀虔敬举行各种祭拜活动。

会昌的翠竹祠庙会，缘起于王阳明为民祈雨的佳话。明正德十二年（1517年），时任钦差巡抚南赣汀漳等处、都察院左佥都御史的王阳明，在指挥闽粤赣三省八府一州官兵镇压了漳南一带农民起义之后，班师上杭。五月，王阳明从上杭移师大本营赣州，途经会昌。其时，遇天大旱，数月未雨，沿途所见，田禾干枯，百姓忧心如焚，民不聊生。作为钦差和巡抚的王阳明心中甚为担忧。抵达会昌那日恰逢农历五月十五日，只见会昌城乡士民纷纷前往城西郊的一座祠庙祈雨，情景十分热闹。王阳明好生奇怪，便向会昌知县询问。知县如实告诉巡抚大人：那座祠庙建于成化年间，敬奉的是"赖公侯王"，它能佑一方平安，因而为会昌一带士民所顶礼膜拜。

关于这位"赖公侯王"的来历，有一段民间传说：明成化年间，富尾村住着一个叫金垒的村民，以在贡江上捕鱼为业。有一年夏天，几场暴雨过后，贡江洪水暴涨，而夏夜正是捕鱼的好时候，老金像往日一样在河岸边的柳树下张网捕鱼，不一会，便觉得有鱼撞网，收起一看，却是一段木

头，老金即用力将其丢往下游急流中。谁知三番五次起网，捞起的还是那段木头。老金心中诧异，拿起木头仔细辨认，其形状似人形粗坯，沉甸甸的，且透出一股香气。他感觉蹊跷，便收拾渔具将那段奇怪的木头扛回家。当晚，老金梦见一神人对他说："我本姓赖，楚人，生于晋代，因修炼老子之道多年，在祁山得道成神。你只要将这段香木按我的相貌雕成神像，可保一方平安。"于是，老金经与村人商议后，请来能工巧匠雕刻赖公神像以祀奉。如此奇闻被当时的会昌梁知县得悉，他认为这是全县士民的大喜事，立即牵头在富尾村捐建赖公庙。此举得到士民的积极响应，一座气势恢宏的祠庙很快在县城西郊的贡江东岸落成，因祠庙周边长着一簇簇青翠碧绿的凤尾竹，人们便称它为"翠竹祠"。此后，人们早晚奉祀，香火不断。

王阳明饱读经书，对民间信奉的土神知之甚多，并不惊奇。何况眼下地方久旱，灾情明显，何不顺其民意前往翠竹祠祈雨？有灵则利于百姓，不灵也无碍，至少可以抚慰百姓。于是，他择定吉日良辰，斋戒沐浴，备具香帛牲礼，亲率诸将官及会昌乡绅前往翠竹祠。进入祠中正殿，王阳明率众将官带头叩首跪于赖公像前，三礼过后，由司礼宣读他亲自撰写的祭雨文，文曰——

维正德十二年，岁在丁丑五月乙卯，钦差巡抚南赣汀漳等处、都察院左佥都御史王守仁，昭告会昌受封赖公之神，为会昌民田稼禾旱枯，祷告灵神，普降时雨。词曰：呜呼，十日不雨兮，田且无禾，经月不雨兮，川且无波。经月不雨兮，民已大病。再月不雨兮，民且奈何！小民无罪兮，天无咎民。巡抚失职兮，罪在予身。呜呼！民则何罪兮，天无迁怒，勃然兴云兮，雨兹下土。彼罪曷逋兮，哀此穷苦……

王阳明何等人物？他传承理学思想，创立心学理论，满腹经纶，一番祭雨文，词意恳挚，一片拳拳之心，令在场的人莫不为之感动拭泪。翌日，王阳明率大队人马离开会昌前往赣州，途中忽然天下大雨，且连下数日，会昌一带旱情俱解。到达赣州后，王阳明欣然亲笔题写了"功泽弘庇"四个大字，并遣会昌知县亲往翠竹祠代谢。后来，会昌人便将王阳明题赠做成巨幅镏金匾额，悬挂于翠竹祠内正殿之中。为纪念王阳明祈雨之功，会昌人遂于每年的七夕之际举办庙会，以示纪念。

　　庙会期一般三天，逛庙会成为会昌沿袭数百年且经久不衰的民间习俗。从七月初五日起，逛庙会的人们便川流不息，络绎不绝，场面甚为隆重，周边各县及福建武平、广东梅县等地的客家百姓，也都闻讯赶来。七月初六日举行迎神出游活动，人们高擎万民伞、功德幡和各色彩旗，组成一支浩浩荡荡的队伍，从县城南门出发，一路吹吹打打。观众人山人海，沿途店铺纷纷烧香鸣炮，迎神队伍所到之处震天动地，硝烟弥漫。与此同时，城镇乡村皆演剧恭祝。这番热闹，一直要延续到次日黄昏落日。

清溪梅烛龙

　　丰城清溪村的梅烛龙也是一种独特的酬神活动。我走进正月的清溪村时，正好有一支鼓乐队正从村中宗祠门前匆匆走过，绕着祠前的池塘循环往复。乐队由八人组成，前面是鸣锣开道，中间是一面两人抬的大鼓。那神鼓以长出奇，鼓身怕有两米长吧，要知道，它在重新蒙鼓面时还被人锯短了一截，否则，更加了得。鼓面一面蒙以水牛皮，一面用的是黄牛皮，因此，鼓声也就有了不同的音色，鼓的内里贴着鼓面还置有铜锣，显然，这是为了让鼓声更加响亮。清溪村地处丰城与高安、新建三县交界处，我在新建锦南村土谷祠中看到的正是这种大鼓，鼓身是用樟树主干镂空制成的。

　　巡鼓大约是为了营造气氛。此时不过才下午三点半，为了这个夜晚而陆续赶来的人们，就开始聚集在鼓声里，聚集在祠堂门前。李氏宗祠内有联称："廉明理吏商朝利贞始祖避难立李氏，贤德庄主宋代文英太公创业建清溪。"言辞之间，大致透露出清溪李氏的血脉渊源。宗祠大门两侧，贴着好几张用红纸写的告示，包括注意事项、人员分工、程序安排等，落款均为"清溪李佑启堂"。可见，清溪梅烛龙是一种宗族活动。不过，那些告示为这一活动冠上了新名词，叫作"梅烛游园活动"，而在标语和宣传资料上则称"清溪梅烛节"。

游园，一个多么诗意的命名，一个多么浪漫的夜晚！如果把村庄视作一座园林的话，那么，今夜它的游客只有那条梅烛龙而已。所有的人，都是它身上的片片鳞甲，所有的鞭炮、焰火，都是它激起的团团浪花。

相传，梅烛龙起源于唐代贞观盛世。有一年，玉皇大帝规定这一带准降三分雨量，有七分旱灾，因此，田禾枯焦，有种无收。这时，露龙为了拯救苍生，每天早晨偷洒甘露，保住了丰收年成。玉皇大帝知道后，勃然大怒，判露龙斩刑，命文曲星当朝丞相魏征为监斩官。露龙托梦于当朝天子李世民求情，唐天子答应施计刀下留情。监斩那天，李世民召魏征到金銮殿下棋。正月十三日午时三刻，魏征心神不宁举棋不定，晕晕乎乎睡着了。李世民暗喜，以为可以拖过监斩时刻，见魏征头冒大汗，还给他扇了三扇。谁知，这三扇皇风，反而助了监斩官一臂神力，露龙的头因此落地。唐天子好心却办了坏事。

百姓感激露龙的恩泽，每逢正月十三，便照露龙的形状扎成梅烛龙，抬着它举行游村活动。为了瞻仰露龙的风采，我特意去村外一户人家找到了那盛装待发的龙头。龙头以竹篾为骨架，固定在一块桥板上，饰以五彩缤纷的扎花、贴花和令旗，其上还有一个背插钓竿钓着灯笼而手握金箍棒的纸扎小人儿，想来就是村人说的孙悟空了，可能寓意驱邪纳吉。花花绿绿的纸片纸条中，遍布着照明机关，为龙点睛的，正是一对大灯泡。

龙头将以每户人家的祈愿为身体。听说，在这一天，全村的户主要斋戒沐浴，每户出一块桥板灯，出发前必须漱口洗手洗脸，举行试烛发烛仪式，而后鸣爆扛板出门，在宗祠门前斗村。这样，一条全龙就降临了。

第二次巡鼓的时候，忽然来了一大批摄影家，他们来自网上，带来了天南海北的相机。比他们来得更早的是城里的剧团。村中一座破旧的老戏台，正忙着布置灯光音响。场地上却是一片泥泞。

催春的鼓

于是，我想到了天气。然而，一位当过村干部的老人自豪地说，自1979 年恢复梅烛龙活动以来，其间有九年的此日碰到雨天。雨天也得出灯呀。家家户户都准备好了雨具，可是，当活动开始时，雨竟停了。而活动一结束，马上又下雨了。偶尔如此是巧合，九次这般就是神奇了。老人惊叹不已。

大凡有民俗活动的村庄，都有类似的传说。它为人们膜拜天地、信仰神灵，提供了巨大的精神动力；同时，它也真切地传达出人们祈望天地契合、神人感应的心情。

天色渐暮，我随着那面大鼓出了村庄。鼓队由两个鼓手、一个锣手及其他人等组成，其中有个小伙子挑着担子，一头是火盆，一头是柴篮。他们在村边的一处坪地上停下来，插上一炷红烛，面朝田野，面朝东方，擂鼓击锣。那儿是司王坛旧址，他们还要前往不远处的牛王庙。我想，这应该是参神的仪式，敬请各方的神圣来陪同梅烛龙游园吧？

不过，年轻的鼓手们并不知其所以然。问起来，都一脸茫然，就连村中的老人也讲不清楚。看来，依然活跃于乡间的传统民俗活动，在其传承

过程中，已经不知不觉地丢失了许多东西，而逐渐演变为一种更为强调观赏性、娱乐性的民间游戏。这一演变，反映了在社会生活剧烈变化的大背景下，乡村民俗活动发展的大趋势，据此，我以为，我们大可不必对这类民俗活动是否"封建迷信"存有警戒之心，倒是应该鼓励它们保持原汁原味。那"汁"，是传统文化之汁，那"味"，是来自泥土的气息。清溪赋予梅烛龙以"游园"美称，便是一个耐人寻味的例子。

　　能够充分体现宗族活动特点的程序，就是在宗祠门前进行的斗板了。不待天黑，就已经有一些桥板灯陆续汇聚在一起。所谓桥板灯，就是在比条凳更长更宽的木板上安装三只花瓶状的灯笼，那灯笼骨架用细竹篾编织而成，裱以棉纸，内置一根蜡烛。一旦点燃，晶莹剔透的灯笼，仿佛饰有点点梅朵。不知梅烛龙是否因此得名。每块桥板灯的两端凿有插孔，只需楔入木棍，就可与前后的桥板灯连接，而且，也便于自如拐弯。

　　斗板即为连接成龙，斗板是有讲究的。全村五房十支，以支派排行为序，各个家庭则以长幼为序。先是各家集合在一起，然后按房派排列整齐，最后各个分支依次串联，形成一条灯火长龙。此夜，究竟有多少块桥板灯谁也说不清楚，有说三百多的，也有说多达六百块的。不管怎样，在熙熙攘攘的宗祠前，每个人要准确找到自己该处的位置真不容易。

　　在一阵阵鞭炮声中，一团团烟雾里，一家家紧紧咬合，一房房牢牢连接，一支支亲密牵手。平凡生活中可能存在的一切芥蒂，在此时此刻都化为乌有，秩序让一个个家族和整个宗族携起手来，凝聚在一起，团结成一支队伍。我注意到，斗板之后，每个人都紧紧地把持着楔入插孔的木棍。那是情感的纽带，也是前进的舵盘。不是吗?

　　所有的灯笼、所有的眼睛，都在翘盼着龙头的出现。待到龙头与龙身一一相接，气脉相通，这梅烛龙就复活了，就能够腾云驾雾、排山倒海了。让我意外的是，此时，宗祠里面却是冷清。也许，祖先的神灵早已应邀来到人群之中，正和其子孙一道观赏或者翘首等待?

　　龙头的出现果然气势不凡。它被由远而近的鞭炮声簇拥着，被冲天而起的焰火迎迓着。它吞吐着夜色，在火光中逡巡，在欢声中遨游。巧妙装置在龙头上的大大小小的灯，把它勾勒得轮廓分明却又隐隐约约，威风凛凛却又神秘莫测。也许，正因为如此，这龙头才更有生气和神气。

（左页图）

寒夜里的点点梅朵

龙头前面是四盏朝灯引路，龙头的两旁有两人手持钢叉侍卫，还有花炮手和鼓乐手相伴。到得宗祠门前，龙头并不停歇，依然步履匆匆，于是，聚集在这里的桥板灯就要在运动中完成与龙头的连接了。让人惊讶的是，作多路纵队排列的各房支桥板灯，竟在这十分拥挤的场地上，凭着之字形的队列调度，非常自如地拼接起来。就像一条蜷曲成团的巨龙，猛然舒展身体，腾空跃起，呼啸而去。

梅烛龙游向村外。游向黑暗的远处，譬如田野和水圳；游向灯火的前方，譬如邻近的村庄；游向神灵的居所，譬如大庙、真君殿、萧仙宫等一处处殿宇庙坛。在那些地方，早已是灯烛高照。疾行的龙让我等追撵不上，只好回到村中等候了。听说，此夜，它将三次在宗祠前经过，来回都得环绕池塘一圈，再另路出村。路线是规定的，所以，问起来，人人都可做我们的向导。

梅烛龙出巡去了，村中暂时安静下来。硝烟散尽，宗祠前的四盏红灯笼投映在池塘中，仿佛洗涤着自己。我们守候着梅烛龙回村，村人却悄悄

灵神何必金身

地做好了迎接的准备。

又是鞭炮大作。又是焰火蹿空。回村的梅烛龙依然是一路疾行，穿村而去。留下漫空的火树银花，带走遍地的祈祷祝福。这一去，时间就长了。

梅烛龙无疑表达着风调雨顺、人丁兴旺的祈愿，而将这些祈愿紧紧联系在一起的，却是强烈的宗族意识。但是，没想到，这一宗族活动竟始终有此地的义门十八陈参与。我从村人提供的介绍材料中得知，从前，进大庙上香敬神之后，李氏梅烛龙会迎来邻近义门十八陈的四十八条龙灯，群龙相会在共同的心愿中；当梅烛龙沿古道出村逶迤而去、一路经过庙坛殿宇时，又可遇义门十八陈主事者恭候途中，齐声赞颂恭喜发财。

江州义门陈，曾以累世义聚不分家、"萃居三千口人间第一，合爨四百年天下无双"的奇迹，创造了聚族而居最极端的例子，被宋代统治阶级用旌表"义门"的方式树为社会的样板。此地十八陈源自江州义门，隍城李氏口口声声称之为"义门陈"，言辞之间，充满敬意。我想，这不是一般的睦邻友好关系所能解释的，他们大概以与义门十八陈结邻为荣吧？

这番尊崇，这番向往，恰好从另一个侧面证明，梅烛龙这一民俗活动形式，始终寄寓着凝聚族人、和睦相亲的拳拳之心。

披着沉沉夜色回来的梅烛龙，再次穿村而过。那些焰火、那些鞭炮意犹未尽，那些大步流星的桥板灯却是有些累了。大概是为了给它们鼓劲吧，这时村中鞭炮声此起彼伏，一刻不曾停歇。

我紧随着队伍。我想看看经过近三小时的游灯后，这条灯火长龙将去往何方。听说，待到龙头接近村边的社公庙，闻得一声号炮，人们便会迅速拆开桥板灯，各自争相竞跑。其中的说法是，先跑回家的先发财，后到家的财神催。此时，家家户户燃放鞭炮迎接，压阵的鼓手把那面神鼓擂得震天响。然后，全村开斋大宴宾客，吃个酒醉饭饱，就该去看戏了。

眼看龙头已抵达我傍晚时曾到过的司王坛旧址，我听得有人从后面一路追上前去，要求人们听号炮再拆板。可是，他这一督促却起了反作用，龙尾巴上有人擅自拆板了。呼啦啦，像传染似的，从尾巴开始，队伍一截截解散了。一时间，人散灯乱，乱中听鼓，鼓声也乱。这会儿，龙头还没有到达规定地点呢。

人们都想首先富起来吧。但是，且慢，扛着桥板灯的人们紧跑一阵，又放慢了脚步，显得不急不慌的。也是，何必着急呢，即使晚回家又如何，让财神催着岂不更得意？

对龙神的崇拜渗透于稻作习俗中。昔时的吉水乡间，在立春之际要举行禳神活动，各个村庄纷纷设坛请神，即把画有龙船的图腾从江边或溪畔迎来，供奉于祠堂门口。因为"龙"与"农"谐音，这龙船指的就是后稷神农了。人们供上猪牛羊三牲，在爆竹声中闹龙船，其时，要准备好米斋十二块，分别写上表示各个月份的字样，急火猛蒸，按月份斋上蓄汽水的多少，预兆各月的水量，这叫"蒸斋求雨"。其间穿插打龙灯、耍狮灯、闹花灯和菩萨出行的"朝春拜"等活动。之后，全村男丁先喝酒再送神，送神时每户扎好与土地丘数相等的火把，借族长举起的神火，点燃各自的火把，传到各自的田地。一时间，田野上浓烟滚滚，火焰熊熊。

——苍天年年都会被人们渴望风调雨顺的真诚所感动吗，就像为王阳明而"勃然兴云"、"雨兹下土"那样？

福主崇拜不仅重视对基本人格的教化意义，还把蟾宫杏园折射到耕读渔樵的生活中来了。

为了教化百姓

10 ›››

像王阳明那样尊重民俗、顺从民意的官吏大有人在。比如，有个叫刘丙的，清嘉庆年间前后在浮梁担任知县十年。他的"廉明仁恕"，也表现为尊重老百姓的信仰。如遇大旱，他和农人一起跋山涉水，徒步往返数十里到龙池求雨，和求雨的百姓"齐宿坛下"。除此之外，他将"庙宇载祀典者悉整葺"，还亲自为参加府试、乡试的生员送行，并每天到魁星阁行香燃灯祝福祷告，直至揭榜为止。

南城县的麻姑山，山并不高，千百年来，却因民间的麻姑信仰风俗广泛流播而名扬天下。麻姑是道教中的女仙之一。早在魏晋南北朝时期，道教典籍中就载录有麻姑事迹，东晋葛洪的《神仙传》《抱朴子》以及《云笈七签》，清代《南城县志》《麻姑山志》等史料均有关于麻姑的记载。唐玄宗开元年间，麻姑山因本山道士邓紫阳奏立麻姑庙而得山名，这座麻姑庙也在道教中开创了单独祀奉麻姑的先例。《云笈七签》称"三十六洞天、七十二福地在诸名山之中，麻姑山为第二十八洞天、第十福地"，麻姑山兼有洞天福地，十分难得。唐大历六年（771年），大书法家、抚州刺史颜真卿再次登麻姑山游览仙坛，挥笔写下了记述麻姑仙女和仙人王方平相会的神话故事，及奏立麻姑庙经过的楷书字碑《有唐抚州南城县麻姑山仙坛记》，云："按《图经》，南城县有麻姑山，顶有古坛，相传云麻姑于此得道。"自唐以来，麻姑山在历朝历代都建有庙坛，祭拜香火之盛，典籍中多有记载。

麻姑同时又是一位妇孺皆知的神话人物。传说中，勤劳美丽的麻姑原是南城人，后与其嫂至山中，于大松树下掘得婴儿状茯苓，姑饮其汁殆尽，食后飞升；或称，麻姑入山拾薪，姑晏坐林间，众鸟衔薪而至，为其弟所知，姑知神异已泄，遂弃家仙去。麻姑得道升天、成为仙女后，得太上老君授予的禳除灾厄之法，本事惊人，曾三次历经沧海桑田，且每年显灵，掷米成丹以救黎民疾苦，为百姓除病消灾、频赐丰年。其亲见"东海三为桑田"和"海中行复扬尘也"，成语"沧海桑田"、"东海扬尘"便是典出麻姑传说。既然麻姑能三次经历沧桑之变，那么，她就是长生不老的仙人了。相传，农历初三是神仙西王母的寿辰，麻姑在降珠河畔用灵芝酿成仙酒，带到蟠桃会上，献给西王母。在民间，麻姑成为健康长寿的象征，是中国神话中的女寿仙。在明代即有画家作《麻姑献寿图》以为祝寿

羊角水堡城隍庙

的礼品，"麻姑献寿"的故事在我国更是广为流传，并深刻影响了人民的生活，在许多地方，都有祝寿时由妇女送麻姑献寿图、春节贴麻姑年画的习俗，民间绘画和工艺品中也多有麻姑画像。从前的建昌府及其邻近地区的普通百姓，每天都有不少人怀着祈福、祈寿、祈子、消灾、避祸等心愿，前往麻姑仙坛朝拜。每逢节日，更是摩肩接踵、络绎不绝，正所谓"日上千人朝拜，夜里万盏明灯"是也。

影响深远而广泛的麻姑信仰，反映了老百姓共同的精神诉求，为世世代代的人们提供了莫大的心灵慰藉，利用这一信仰、发挥它对百姓的教化作用，无疑也是统治者治政安民的一剂良方。所以，在明清时代，每年七月初七，这个传说中的麻姑与王方平"七夕会宴"的纪念日，建昌府的府县官吏及其僚属都要携带供品上山，在郡守的主持下因时致祭，形成一种定制；若逢水旱灾异、兵变民乱，府县官吏则要沐浴斋戒，在仙坛举行祈祷仪式，祈求神灵感应，风调雨顺，保佑一方平安。

历代统治者均视政权为神授，受命于天，所以，他们都以天子自居，

石城城隍庙

视王权高于神权。尽管如此，他们仍然一方面与宗教保持一定距离，对各宗教采取兼容并蓄的政策，另一方面又要利用宗教的教化作用，来维护自己的统治。

在乡村所崇拜的形形色色的福主中，有许多凡人正是被统治者敕封为神，还有许多凡人则是因为得到统治者的表彰而被百姓奉为神明。然而，那些凡人一定有着不凡的事迹、不凡的人生，他们的非凡处就是教化人心的意义所在。所以，村庄所崇祀的偶像之林，不乏明相清官、英雄义士、智者先贤、良医巧匠、孝子烈女等等，即便那些来自神话传说、戏曲故事的形象，来自佛教、道教中的菩萨、神仙，它们一定也呼应着人们的道德理想，有时它们的神能更确切地说不过是某种人格力量。

我以为，福主崇拜尤为重视人成为神的教化作用，因为那些神灵原本来自生活的土壤，来自芸芸众生之间，它们体现了人们惩恶扬善的共同心理诉求，或者是人民优良伦理道德观念的化身，它们从民间的虔诚笃信中获得神能，因而，对于老百姓来说，它们是可以心心相印的、亲切的神灵。

乐平的泪滩村，因一个人神同悲的孝女故事而得名。故事的女主人公叫饶娥，生活在唐代。饶娥自幼丧母，与父饶绩相依为命，她十岁时就会做饭、洗衣、织布，勤俭孝顺。其父以耕种为生，兼操捕鱼。饶娥十四岁时，在江上捕鱼的父亲因船覆落水，沉入江中，下落不明。饶娥连续三天在江边奔走哭号，苦苦寻找，水食不进，痛不欲生。到了第四天，饶绩尸首浮出江面，乡邻认为这是饶娥的孝行感化天神使然，莫不惊叹神奇。更让人们震撼的是，饶娥决意随父而去，绝食而终。鄱阳县珠湖一带的传说则称，饶娥驾小舟在水上寻找父亲，三日不得，最后投入水中，第二天，与父尸同时浮出水面，其时"鄱旁小民，悲憾哀号，以为神奇。县人乡人，会钱具仪，葬娥鄱水，西横道上。追思不足，相与作石，以贻后世"。后人为了纪念这位孝女，于唐大历年间为其塑像立祠，始称孝娥庙，俗称饶娥祠。该祠历一千二百余年，曾几经兴废。原祠长为十丈，宽为三丈，祠内设有饶娥神位、神钟、香炉等，现祠仅存三丈见方的前半截。

饶娥哭父的故事不仅震撼民间，也惊动了官府和朝廷。当时的饶州刺史李吉甫认为这是一个倡导风化的好时机，就把此事上奏朝廷，唐德宗钦准由官府拨银修建饶娥庙于鄱水之滨，钦赐"天下至孝"匾牌，并命时任礼部员外郎的柳宗元撰写碑文，彰扬饶娥孝行，使之流芳百世。其碑文记载："饶娥，饶人，饶姓，饶名，世渔鄱水……娥父醉鱼，风卒起，不能舟，遂以溺死，求尸不得。娥闻父死，走哭水上，三日不食，耳鼻流血，气尽伏死。"到了宋代，范仲淹出任饶州知府，写下了《题饶娥庙》七绝一首——

有唐孝女号饶娥，哭得亡亲上碧波；
古渡清风明月夜，令人不忍听渔歌。

公元 1274 年，时任右丞相的马廷鸾曾亲赴饶州饶娥庙主持岁祭大典。既是政治家又是文学家的马廷鸾亲写祭文，道："日吉兮辰良，芳菲菲兮满堂。蕙肴丞兮兰籍，奠桂酒兮椒浆……我生之初尚无为，我生之后唐世衰。有父溺死兮谁者怜之，呼天与地兮涕涟濡。至险不测涛与风，至幽不仁鱼与龙，至孝不昧感既通……愚公老矣山为平，精卫藐然海为倾。枕吾戈兮缚尔缨，猛志毅兮妖氛澄。昊天克巩兮靡人弗胜，涌娥之烈兮摇我心旌。"在这篇《饶娥庙祀神歌》中，爱国名臣马廷鸾既倾情推崇饶娥的至烈至孝，文中又流露出对南宋风雨飘摇的淡淡忧愁，文中结尾更有一股超

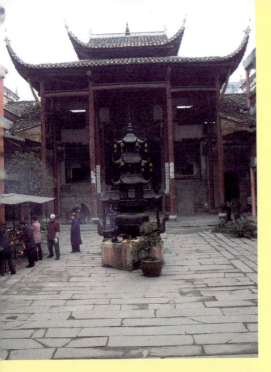

然正气，表达自己为国为民不畏艰难、鞠躬尽瘁的凛然决心。马廷鸾一生著述颇丰，然而，这篇作品却因倾注了他全部的人生情感，而成为他的代表作，被誉为"宋之离骚"。

唐宋八大家之一的柳宗元，在为饶娥所撰写的碑文中，把饶娥与浙江上虞的曹娥一并列入中国古代十二烈女，称："齐女色忧，伤愧罢流。赵姬完父，操棹爰讴。肉刑不施，汉美淳于。烈烈孝娥，水死上虞。娥之至德，实与为俦。"其中，"水死上虞"的"烈烈孝娥"指的是浙江上虞百官镇的曹娥。相传汉安二年（143年）农历五月初五，曹娥父驾船在舜江中迎潮神伍君，"为水所淹，不得其尸，娥年十四，沿江号哭，昼夜不绝声，旬有七日，赴水而死"。八年后，上虞县令度尚为彰风化，为孝女曹娥造墓建庙，并立石碑。六百六十年后，在离上虞千里之外的饶州鄱水之滨，饶娥仿佛曹娥再世，她们的事迹何其相似乃尔。难怪，南宋理宗皇帝同时加封曹娥为纯懿夫人、饶娥为德懿夫人。

古往今来，为饶娥建庙、立祠、树碑、撰传、题咏者代不乏人，民间则把饶娥哭父的河滩叫作"泪滩"，河边的小村至今还叫"泪滩村"。据说，从前这一带但凡有渔村的地方都建有纪念饶娥的小庙，若果真如是，我们何不把饶娥视为"鄱湖女神"呢？

孝女饶娥的确在民间传说中获得了神能。当地还有一则传说便称，明代时举人董旻进京赶考，夜泊在饶娥哭父的那条河边。第二天凌晨，朦胧中见山上茅舍前有一长发少女在梳头，待天大亮后，他寻遍山前山后，也没找到什么茅舍。大惑之时，遇到一位上山砍柴的老人，老人回答他说"怕是饶娥现身吧"。于是，董旻登船后对山跪拜，许愿道："此番若是金榜题名，必为孝女建庙，永享香火。"后来，他果然高中进士，还曾代表朝廷出使琉球。衣锦还乡后，董旻果然出资在那座小山上建造了饶娥庙。

这样的传说，进一步美化了孝女的形象，更重要的是，它把人们的钦仰之情升华为一种崇拜，从而，使这位孝女超越了她本身的道德形象，成为人们心目中的灵神。

没想到，劝人向善而自己面目狰狞的城隍神一旦沦落乡村，也会变得平易亲切起来。

由原始社祭的形态发展至城隍神及土地神的信仰，是中国基层社会的基本信仰之一。如果说，土地神仿佛遍及各地的村官，那么，城隍神就是坐在衙门里的地方官了，不过，它受玉皇大帝派遣来到凡间，分管着阴阳两界。

古代的城市都建有护城的壕沟，壕内有水称池，无水则称隍，故谓"城隍"，后来就成了城市保护神的官称。城隍神虽与土地神源出一脉，其地位却比土地神高多了，好比都、府、州、县的官员，那些地方官官封几品，当地城隍也能获得相应的品级。明太祖朱元璋对城隍庙的作用非常重视，他除了给城隍六个封爵外，还把府城隍封为公、州城隍封为侯、县城隍封为伯。而且，城隍庙按各级衙门的规模建造，使得各地政府有了阴阳两个衙门。后来，又命令各级地方官员赴任时都要拜谒城隍，向城隍神宣誓就职。地方官遇到棘手的案子，也常常求助于城隍老爷。《清会典·工部》规定，府、厅、州、县城皆设社稷、风云雷电山川坛、先农坛、文庙、关帝庙、城隍庙等，在衙门内设衙神庙、狱神庙、马王庙和能保佑印信不致被盗的大仙庙等。如此这般，无非是企望借助民间信仰来强化地方官的地位和行政权力。朱元璋的诏书，便道破了他利用民间信仰来震慑人心、巩固皇权的心机："朕立城隍神，使人知畏，人有所畏则不敢妄为。"

古代地方官和皇帝一样都信奉神灵，以此作为自己的精神支柱，除按规定在各地建造与衙门相应的庙宇外，每逢清明节以及七月十五中元节，还要带领当地官民举行隆重仪式，祭祀城隍神以祈风调雨顺、五谷丰登、逢凶化吉。由于城隍得到民间的普遍信奉，道教也千方百计把城隍庙纳入自己的神仙体系，把它当作剪除邪恶、护国安邦、旱时降雨、涝时放晴、管理一方的水神。

浮梁城隍庙始建于唐，历代多次重修重建，元时为州城隍庙，有记载称——

> 浮梁州城隍庙在州治之左，岿然特峙，西山环揖，双溪回抱，俯视阛阓若几席，距州治三十步，仅隔一垣，公堂之频笑，吏舍之喧寂，讼辩之枉直，狱系之淹留神视听在焉。国有诏命，长吏致祝必先诣庙下，境有水旱疾疠必祷焉。

可能因为城隍神是阴间之神吧，城隍庙里总是阴森可怖的，充满了肃杀气氛。这种气氛也弥漫在城隍庙的楹联里。那里的楹联是明白晓畅的，也是声色俱厉的，是坦诚相告的，也是触目惊心的，断然没有一般祠庙楹联的温文尔雅。不妨以浮梁城隍庙楹联为例，看看它们是怎的严词教训世人。城隍神像一侧放着一把硕大的算盘，此处对联云："你的算计非凡得一步进一步谁知满盘都是空，我却诸事糊涂有多少记多少从来结账总无差。"其冥王殿有联道："地狱即在眼前莫到犯了罪时方才醒悟，明镜高悬台上只要过得意去也肯慈悲。"自成院落的城隍庙寝殿，东厢房为知县斋宿堂，知县上任前拜谒孔子和城隍神，须在此沐浴斋住一宿，以"聆听神教，端正为官之德"，此处门联俨然神的口吻："站着你背地做些什么好大胆还来瞒我，想下我这里轻饶那个快回头莫去害人。"

传说某位知县为不肯招供的强盗勃然动怒，喝道："当时你头上的青天看得一清二楚！"随即扬起右手一指。那强盗顺着他的指向，只见站在那里的是个凶神恶煞的领班，强盗误把领班当"青天"，只好招了："因见黄金白银眼红，便甜言蜜语把人哄到桥上，心黑手辣地把人杀了。以为有钱可以上天堂，谁知被这位青天看见，掉进了酸泪咸血的苦海。"事后，这位知县巧用五味五色撰得一联，却道是："泪酸血咸悔不该手辣口甜只道世间无苦海，金黄银白但见了眼红心黑哪知头上有青天。"善恶、忠奸、

报应等等词汇，正是城隍庙楹联的主题词。宁都田头镇城隍庙的楹联——"城市乡村极恶巨奸难逃油锅刀山，隍镇山庄慈善广布易脱苦海血河"，差不多能叫人不寒而栗了。

江西县城尚存的最大的城隍庙，大概是万载城隍庙。此庙又名万佛寺，始建于明洪武三年（1370年），位于万载县城中心，坐北朝南，占地三千平方米。清康熙十七年（1678年），万载有史以来最年少、十六岁的知县常维桢赴任到此，曾明誓于城隍神，曰："某只饮万载水，不要一文钱，违则殛之。"果然，神人同鉴，他"在位七年，清白如一"。

此庙建筑古朴典雅，五进大殿，青墙灰瓦，雕梁画栋，高大宏伟，气宇轩昂。内有方形石柱和木柱二十对，配以鼓形基座，柱正面有名人书刻楹联十数副。总体布局充分体现了明代建筑风格，左右对称，厢廊和谐，前门有雕花彩绘牌楼高耸正中，两侧为钟鼓楼。第二殿四周有玉雕栏杆围绕，正中顶棚雕刻二百余龙头围成环状，称为"龙窝"，配以草卉鳌鱼镏金重彩，是数百年几经劫难保存下来的工艺精品，令人叹为观止。前殿天王殿有联云："日日携空袋少米无钱却剩得大肚宽肠不知众檀越信心时用何物供养，年年冷山门接张待李总见他欢天喜地请问这头陀得意处是什么来由。"

县志中有一段介绍被抄录下来张贴在墙上，上面说各进大殿分别祀有城隍神的马夫马堂菩萨神像、土地神像、城隍神和八大金刚塑像，最后为夫人殿。城隍神大殿顶高十五米，巨梁绘彩，高大宏伟。城隍神像，官帽朝服，神态威严，两侧为随从皂隶各四位。面对城隍的高墙上悬挂一个巨大算盘，上书"不由人算"四个大字，寓意深刻，回味无穷。最后一殿为城隍夫人殿，相传万载的城隍夫人是一位叫玉莲的民间女子修行而成，民谣曰："花钱缠绵当红娘，玉莲有德嫁城隍，阿莲行善修行好，自选城隍

石邮的魁星点斗

做红娘。"我在正月里进入其中，却是顾不得一一辨认了，只见又是天王殿、火神殿，又是华佗殿、药王殿，善男信女川流不息，四处的袅袅香烟交汇成浓重的烟雾，那些或端庄或威严或慈祥的菩萨，一个个都面目不清了。据说，此庙历来都是善男信女踊跃朝拜之圣地，每逢佛事，更是钟鼓齐鸣，木鱼法铃声声入耳，和尚诵经如歌如诉。而我在这里看到的最动人的景象是，人们来请消灾如意吉祥灯。那灯不过是置有灯芯的小酒杯，点燃了，一排排放在案上，摇曳着的一团团火苗诉说人们最平凡的祈愿。

这座城隍庙大约也是可以称为"信仰超市"的。我没有细加追问它的历史演变，想来，是城隍神凭着大肚宽肠，包容了各路尊神的进驻，也是，随着城隍神崇拜的日益淡化，引进些与人们生死攸关的能神，倒是保持香火旺盛的万全之策。

人们还用传说来坚定自己的信仰。说是这里有个不解之谜：进入21世纪，在大雄宝殿的一侧，显现出一段小白龙的龙身，开始发现的时候只有手指那么粗，现在越长越大，已经有碗口粗了，尽管有的人看得见，有的人看不见，人们依然相信，这是白龙现身、菩萨显灵。万载城隍庙还有一段真实的故事，为人所津津乐道。据说，抗日战争时期，有一年日本人的飞机轰炸万载，唯独丢在城隍庙里的一颗炸弹没有爆炸，人们都说这是城隍老爷显灵，保佑了一方百姓，因而，此庙的香火也就越来越旺。

如今，坐落在县城里的城隍庙已经很少了，乡村却保存着少许城隍庙，它们一般坐落在往昔商业繁华的重镇或旧时县治所在地。前者如田头镇的宁都城隍庙，后者如于都城隍庙，它因县城迁移，成了乡间的神庙。

关于于都城隍庙，有一个传说称：朱元璋有一次带兵打仗遭遇强大的对手，一时无计可施，眼看就将兵败如山倒，生死关头，忽然杀出一支赶来救援的兵马，出其不意的袭击打得敌军丈二和尚摸不着头脑，顷刻间溃不成军。帮助朱元璋取得胜利后，那支队伍竟甘作无名英雄，也不留声名就悄然离去。好在朱元璋眼疾手快，撕下了援军旗帜的一角。后来，他就凭着那旗角到处寻找援军的下落，途经于都城隍庙时，发现庙里的旗帜很是眼熟，再仔细察看，果然找到了那面缺角的旗，拿出自己藏下旗角一拼，竟是天衣无缝。原来，他得于都县城隍神派兵助阵！既然如此，朱元璋理当在城隍菩萨面前虔诚跪拜，他还写下"显忠灵王"四个大字。清雍正年间，有位于都知县为赞誉城隍老爷的灵验，题写了"砥柱中流"匾，此匾仍悬挂庙中。

庙中摆设如人间官府，有各式各样的刀戟棍棒等刑具，还有判官、牛头马面、黑白无常等伺候于城隍神左右。正月初三为于都城隍老爷出巡的日子，八人抬的神轿，在凉伞、城隍旗阵和众多职司的簇拥下，一路鼓乐相伴、鞭炮不绝，浩浩荡荡前往周边的每个自然村巡游一番，直到正月十六才回庙。队伍所到之处，百姓叩首礼拜。而农历八月十三，为于都城隍老爷的诞辰，善男信女纷至沓来，城隍庙门庭若市。庙院内人头攒动，或专注地看戏，或忙着入庙进供。正殿内更是水泄不通，烛光里、香烟中，尽是虔诚祈求或还愿的脸。城隍庙里的对联总是板起面孔来的，此庙也不例外，如"丹心照日月明察尘世忠奸，铁面理阴阳奖惩人间善恶"、"无倾向无偏私但凭公心，不附势不阿强只认点理"等等。然而，堂堂一县之城隍，当它走进乡村、来到百姓中间之后，好像还是懂得入乡随俗这个理的，懂得人情世故的，连楹联的口气也软和了许多。

尽管城隍为城池的守护神，而城池不再，但是，这毫不影响它的神威，人们依然对其顶礼膜拜，可见，在信仰的心灵里，神明的权力是没有疆域的。

会昌筠门岭的羊角村，其实是一座规模宏大的明代乡村军事城堡，叫羊角水堡。明清时期，因羊角村地处通往"惠之龙川、梅之程乡、饶平"之孔道，又是"东连汀之武平、永定之交冲"，实为赣之门户也。明成化年间，闽粤赣边地盗匪猖獗，农民起义也是此起彼伏，这一带的地主富豪为保身家性命，联名上疏官府，要求修筑大规模的城堡。朝廷为了以"一隅之地而遥制千里"，准许筑堡，迁入邻近村民千人，并派四百官兵长期屯守。数百年来，羊角水堡一直扼守于南赣，为保证一方的平安，保障闽粤商道的畅通，沟通内地与东南沿海的商贸往来，发挥了极其重要的作用。

这样一座军民共同防御的军事要塞，其山形地势在符合军事要求的同时，显然，也体现了风水的讲究。城堡东、西、南三面环水，弯环而去的河流是它的壕堑，也是它的气脉；城堡之北是奇峰林立的汉仙岩，山势险峻、易守难攻的群峰，是它的屏障，也是它的靠山。隔河仰望，城堡气势凛然，雄峙于山的环抱之中；倚城门鸟瞰，水色山光里的河谷蜿蜒铺展，伸向远方，两侧有连绵起伏的丘陵拱卫，忽如城堡的护砂。

据明代欧阳德《羊角堡城记》所述，其时整个城堡周长一千多米，城墙高十米，建有城垛五百六十多个，在东、西、南三方辟有通湘门、镇远门、向阳门等三座城门。城门的建筑式样、规格基本一致，有内外两重，分别用厚重坚硬的木板做成，内外门之间还设有可升降的闸门。南门内，正对城门有一座城隍庙，庙门两侧有联云："能够正正当当做稳去，免得拉拉扯扯到此来。"由此庙坐落的位置来看，它其实也具有冲煞的意义。

如今，能够见证历史的，就是古道、古墙、古城门、古码头以及尚存的宗祠等建筑了。虽然，内中现已是新老建筑驳杂，但凭着昔时用卵石铺成的街衢巷陌，我们依然可以想象当年军民商贾杂居的那般热闹和繁华。这样一座城堡，当然少不了城隍神的护佑，而城隍神最要紧的职责应该就是对付盗匪了。

这里有一个悲壮的故事。说的是，晚明时期，此地烽烟四起，兵燹劫掠频频发生。有一天深夜，城堡被流寇围困，南门、西门有重兵攻打，东门则遭到火攻。就在城堡岌岌可危之际，忽然有一位白发老人对着四散奔逃的人群喊道："走通生门！"人们把它听成了"通湘门"，于是，

水北的魁星点斗

迎着熊熊大火从东门逃了出去，而由南门、西门逃生的全都罹难。此后，东门便被称为"通生门"。或许，仿佛指路仙人般的白发老人，就是城隍神吧？

威风凛凛的城隍神坐镇于气氛森严的城隍庙里，它在守护城池的同时，十分热衷于面对大众宣扬因果报应，善于运用对比鲜明、惊人警世的道德说教来劝诫百姓，力图震慑人心、驯服人心。如果说，城隍神崇拜更加重视对基本人格的教化意义的话，那么，文昌神和魁星们则呼应着人们鱼龙际变的渴望、飞黄腾达的愿望、光宗耀祖的梦想，成为人们崇拜的掌管文运利禄的吉祥神。

古代封建社会以科举取士。士人一旦通过科举考试，便可以做官发财，而高官厚禄正是士人一心向往的，于是便产生了禄神崇拜。由于古代的科举考试主要是作文章，禄神崇拜便也包含着对文运的祈求，所以，禄神又是普通百姓钟情的文神。

在儒风盛行的大地上，耕读为本的传统流淌在人们的血脉里，期望文运昌盛是人们最高的生活理想。春秋时期的思想家、政治家、教育家孔子，无疑就是人们心目中的文苑先神了。在孔子死后的两千多年里，特别是开科取士制度建立之后，历代王朝对孔子的尊崇逐步升级，视之为至圣至尊、万世师表，达到了登峰造极的地步。因而，全国各地到处修建孔庙以供奉孔子，各个都邑学宫年年都在孔庙祭孔，对这位圣人顶礼膜拜。安福孔庙，古称"文庙"，原为该县官学祭祀孔子及名宦乡贤的场所，是江西至今保存较好、历史悠久的大型孔庙之一。它始建于北宋元丰四年（1081年），位于县城东南面；不久移于正东面，后来再次迁址，即西面的现址。这座孔庙曾于明朝末年毁于兵燹，仅存大成殿，后于清朝雍正年间进行大修。它以南北为中轴线，建有泮池、圆桥、大成门、名宦祠、乡贤祠、东西两庑、露台、明伦堂、崇圣祠、文昌阁、大成殿等，占地总面积五千多平方米。后来又经数度维修，其主体大成殿及两庑，至今仍保存完整，其盘绕石柱的龙凤浮雕、木镂的飞檐斗拱，造型优美，雕刻精细，宫殿式的结构保持了明清建筑风格。在乐平等县城，也有遗存的孔庙。

而在乡村，人们对孔子的膜拜之情，主要体现在书院、文馆等文化建筑空间里。不知是因为孔子的至圣至尊呢，还是因为历代王朝的尊崇，使得民间信仰不敢造次，不敢那么张扬地把这位文苑先神纳入自己的神祇序列，即便在文昌阁、魁星阁中附祀其神位，也只是暧昧地称之为至圣神主，一般老百姓是不知其姓甚名谁的。似乎，老百姓更愿意把自己的心事告诉魁星、告诉文昌神。是的，它们才是执掌文运且平易近人的灵神。

广丰县龙溪村中的文昌阁，坐落在宗祠附近，又称龙江书院，建于清同治年间。为三级两庑歇山顶三重檐木构建筑，阁内采用四根粗大的冲天柱，配以金柱、檐柱组成柱网支撑梁架，三层楼阁自下而上分别祀奉梓潼帝君、至圣神主和魁星。据说，此阁的精工细作出自浙江东阳工匠之手。与之相邻的浙江古村廿八都以拥有百家姓而著名，我在廿八都看到，那里也有一座这样的文昌阁，粗略看去，仿佛照葫芦画瓢的产物。

此处供奉的梓潼帝君正是文昌君，最初它是被当作雷神来祭祀的，后因唐朝皇帝的大力推崇，便由地方神演变为全国性的大神，并逐渐与文昌君合二为一。宋之后，梓潼崇拜迅速在民间信仰中取得稳定的地位，各地纷纷立祠供奉。在龙溪的文昌阁里，同时还供奉着别的主管文化命运的神明，那位至圣神主应该就是孔圣人了，而魁星的"魁"字源于古人的奎星崇拜，中国古代崇行"天人合一"的哲学，善于将人事与天象相联系，况且汉字中的"魁"字与"奎宿"的"奎"字同音，并有"首"之意，按照吉祥文化谐音联想的理念，"魁"字理所当然地代替了"奎"字。凭着字形，魁星被塑造为立于鳌头之上、一脚向后翘起、一手捧斗一手执笔的赤发蓝面恶鬼的形象，这就是象征着科考高中的"魁星点斗"。看来，龙溪祝氏为了宗族的发达，恨不能请尽天下神明。

吉安的卢家洲村外，矗立在两水交汇处的明代镇河塔，因河水冲刷，塔基下沉，塔身倾斜。距斜塔约三十米处有棵古樟，树干在三米高的地方，迎着斜塔分开三杈，形同搁置毛笔的笔架。当太阳升起时，斜塔的影子如同巨笔架在偏南的树杈上，古樟因此得名笔架樟，村人自然也就把这一景观视为人文蔚起的吉兆。遂在古樟东侧建文昌宫，督促子弟在此发奋读书。文昌宫旁，有一口常年不涸的池塘，面积不大，却出奇地圆，加上文昌宫学子在此洗笔墨，塘水墨绿，这口池塘便被叫作了墨池。开基六百余年来，此地卢氏秉承崇礼教、重诗书的祖训，文风鼎盛，人才辈出，先后出过二十六位进士。村人声称，曾经一度卢氏子弟在科场上沉寂了，但是，自从兴建文昌宫后，又见魁星点斗。

吉安的渼陂梁氏开基于南宋初年，那是一个耕读并重、农商并立、文武并举、义利并蓄的古村。那里的建筑装饰琳琅满目，令人应接不暇。所以，我曾称它是一个被刻刀雕饰的村庄，一个被墨彩浸润的村庄，一个被文字镇守的村庄。

渼陂村中有建于明清时期的书院、书斋多处，名养源书院、敬德书院、明新书院、名教乐地、振翰学舍等，为梁氏四大家族共建或某一房派所建。其中养源书院又名文昌阁，俗称八角楼，三层飞角挑檐，楼高近十六米，曾是文人学士交朋会友、读书观光的胜地。因年久失修，如今已岌岌可危，我几次到此一游，皆不得进入。尽管如此，从外观看来，这座八角楼依然巍峨、气派，站在它的投影里，仰望悬于顶层的阑干，想来遍布全村的楹联警句，怕有许多是儒生们在此凭栏吟得的也未可知。不错，从前族长为考评族中子弟的才学，每到过年时便令各家推举一名子弟到祠堂里写对联，优胜者的作品可雕刻于祠堂内的石柱上，从而流芳百世。明新书院有联云："明月宫中欣攀桂子，新春雨后好看杏花。"恰好非常生动地道出了置身此中却瞩目于蟾宫折桂、杏园探花的那番跃跃满志。

龙溪文昌阁、渼陂八角楼那样的建筑，超拔于密密匝匝的民居之中，显得突兀且不谐。然而，正因为如此，建筑本身就能以它的高大、它的不凡，轻易地唤醒人们的景仰之情。如果说，许多简陋的福主小庙是以其简陋亲近着人们的话，那么，它则是海市蜃楼般的幻景蛊惑着人们，它把蟾宫杏园折射到耕读渔樵的生活中来了。

民间对文化主神的崇拜，不仅在村落中造就了气势恢弘的建筑，而且渗透在民俗活动中。如正式演出戏曲之前，往往有一种"跳加官"的表演，由一人扮演禄神，身穿大红官袍，头戴白色面具，面具作笑容可掬状，手捧巨大的朝笏，上书"当朝一品"，上场绕几周，然后抱一道具小孩再出场，最后出场则不断展示书有"加官进禄"字样的红色条幅。这是吉祥的祈愿，喜庆的预言。许多地方戏曲都有一出《魁星点斗》，许多地方的傩班也有魁星面具。它们更是为乡村的舞台创造了让老百姓喜闻乐见的神灵形象。南丰大傩班的魁星面具，造型红发白角，鬃如剑戟，火眉豹

罗家堡的和合

眼，嘴露獠牙，蓝面纹饰。傩班跳《魁星》，正是为祝愿读书者高中榜首。

有一年正月我在南丰乡间采风，巧遇水北和合寺开光。整个开光仪式分为两部分。上午是跳和合，夜晚才是为和合寺新塑的菩萨开光。我赶到时，和合班弟子正在寺里做准备，神台上林立着大大小小的菩萨，有的被红布严密地遮掩着，香案上供着傩太子和一些面具。和合班弟子先在大殿中拜过神灵，而后分别戴上和合、魁星、傩公、傩婆等面具，各跳了一小段，这大概是相当于"起迎"的简单的仪式。此时，就有一些男女迫不及待了，他们把自己的孩子推到魁星面前，请魁星为之点斗。

随后的正式表演是在和合寺门前宽阔的场地上进行的。从人群后面射进来的阳光落在三面大鼓上，鼓面成了明晃晃的圆。踏着"卜冬卜冬嘎嘎且"的鼓钹点子，首先出场的是四对和合。和合所戴的面具有文像、武像之分。文像平发无髻，号来福，又称来喜，拿木制笔墨，表示求取功名，早登金榜；武像头梳两髻，称来宝，拿五档算盘，祝愿生意顺畅，方方吉利。和合跳罢，魁星出场了。

三坑由孩子扮演的和合

手持墨斗的魁星，少不了也要握笔的。魁星和那个叫来福的和合，两人所用的道具相似，既有雷同，那么就得赋予它们不同的说法。于是，在这里，和合的笔墨便宽泛地指向了赐福送禄、荣华富贵，不似魁星那么具体地笔点状元。大概正因为魁星点斗的具体可感、伸手可及吧，围观的人群里一阵骚动，只见一些男女拽着、抱着孩子挤到场上来，直扑魁星，一个个满脸真诚。那魁星依然舞之蹈之，却是有求必应。只见它右手执笔，左手捧斗，舞时交叉出手，伸臂撇腿，缓蹲速起，时而拧身俯瞰，勾腿跷脚，以笔注斗，时而立身仰首，伸手运笔，点中试者，那舞姿刚柔兼济，潇洒飘逸。其间，一口气点了一群状元。被拽着的小学生烂漫地笑着，被抱的幼儿则圆睁着好奇的眼睛。这时候的魁星就在人群中间，被真诚的渴望簇拥着；这时候的好运就在魁星的笔端，那么真实地降临于孩子们的额头。

民间戏曲和舞蹈，把存在于人们信仰世界中的神明，还原为一个个戴着面具的人，而面具赋予这些形象以神通广大的神能。也许，因为魁星能够那么亲切地走进人们的心愿，其凶神般的形象似乎也变得慈祥起来。

民间对文化主神的崇拜，总是和风水观念交织在一起。通常，人们建造文昌宫、魁星阁，不仅仅是出于祀奉那些神灵的需要，而且还是为了营构有利于人文蔚起的风水环境。于是，文昌宫、魁星阁及具有文化纪念意义的建筑，往往是一个村庄、一个地方最为重要的风水建筑。甚至，当它们坐落在村庄的水口、与各种庙宇一道关锁着财运和文运时，其祀奉文化主神的意义反而变得不重要了，它们几乎只是预兆人文气象的象征物。

杨依的文昌宫

　　所以，一些魁星阁里并无魁星高照，一些文昌宫里不见文昌坐镇。比如，在宁都的杨依村，坐落在水口处的文昌宫，铺展在山包上，颇为气派，前门、后墙都有"文昌宫"字样为标榜，里面供奉的却是佛教的一些菩萨。大门匾额称：珍溪砥柱，其上竟书有一个大大的"佛"字。内中有一联更是有趣，道："寺貌庄严云集四方信男善女祷请有求必应，佛法无边不论天涯海角求官问利赐云以福。"所谓文昌宫，已演变为一座佛寺无疑。

　　据说，此村历史上出过状元、榜眼各一人，探花两人，进士三十三人。如此人才辈出，村人自然要归功于村庄的风水。珍溪八景就是人们津津乐道的风水景观。它们是：二龙戏珠、三鱼护案、金龟胜迹、灵凤古祠、鹤坪乔木、赤水明珠、岗头石鼓、水口文峰。仅仅从文字上，我们也能想象出那些景致的美好了。然而，兀立于村前的一座直径仅为数丈的小山，却是令人费解。此山名"太子坨"，恍若一座巨大的坟茔。我攀上去环顾四周，村庄周边的山形水势、村中建筑的大门朝向尽收眼底，我发

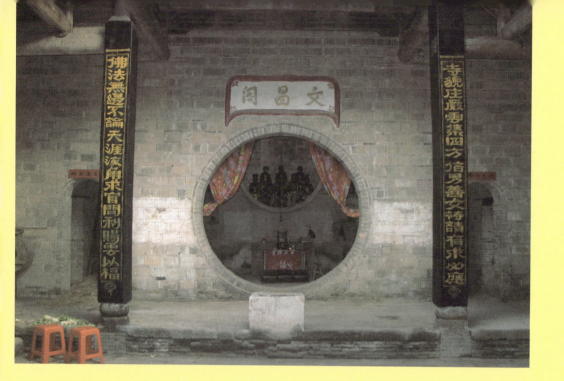

杨依文昌宫已演变为佛寺

现，它其实挡在一些古祠、古民居的门前。这样一座山包，如果没有特别的说法，恐怕于风水不利。果然，杨依告诉我，太子坨的来历的确是有说法的，称，当年有堪舆家到此，认为杨依村虽然屏天帏地龙脉涌动，但美中略有不足。于是乎，全村妇女听从风水先生的明示，不辞辛苦地用围裙兜土，硬是在村前筑就了一座小山。这大概就是预兆杨依文运昌盛、官运亨通的象征物了。也是神了，因为山势特异，人们竟认定此村必卧虎潜龙，之后每有官员打此过往，都觉得杨依村中住有高官显贵无疑，于是，都忙不迭地主动回避，武将下马，文官落轿。村人又称，太子坨曾是一位先祖的葬地，他的那一房派子孙发达，每年清明祭青时，官宦的顶戴可绕太子坨围上一圈。

　　然而，风水先生眼里的大富大贵之地，终究还是上演了一场人头落地的悲剧。咸丰年间，村民中有人组织农民起义军"千刀会"，策应太平军攻占了宁都县城，后遭清廷残酷镇压，牵连全村村民蒙受了血光之灾，无数死难者被割下辫子，埋成了一座"辫子墓"。朝廷为严惩"逆寇"，还诏示州府，限令杨依谢氏三年"不得外出求学，不授科名，不准入仕途"。无奈之中，也是不甘，族中士绅为垂训子孙，特创办了一座书院，名"纯

书籍犹在

青书院"。如今，珍溪边的书院遗址仍在。一座不屈的书院与参差错落于水口处的文昌阁、关帝庙、汉帝庙、七仙庙、真君庙、乩仙坛等建筑遥相呼应。

我在元宵节前造访杨依村，村内屋墙上便贴着正月十一至十五日游神活动的分工安排，这是由神会众理事会决定的。在抬大轿、抬香案、打铳、端香盘、提吊炉等各项分工中，抬大轿的多达十二人。端坐在大轿上的神灵，肯定不会是文昌神。因为，文昌神已化作了太子坨和水口文峰，化作了风水胜地的每一处景观，化作了人们心目中能够唤起美妙联想的形象。

是的，文昌崇拜和魁星崇拜融合在风水观念里，成为人们卜居择址势必考虑的环境因素。一般来说，人们希望面对那些预兆人文兴起的象征物，以抚慰和激励自己。于是，在人们眼里，自然成了有情物。山势龙腾，寓意平步青云；峰作笔架，预兆人才辈出；岩为钤印，象征荣华富贵；水为砚池，可期文运昌盛……寻常的自然景物，因为获得了人的精神寄寓，仿佛灵神附身。人们虔诚地相信，它们就是自己命运的吉祥物。

但是，有时人们也会挖空心思，给自己一个另类的说法。比如，在安福县柘溪村的三角书院里，我便听到很奇特的说法。那座书院坐落在村口长满古柏的古堤内侧，坐南朝北，朝向村庄及其背靠的天屏山。那天屏山群峰耸起，恍若笔架，应是柘溪村的文峰山无疑了。书院的前厅为魁星阁，村人称，从前楼阁上曾置有一面重达一百多斤的铜镜，其讲究是，用来挡住来自文峰山的文运，把它关锁在村庄里，不致外泄。在村人心目中，历史上出过十一位进士的荣耀，便是关锁文运的结果。如此看来，与古堤紧挨着的书院，同时也是一座必不可少的风水建筑了。

既然如此，人们大兴土木，把自己信奉的文化主神请进高阁殿宇之中，也就毫不奇怪了。那些体现了文昌崇拜和魁星崇拜的亭塔楼阁，正是一座座人造的文笔峰。它们作为村庄水口处最常见、最重要的风水建筑，其意义就在于藏风蓄气，牢牢地守护着登科入仕、人才辈出的好梦。就像流坑和婺源的庆源、汪口等许多村庄那样。

不仅村庄需要文笔峰、文昌宫的抚慰和激励，城镇也需要。过去的县城一般都有自己的文笔峰，或建有庇护文运昌盛的文昌宫。新余的魁星阁便被古人誉为"一邑之文峰也"。历史上，它几经更名，多次重建，且每次重建都是由知县大人首倡并亲率民众施工，因为，在他们看来，"文昌阁系渝水文运，不可不建"，阁之兴废，关系到全县人文之盛衰。清康熙年间，知县符执桓在《重建文昌阁记》中动情地写道——

嶒□峭削，屹立乎城东南；其四山之环拱，江流之澄泓掩映，云霞出没，烟光千顷，星日激射而雨雪霏微，变换百端不可以或穷，阁盖尽其胜；予偕诸文学登而落成之，于山见所谓伏者、起者、蹲踞者、昂者、倚者，似虎豹犀象者，似人拱立者；于水见所谓如带如襟者，如绮如縠者，如皓蜺络绎白马者，喟然叹曰："嘻！文章尽在于是矣！"夫山水英奇，蕴而成文章，士人之翰墨，齐休乎山水，不有散阁，何以汇厥胜？乃进诸文学谕之曰："宣尼以其圣启万古之道，统梓潼以其神翼百代之文运，共持于不朽。士人克蕴，蓄其道德以发挥乎文章，当必为圣神之所默……"

我之所以把这段文字抄录于此，是因为它十分生动地描述了人的主观精神与自然山水遇合时的奇丽景象。山水有形，激发了人们的想象力，而美好的联想总是指向人们朝思暮想的事物，从而披露出强烈的属于过去时代的心灵信息。那么，知县大人和诸文学登阁看到什么呢？在他们眼底，山水都是有情物，是峨冠博带、锦衣华裳，是快马报捷、执笏来朝……种种比喻所要表达的，无非是垂涎于青云直上的人生。

宜春民间曾广泛流传着这样一首顺口溜："东门笋，南门塔，西门鼓楼洞，北门秀江桥。"其中所说的东门笋，就是文笔峰。文笔峰是一座砖塔，位于城东，形似竹笋。

自唐朝会昌年间，宜春学子卢肇、易重夺得江西历史上第一、第二个状元之后，宜春教育愈加兴盛，学风浓郁，人才辈出，在唐代有三十多人中进士，宋代有五十多人中进士，因而享有"袁州进士半江西"的盛誉。然而，到了明朝，却是科考不利，屡屡名落孙山，有的年份甚至被剃了光头。宜春上下扼腕叹息，焦急不安，那是自然。人们纷纷查找原因，百思不得其解，最后听信了风水先生，说是袁州府城山之龙脉"自南来，水从东注，层峦叠嶂，非不环拱"，只是"秀江一派泻卢洲尾"，即秀江过卢洲之后朝北流泻，再不环拱袁州城。

为了改变卢洲尾"强抱之脉微，贵砥柱之力峻"的状况，宜春知县、袁州知府召集乡绅及文人学士一起商议，决定在卢洲尾的东南岸水口山麓"建文笔峰镇之"，以"连翩雀起，继卢、易而魁天下"，重振宜春文运。

文笔峰建于明天启二年（1622年）。那是一座砖木结构的建筑，造型为圆锥形，尖顶，高三十米，塔基为六棱形。内分七层，盘旋而上，每层都十分宽敞。落成后，当地文人学士纷纷吟咏唱和，抒发胸臆。主持建塔的宜春知县赞曰："崔嵬者峰，倬彼震方。挹兹辛流，回澜于狂。济济多士，应时其昌。于万斯年，邦家之光。"果不其然，在三年后的会试中，后来成为著名民族英雄的宜春考生袁继咸即得中进士。

文昌阁也好，文笔峰也罢，它们仿佛是一条条警策动人的标语，时时召唤着人们的美好向往；又仿佛是一座座金碧辉煌的宫殿，时时呼应着人们的人格理想；而充满期待的内心，必定是信仰着的心灵，信仰让期待的心灵获得了力量。

民间的造神，生动地折射出一个地域
普遍的社会心理和人们的共同愿望。

自由的造神

11 ›››

广丰的铜钹山地处赣闽浙边界，属于崇山峻岭的武夷山麓，历史上，那儿曾是封禁山。明代《历代禁略》称："唐，郡治初开，为乱者众。史载唐季群盗依此为巢，伪吴据而有之，续入伪唐，即此山也。宋范汝为据内江闽邵延间，有贼党据此造器械以助。汝为既败，其党纵横四出……元时尤为盗薮，禁令最严，累加防守……"这就是说，自唐末以来，这里的硝烟被封禁着，炊烟也被封禁了；枪铳被封禁着，山歌也被封禁了；车辙被封禁着，人迹也被封禁了。

历代封建朝廷的禁律森严得很，不得开垦围猎，也不得居家行走。早先，封禁界石就矗立在江山岭的山顶上，再往里去便是禁区了；到得清代，禁区的深山老林里还是悄悄地住进了一些人家，反正天高皇帝远的。

不料，垦山烧荒的烟火到底把朝廷给呛醒了，官府派出的勘探绘图小组直奔铜钹山。在禁区内开族的叶姓人家，眼看就要失去这安身立命的世外桃源，亏得族中有位日食斗米、力大无穷的好汉情急生智，抢在头天夜里，拔起江山岭上那块重达三百多斤的封禁石，连夜扛着它翻山越岭，把封禁界石安放在铜钹山区的更深处。官府的人被引进深山，可能也是意乱情迷了吧，糊里糊涂就认了那界石，这么一来，封禁山的范围缩小了，落地生根的叶姓人家得以继续繁衍生息。

那次由官府绘制的封禁山地图，一直被民间收藏着，图纸大若被单，用匣砖装着，每逢夏日都要拿出来晒一次。可惜，最终未逃过"文革"之大劫。

这段山水传奇，透露的不仅仅是封禁区划沿革的历史信息，还有浩茫时空背景下人烟蔓延的历史情境。我不禁疑惑：人们胆敢闯入禁区开族建村，是为世事所迫流落异乡，还是像我所听到的许多古村开基故事那样，受风水的"神示"，各卜胜地，皈依了这片山水；或者说，是受制于命运的驱遣，还是屈服了自己枕山而眠、听泉入梦的那种心情？

宗教信仰从来都是历代官员上奏的《封禁山疏》所无法封堵的。比如，明嘉靖县志记载："白花岩，昔净空禅师开基之所，遇时亢里人祷之即应。"这段文字指的是坐落在白花岩的广福寺。该寺屡废屡建的事实证明，哪怕人迹罕至，敬奉神明的香火也会翻山越岭，顽强地抵达那儿。那儿是菩萨迷恋的净界，也是神仙向往的福地。的确，继佛进驻之

铜钹山悟道尖

后，道教也接踵而至。当地传说，清代便有刘道仁、杨嘴瓶两位仙人历时七七四十九天，在穿破一打草鞋之后，从武夷山追赶青龙到得此处。

不仅如此，原本为佛寺的白花岩广福寺，还迎来了一位叫明显佛的民间杂神。被供奉在广福寺二楼的明显佛，本是当地的土郎中。他姓祝，名含燥，字明显，生于清道光二十八年（1848年），娶张氏为妻，育有二子。明显行医，善用草药，医术高超，且因医德高尚而深受百姓爱戴。明显在二十五岁那年，神灵附身，神志愚拙，少餐忌食，对妻儿不管不顾，为百姓治病却日显神通。某一天，在白花岩采药，面前忽然出现一个闪闪发光的莲花托座，明显便纵身跳到上面，在岩壁悬浮了三天三夜。第三天夜里，明显托梦给白花岩广福寺的斋公，交代他们把自己的凡体塑成佛像。后来，广丰的沙溪村为其建了能安庙，供奉明显肉身佛，并把明显成佛之日定为庙会日，而明显佛的神灵则永驻于广福寺中。

尽管村落松散稀落，人口寥寥，民间信奉的尊神并不少，它们或者占山为王、独守一隅，或者虚怀若谷、护佑一方。比如，与明显佛、天

居中的便是马氏夫人

侯圣母一道被尊为"铜钹三神"的马氏夫人，就是铜钹山区普遍祀奉的一位能神。

相传这位夫人本名陈凤，原是天宫中的仙女。因唐末世乱，陈凤萌生下凡劝善之心，投胎于洛阳陈州忠恕乡陈敬翁员外家。十一岁那年，陈凤在游玩时遇金光圣母，得其"先天大道"秘诀。十六岁时，陈凤许配给同乡马员外之子为妻，婚后不久，便潜心学道修行。修成得道后，便四处行游，劝恶化善，治病救难。行医到福建后，一富户为报答陈凤药到病除，愿为其选择有五道青山的地方立庙，竟沿着武夷山麓一路寻找，最后找到了一座名叫悟道尖的山峰。他按照陈凤的要求，在山上的茅草坪点火，火烧的面积有多大，就建多大的庙。可是，因为过火处并不宽阔，只能建造一座上殿。该殿取名为光明殿，后来被称作马氏夫人庙。不仅悟道尖有庙祀马氏夫人，铜钹山区的一些村庄，也把马氏夫人尊为村坊的保护神。

与悟道尖对峙的另一座山峰，也是怪怪的名字，叫上加尖。上加尖的庙里，供奉的是天后圣母。这位圣母俗名叫林姑婆，生于唐代，是福建泉州人，父母早丧。林姑婆年轻时，貌美心善，因为替村民向财主讨还炼铁权利而遭财主报复，财主将铁水泼到林姑婆脸上，害得其落下一脸大麻子。所以，人们又称之为麻子姑婆。麻子姑婆二十九岁那年的九月初九，天降狂风暴雨，地动山摇。为了拯救百姓，麻子姑婆毅然舍身祭天。此事感动了玉皇大帝，遂令唐朝天子下诏封其为"天侯圣母"，并塑金身、立庙于上加尖。此庙有条奇怪的规矩，要求所有朝拜者上山时，都要随身携带泥土、石头，聚沙成塔，以帮助山峰增高。上加尖，正是因此得名。

还有一位叫哀公禅师的灵神，传说是唐朝高僧中的传奇人物。哀公禅师本来在武夷山中务农，虽家境贫寒，但其事母至孝。此公终日蓬头跣足，不畏寒暑，膂力过人，涉险如飞，卧不设榻，特别是，还能预知休咎，施水疗疾，为民解忧。在即将圆寂时，哀公禅师自己堆积薪木，然后，坐在上面引水焚烧。尽管烈火熊熊、浓烟滚滚，人们却能清晰地听到悦耳的震铃和诵经之声。火熄灭之后，遗锐俨然，得坚固子数合。于是，乡民塑像供奉于铜钹山寺。平时，那儿香火鼎盛，每逢水旱灾年，膜拜者更是络绎不绝。后来的铜钹山寺竟发展到拥有五百和尚。也是人多滋事，铜钹山寺最终因恶和尚多行不义，被前来围剿和尚的官兵付之一炬，仅有庙基残存。

天齐山庙则供奉着赵仙、圣母等菩萨。那赵仙不是别人，乃宋朝皇帝赵匡胤也。相传作为玉皇大帝派出的真命天子，赵匡胤手持神剑，带着狮虎二将和先锋神鹰，与为害天下的恶龙展开了殊死的搏斗，一直追杀到此，才降伏了恶龙。

通过考察铜钹山区的民间信仰，我们分明感受到，在封禁的历史条件下，人烟不断蔓延的速度和温度；感受到，人们请神灵引路，或者，与神灵为伴，冒着巨大风险，执拗地深入武夷山中的艰辛步履。仿佛有太多的邪恶，潜伏在林莽之中；仿佛有太深的悬念，横卧在山路前方；仿佛有太凶的病灾，觊觎着每个平凡的日子。所以，人们只能把希望寄托给自己创造出来的神灵了，寄托给它们超人的膂力、神奇的医术、高明的道法，特别是，它们身上无不具有的惩恶扬善、同情弱小的道德力量。

铜钹山区关于这些神明的传说是耐人寻味的。从中，我隐约看见了江西许真君和福建天后娘娘的影子。在这里，赵仙刺杀恶龙的故事与许真君斩杀孽龙的故事极其相似，林姑婆的传说，则很可能是由天后娘娘的传说演变而来，同处武夷山中的铅山石塘镇，至今仍有"天后宫巷"这样的地名，足以证明，来自福建的纸商和造纸工人并不在乎天后娘娘本是海神，尽管生活在大山里，也要立庙祭祀它，因为它是自己最可亲近的保护神。其实，民间信奉的俗神之所以来历纷繁、丰富驳杂，很重要的一个原因就在于，它们的传布过程，往往是凭着记忆各取所需的改造过程，甚至是再创造的过程，以至于改头换面、张冠李戴、移花接木等情形，比比皆是。不用说在地域之间，同样的神灵会有不同的传说，即使在相邻的村庄里也是如此。而且，神灵们又总是佛道不分的。

铜钹山的点点香火，摇曳在历史的烽烟之中，却是雨浇不熄，风扑不灭。它们顽强的生命，似乎也预兆了铜钹山从封禁到弛禁的命运变迁。从当地朋友搜集的清代多位官员的上疏来看，它的弛禁实在是社会发展的必然。铜钹山以及整个武夷山丰富的竹木等自然资源，正是来自四面八方的人们执着前行的巨大动力。铜钹山所在的广丰县，保存有建于清乾隆年间的王家大屋，整个建筑群占地四十余亩，除厅堂外还有房间一百零八间，三十六个天井和四个水池镶嵌在大屋的回廊之间。这座豪宅的主人叫王直贤，祖籍山西，正是因为经营纸业而定居于此。大屋正门朝向北方，似乎默默地传递着主人思念故园的深情眺望。既然如此，谁说那位来自洛阳陈州的马氏夫人，没有披露中原人闯进铜钹山营生的历史信息呢？也许，马氏夫人就是王直贤们为自己创造出来的保护神吧？它就像翘首顾盼着的慈母，把视线一直伸向远方，伸向游子的心中。

同样坐落在赣闽边界的资溪县，也是一个山高皇帝远的地方，山高不利车，无为牛者；河小不通舟，无为舟者。然而，这里偏偏乃入闽通道，且是朝廷扼守为据以镇八闽的要冲。朱熹在《题名记》中称："其地山高水清，其民气刚而才武，其士多以经术文章致大名，取高科而登仕籍者亦不绝于世。"所谓"其民气刚而才武"，可从旧志中找到大量例证。比如，此地有个武艺高强的彭三郎，因山寨屡遭贼寇侵犯，遂招村族青壮年训练义军以保卫家园，后人为纪念三郎义士，将山寨改名为彭郎寨；明代资溪唯一的文进士石文器，官至河间知府，因刚直不阿被罢官并罚戍边，几年后回归故里。明朝灭亡时，他整天穿素服戴孝以示忠义精神，直至七十九

岁去世；三都农家子徐疯子，负气力习拳技，咸丰七年联甲逐贼，操棒率其徒与贼斗，连毙三贼，贼大集，力尽被杀；余绍贤，世业农，咸丰七年六月朔，贼踞乌石等村邑，联屯石斛岭御之，贤奋勇杀贼三名，卒以势孤被杀……如此等等。而名满青史的忠义之士，很可能成为护佑一方的神灵。比如，在元末战乱中，当高阜曾氏面临灭族之灾时，义士邓景祥挺身而出救下曾氏全族。曾氏族长感其恩，特在宗祠右侧建义士祠祀邓景祥；一位叫魏楚材的忠义之士，立庙于邵武境上，赐名忠勇……相信在山的深处，历史的深处，袅袅青烟已融化为道道山岚……

人们对村坊神的最大期望，无非就是保佑合族人丁兴旺了。于是，高大且高寿的树木，在人们心目中便有了灵魂，人们深信它们能够荫护一方百姓。的确，它们枝叶繁茂，总是被一茬又一茬的树木簇拥着，总是有百鸟来朝，古树蓬勃的生命形态，把人们渴求"数代同堂"的生活理想演绎得极其生动感人。人们的敬畏之情油然而生，并把它们当作"神树"加以崇拜，也就是非常自然的事了。

婺源王家村有棵高约十五米、胸径约四米的汉代苦槠，至今约两千余年历史。这位老寿星，在婺源县随处可见的古树中，它大约可以当仁不让地以族长自居了。早在唐代，王家村人便在树旁建立了东山寺庙，将它当作树神进行祭祀。如今，树心早已腐空，人们可以通过树洞钻进树干内部，然而，人家到底是树神，仿佛就是为了无愧千年的香火、百世的叩拜，它至今依然枝繁叶茂、生机勃勃。

还是在婺源，有个庆源村，坐落在群山簇拥着的盆地中央，出入唯有两端的隘口，真如世外桃源一般。在这里，"四民安堵"的心态，创造了一个非常浪漫的故事，不，它不是故事，而是自然的奇迹。那是一棵生长在村中溪边的千年银杏。一棵枝繁叶茂的雌本，尽管孑然一身，每年却结果累累。听说，那雄本远在二十里外的地方，以风为媒，遥遥的距离也不能阻隔它们的相思相恋，风让它们鹊桥相会、肌肤相亲，风让它们灵肉交合、精血融汇。神奇的树，理所当然地被人们视为神树。于是，村人在银杏树旁边建了一座乔木里狮子楼，以供奉白果仙子；狮子楼倒塌了，村人便贴着树身搭起了银杏宫，神龛上书"银杏夫人之神位"。

（左页图）
银杏夫人也有神位

看来，翘望着远方的"银杏夫人"，尽管含情脉脉，却也是十分的矜持。我无意追究两棵树之间的生命瓜葛，我好奇的是，人们对这一自然奇迹的津津乐道，以及由此透露的心灵信息。

这是怎样的心灵，顾盼着、怀想着远方，却始终执拗于自己立足的土地。它们宁愿用想象亲近着遥远，来抚慰自己对外界的顾盼和怀想。咀嚼银杏的传说，我体味到浸润其中的孤傲自持的意味。

我在许多农家的墙上也读出了这种意味。进村时，但见眼前尽是农家餐馆的招牌，斗大的墨字胡乱涂抹在一面面白墙上，每个字都朝向隘口、朝向财富的来路，眼巴巴地等待着。这座古朴的村庄仿佛沾满了荤腥。其实，这里因为交通的不便，大约只是在油菜花开的时节才有些游客。村人的心思和银杏的心思真是如出一辙。可见，这种孤傲自持的乡土之情早已成为村人的精神因袭。

江西的古村可谓"无樟不村"。无论深山、丘陵，还是盆地、平畴，樟树随处可见，或者茂密成林，或者三两结伴，也有特立独行的。它可以用它巨大的树冠，荫护一座村庄，像老母鸡温暖的羽翼；它可以用它壮硕的躯干，把一个宗族的繁衍刻录于年轮，像一位高寿的亲历者。当然，它更多地体现出一种平易的亲切。日日站在村前的古井边，眺望季节的来路，哪怕自己已经老态龙钟；或者，一棵棵厮守着百年的诺言，枝叶相挽，根系相连，环绕村庄或落户村中，就为了让耕牛有个反刍生活的去处，让柴草有个遮风挡雨的去处。我在某处村边的古樟下，听当地朋友介绍说，他曾带来一个班的小学生，试验那巨大的树洞到底有多大，结果它把四五十个孩子全都藏起来了。虽然内心腐朽蚀空，它的枝叶风华依然。

尽管樟树是广布长江以南的常绿乔木，喜好丘陵、平原的酸性土壤，但是，它与江西古村落的亲密关系，想来，不会仅仅出于大自然恩赐的渊源，一定有着精神上的勾连。它根系发达，根基茁壮，多像一部族谱所炫耀的家道；它枝繁叶茂，浓荫蔽日，多像一座祠堂所寄寓的祈愿；它四季常青，百年不老，几乎就是宗族观念、生命意识的核心要义了。考察民间禁忌，我们还会发现，大部分禁忌的形成，要么与事物谐音的意义不祥有关，要么与事物的某些特性有关。比如庭植的诸多禁忌中，北方许多地方忌栽桑、桃，因与"丧"、"逃"谐音，忌栽柳、楝，因柳不结子而楝为

东龙的玉皇宫

苦果。凭此，我禁不住自己的主观臆想：在"家家生计只琴书，一郡清风似鲁儒"的古代江西，村庄对樟树的钟情，是不是也寄托着"文章铺路"、"文章立身"那蓬蓬勃勃的人生理想？

既然如此，还有什么树能够替代樟树，成为民间理想的精神对应物呢？为了表达对树的崇拜之情，安福县乡村索性通过民间故事把樟树神化了，我便读过好几篇此类题材的民间故事。其中一篇说：三国时期吴国有位皇帝为建宫殿，派钦差来安福砍伐大樟树。钦差带人在大山里找到一棵巨樟，三十个锯匠手牵手也无法合抱，从树上惊飞起来的白鹭能遮天蔽日。钦差限令锯匠三天之内锯倒此树，否则以杀头论罪。但是，锯匠们徒劳无功，锯也好，砍也罢，刚锯开的口子马上就会愈合。直到第三天，人们看到有位身着白纱裙的女子飘然而落，才知道这是一棵神樟。正当钦差率兵丁欲将锯匠押去杀头时，神樟为救他们轰然倒下。后来，那樟树被扎成木排顺河而下，行至宽阔的江面，随着木排沉没，钦差及兵丁全成了鱼鳖。获救的锯匠回家后，纷纷去求观音菩萨超度樟树夫人，并筹钱去山里为樟树夫人建庙。可是，到了山里，只见那棵大樟树亭亭如盖，树上白鹭翩翩。原来观音菩萨已经施法让它复生了。锯匠们还是在树边建了一座小庙，叫更生夫人庙。从此，安福人都喜欢在村前屋后栽樟树，祈求更生夫人保佑地方人畜平安。

更多的树神没有庙宇。它们的庙宇以浓密的树冠为顶，以鼓突的树蔸为墙。插上香烛，摆上供品，就可以点燃鞭炮、合掌叩拜了。如此简陋的神圣处，在乡村可随时遇见。不过，许多的古树之下，往往也是土地、社公的所在，仿佛土地、社公已幻化为古树的形象。我听说，在一个有着几百户人家的村庄里，曾有一座比宗祠还宏伟的"文武庙"。上殿供奉高大慈祥的福主菩萨，两边是各路神明。"文革"中该庙被摧毁，福主菩萨也被红卫兵小将用绳索套住其脖子，拖着游村批斗后烧掉了。后来，因为没有了庙和菩萨，老百姓就在庙前的大樟树下燃香放炮，祭祀心中的神灵。天长日久，终于有一天，因树下的钱纸、香烛太多，易燃的枝丫着了火，正是夜深人静，竟把这棵空心的古樟整个儿烧焦了。看来，古树也可以成为一切神明的殿堂。

一些树神的庙宇建筑在语言里。比如，吉安卢家洲的罗汉松。在即将进入曾是水运码头的那座古村时，朋友曾指着一棵裸着枝丫的槐树告诉我，一旦它满树繁花，那么当年必定是发大水的年份。它是一棵消息树，一位预言家。与天地通灵的奇树，令我陡然兴奋起来。心境竟和我年轻时下放农村听到"闹鬼"的故事，对一栋鬼宅敬畏而好奇一样。我预感到，这座村庄的内部，一定蕴藏着志怪传奇。我一直觉得，再繁盛的村庄也是不安的，它和自然挨得太近，风雨雷电必定会释放被它深深囚禁的原始情感：孤独和恐惧，困惑和无奈。人们用美好的祈愿抚慰自己的心情，而民间祈愿与命运现实的矛盾，充满了神秘感，因此给人提供了足够的想象空间，于是，便有了丰富的口头创作，便有了语言中的家园。

果不其然，一个由古树与神蛇共同创造的壮美浪漫的故事，证实了我的预感。村外，有两口紧邻的古井，汲水时但闻锣声当当或是鼓声咚咚，于是，分别被称作"锣井"、"鼓井"。距古井百十米处，有一棵高大葱郁的罗汉松，园林专家判断其树龄在一千五百年以上。据说，该村开基祖在建村时劈罗汉松的枝叶，只见刀伤处流出一股血红的浓浆，便认为此树具有人的血性，敬若神明地视之为人间仙树。苍劲挺拔、枝繁叶茂的古树，记录着村人世世代代的崇拜与呵护。而与罗汉松生死相依、休戚与共的，却是频频出入古井的一条巨蛇。

蛇为树所生，树拥蛇而眠；树乃蛇的庭院，蛇是树的门神。每逢刮风

下雨、电闪雷鸣，神蛇就会披挂上阵，围绕着古树怒指云雨，扬蛇信作画戟，举蛇蜕为旌旗，擂古井当鼓号，与雷电肉搏，与风雨厮杀，决不肯让罗汉松受雷电之欺凌。

想想看，那该是多么壮怀激烈的场面！在那片两水交汇的绿洲上，连镇河的古塔都经不住岁月颠扑而倾斜了，一条蛇竟能笑傲苍穹，气贯长虹，吞下了千年的风雨、千年的雷电，护佑着茫茫的原野、古老的村庄，护佑着它心爱的常青树，可谓真豪杰也。古往今来，所有的目击者都很确定地说，它头上长着鲜红的鸡冠。

——那是鸡冠吗？该是王者的皇冠、英雄的桂冠，或者是爱情的花环吧？

人们口口相传。老祖宗的想象，竟是诗的夸张，诗的浪漫，寄寓着英雄的理想，征服苦难的梦幻。所以，其中充满了精神的力量。

前些年，村中有两位声称亲眼看见它的七旬老人，其后的命运遭际却截然相反：一位老年得子，一位大病三年不治而亡。村人目光迷离地解释说这是因为各人"火焰"不同所致，尽管福与祸的概率各占一半，但是，在祈福和避祸的矛盾选择中，人们还是消极地退守底线，开罪于它。于

是，请来道士作法降蛇。传说用青石板竖砌而成的这口鼓井就是巨蛇出入的门户，道士自然不会放过此井。画了符，投入井中，以禳灾驱邪。可能道士对符咒也是心虚的吧，一不做二不休，索性搬来几块盈尺之厚的青石，结结实实地把井口盖严了。

村人脚踏石板，欣然告诉我：道士果然可以，打那以后，再也没有人看见那条蛇。

这令我感叹不已：一条威风凛凛的神蛇在今人眼里却被邪恶化了，一个经年历久的传说很轻易地就被世俗化了，看来，语言中的家园要比古村的建筑风蚀得更快，更彻底，以至不留残垣断壁。

镇锁井口的青石板，也镇锁了村庄的想象力。此时再看失去伴侣的罗汉松，忽然觉得它的葱郁，苍凉而肃穆。没有了灵动的神气，没有了飞扬的表情，倘若掐断一枝，流出来的汁液还会是血红的吗？

我忽然觉得，民间口头创作的消亡，并不仅仅因为许多神秘的自然现象已能得到科学的解释，更在于人们想象力的委顿。而面对那棵千年古树，想象的缺失，甚至亵渎了树的神性、人的智性。

那条蛇生死未卜。我躬身鼓井边，穿透唯有虫豸才能出入的缝隙，默默地倾听与缅怀。依稀有闷闷的水声，似鼓非鼓，如泣如诉。是罗汉松发达的根系照影梳妆，还是那条神蛇饮泪井底？

　　民间的造神，不仅生动反映了老百姓薪火相传的生活理想，而且，往往可以折射出特定时代条件下，一个地域普遍的社会心理和人们的共同愿望。比如，在江南一带、尤其是在赣南客家中普遍祀奉的康王，就是一个最典型的例子。

　　据说，有客家人的地方几乎都有康王庙；而赣州市有多座祀奉康王的康王庙，由城东往城西有头康庙、二康庙、三康庙，水南乡腊长村庙背、水西乡石铺村庙脚下则是因康王庙而得名的地名，沿用至今。江西其他地方也多有康王庙。吉安县白沙村的赣江岸边，有一处灵祐康王庙的遗址，此庙祭祀的也是康保裔。遗址占地面积一千多平方米，有前后两厅。前厅为大院，设戏台一座；后厅为寺庙。前后厅门各立石狮两座，红石雕刻。因水涨及河岸被水冲毁，建筑倒塌，一只石狮也落入了赣江水中。尚存的三座石狮高大雄伟，雕刻细致，栩栩如生。其中一座石狮颈部镌刻"清康熙五十四年白沙中市□立"，可见该庙曾于那时重修。

　　那么，这位康王、康元帅又是何许人？乃北宋名将康保裔也。他是河南洛阳人，出身将门，精于骑射，其统兵戍边，屡立战功。当辽国向中原发起进攻时，年逾花甲的康保裔又赴战高阳关，战至兵尽矢绝而死。宋真宗为此慨叹不已，为表悼念，废朝二日，还召见其子孙，封官加冕，从优抚恤；康保裔则被封为"威济善利孚应英烈王"。民间则尊其为康王，全国各地均建有康王庙。而江西之所以康王庙众多，我想，很可能与宋代江西所处地理位置有着密切的关系。两宋之际，金兵南下，北方人口再一次大批南渡，江西较两湖与淮南相对安全，又是入粤通道，故成为主要移民区域，尤其赣南人口激增。然而，这里虽"既富且安"，但随着临安成为南宋的政治中心，江西在得到经济、文化繁荣的地利条件的同时，也更加快捷、更加真切地感知着时局的动荡不安。人们既心有余悸，又前路莫测，唯有康保裔忠心报国的英雄气概，才能抚慰众多的如此忐忑的心灵，才能护卫人们历尽艰辛才开辟出来的新的家园。于是，康王菩萨理所当然地受到各地百姓的追捧，纷纷奉为自己的神明。

　　尽管康保裔声名显赫，一旦成为神明，它也管不住自己头上的帽子了。到了兴国坪源村，康王变成了唐代为抗击叛军坚守睢阳而牺牲的张巡；南康唐江镇康王庙，祀奉的是卢光稠。卢光稠既是五代时期著名的农民起义首领、乱世的豪雄，也是赣南历史上任期最长、并为万民感恩戴德的行政长官；进贤一带膜拜的康王，则是宋朝时进贤（时称钟陵）县令，姓康。传说，有一年大旱，百姓饮水十分困难。当时，县城里虽有一口井，井水却有毒。爱民如子的康县令怕百姓饮水中毒，自己先饮，饮后脸上发紫，中毒身亡。百姓满怀感激，故立庙塑像祭祀之。而且，旧时县城每逢农历四月初八要在康王庙里朝拜康王，之后，由十多个着白衣、扎白巾的男子推着"辚辚车"，护送康王菩萨巡游县城十坊，每坊绑扎两驾"儿郎"随后。所谓"辚辚车"，又称灵灵车、龙吟车，是用木龙作为主要雕饰的巨大独轮推车，车上共载四人，正面三人扮作尊神，由两少年一成人分别戴着红、蓝、白色的面具，身着武将古装。其中戴白色面具者居上，其身后为一硕大的"魁头"，魁头后隐立一人，穿长袍马褂，戴旧式礼帽，撑着一把凉伞，为诸神遮阴；所谓"儿郎"，很像赣南的"妆古史"，不过，它是在一丈来高的架子上放块横板或木箱，涂脂抹粉的童男童女站在上面，学做戏文里的各种动作。康王巡游归庙后，由各坊出资、要连续演十天十夜的大戏开场了，面具神、魁头被请进神庙，受香火礼拜，辚辚车则停放在庙前，任众人围观，随小孩登攀。人们相信：登上龙头者便讨得了"登龙门"吉兆，将来就能出人头地。

康王仿佛成了天下忠义的象征。由进贤的庙会活动可以看到，它的神能也因人们的虔诚笃信而扩大了。

本乡本土的义士仁者，也是民间造神的重要资源。许多福主庙里的香烛，已经指着神龛上的菩萨，为我们讲述了一个个故事。那些活生生的人物，之所以能够受用绵延不绝的人间香火，其根本原因就在于他们生前曾造福于民。立庙祭祀，便是老百姓对他们的敕封和褒奖。当然，既然人们相信人是有灵魂的，人虽死，魂犹在，那么，立庙祭祀的行为必定要超越纪念的意义，更多地体现出人们祈求那些灵魂一如既往地护佑一方的强烈愿望，因此，村坊的福主庙没有一座会像道德坊、功名坊那样，作为单纯的纪念性建筑而存在。牌坊只是名誉的象征，庙宇里却住着灵魂。

乐平有座水南庙，里面供奉的两尊红脸神像既不是财神也不是关帝，

而是当地的一对姻兄弟。一个叫彭福，一个叫汪圣八。彭福自幼读书勤奋，习武刻苦，疏财仗义，乐于助人。作为乐平廪生，与妻弟汪圣八共同管理县义仓。元顺帝至正年间，乐平连年受灾，炊烟断绝，饿殍遍野。然而，贪婪狠毒的知县却置若罔闻，无动于衷。彭福跪求知县做主开仓放粮不成，情急之下，竟冒死擅自开仓赈饥，以拯救百姓于水火。在把义仓积谷发放一空后，彭福挥毫写下四言感怀，曰："翥山苍苍，泊水流长，黎民得救，皇恩浩荡，我行我素，冒犯朝纲，为民捐躯，无愧世上。"书毕，这对姻兄弟开怀畅饮，坐等处罚。果然，知县以彭、汪勾结红巾乱党抢劫义仓为名，把二位打入死牢。彭福、汪圣八不愿受辱，双双在狱中悬梁自尽，两人死后皆满脸通红，久不瞑目。第二年，乐平是个难得的丰年，得到赈济的百姓都主动挑着新粮到义仓加利还粮。有位老人率先在家中立彭公神位，日夜焚香叩拜，接着，百姓纷纷捐资给二人塑像，立神位于安稳寺祭祀。明太祖朱元璋即位后，查旌忠义，敕封彭福为都督大元帅，拨银两千两建水南庙，供奉彭汪二人，神像上方高悬一匾，题曰："永镇水南，显佑一方。"由彭福哪怕冒犯朝纲也要开仓赈饥的事迹可见，对义士仁者的崇拜，总是渗透了民本思想。不过，服从和服务于皇权的神权，是绝不可能冒犯皇权的，在这个故事里，可憎的是贪官，而绝非朝纲。倒是开明的皇帝成就了彭汪二神。许多的民间俗神都是因为得到皇帝的敕封，才被民间奉为神明的。

中国老百姓对智慧人物的崇尚，也可由民间造神窥见一斑。这些智慧人物，可以是后来修炼得道的仙人，也可以是聪明透顶或大智若愚的凡人。除了前文已经提及的人物，再比如，唐末文学家罗隐，也是备受百姓喜爱的人物。罗隐少时即负盛名，但因议论时政，讥讽公卿，十考进士不中，遂改名罗隐。其曾入吴越王幕下任谏议大夫等职，后弃官隐居，足迹遍及江西、浙江数省。《乐安县志》载"隐才思敏捷，即事指物滑稽诙谐"，"事俗近怪者，皆隐所为"。至今当地还流传着罗隐嘲弄权贵、惩恶扬善的轶事，在那些传说里，罗隐是玩世不恭的，也是机智的。别处也有流传。上高县乡村称之为"罗衣秀才"，或"罗汉秀才"，也有称"成半仙"的。关于罗隐的传说有《金口银才》《不漏坡》《阴水变温汤》等。故事内容的一个主要情节，是说罗隐是神仙投胎的真龙天子，本来要当皇帝，由于罗隐的母亲一时高兴，将手里的一把筷子往灶台上一拍，正好打在灶王爷身上，灶王爷便向玉皇大帝告状，称罗隐还没当皇帝就敢冒犯天神。因此，罗隐被抽去了龙骨，贬为凡夫。幸亏太白金星出面说情，辩解说牙齿不属龙骨，罗隐才没有被拔去牙齿，得以留下一口龙牙，成为金口玉牙，成为说什么成什么、要什么有什么的神仙。都昌县传说，罗隐从天庭回来，定居在鄱阳湖西边的矶山，凭着那金口玉牙，喝山山变色，喝水水改流，给浩渺的鄱阳湖增添了秀丽。罗隐在七十七岁去世后，葬在矶山后湖望仙石边的土墩上，称为罗星墩。

让我惊讶的是，在庄严的叩拜、虔诚的祷祝后面，竟然也有亵渎神灵

的说三道四，消解崇高的飞短流
长。我愕然伫立于石城后稷庙的神
龛之前。传说很早以前，有个胡姓
姑娘来此烧香拜神。低头祷告时，
一阵风吹开了神龛的遮幔，胡姑娘
抬头瞥见了那雕塑得风流英俊的后
稷老爷，不禁春心萌动，默祷道：
"民女胡氏，祈求后稷老爷保佑我
将来找的男人像你一样就好了。"
谁知，神明不是无情物，也懂得风
月之事。当晚，后稷老爷竟潜入闺
房，与胡氏成了百年之好。以后夜
夜如此。然而，人神岂能合衾？姑
娘渐渐枯黄消瘦。当道士的父亲日
日为女儿画符念咒，也不见好转，
经反复盘诘，才知道有淫神妖道纠
缠，便交代女儿在床上偷偷剪下它
的袍角。后来，胡道士拿着袍角逐
座庙宇查找，终于找出了淫神，它
正是后稷老爷，不仅袍角和后稷老

爷的衣袍严丝合缝，还紧紧粘合着。愤怒的胡道士便告到张天师那里，并 　　庙貌形形色色
得到了张天师用以镇妖驱魔的掌心雷，可是，那掌心雷只打塌了后稷庙的
一角。不久，胡姑娘就一命呜呼了，后稷老爷大约是心有忏悔之意，便托
梦给庙里住持，塑了胡姑娘的尊容，让其长享人间供奉的香火。这件事自
然是胡姓的奇耻大辱，于是，石城便有了胡家不拜后稷庙的传说。

　　胡姑娘端坐在后稷老爷一侧。人们指着她窃窃私语。后稷老爷却像个
没事人一样，依然道貌岸然，依然威严不减、神圣不减。也是，既然香火
依然鼎盛，它又何必在乎那些闲言碎语呢？不过，我觉得，这样的传说似
乎在隐隐约约地向我们传达着什么，莫非，是各种宗教相吸又相斥的历史
信息？

哪怕老百姓信奉的福主真的被人视为"淫神妖道"，广阔的乡间依然是创造神明的肥沃土壤。正如廖奔先生在《中国非物质文化遗产的特性》一文中所言："原始信仰与巫教的长期存在，儒释道三教合一的文化环境，共育了民间信仰的普泛化，使之形成交混杂糅状态。民间礼敬的人神仙鬼众多而庞杂，天地君亲师，儒释道巫，甚至山精水怪、树魅狐妖都可以成为奉祀对象，普通小民的信仰心理是有病乱求医、见神即磕头，以功利和实用主义的灵验与否为信仰标准……庞杂的民间信仰拥有综合混乱的仪式空间，似儒似佛似道似巫，非儒非佛非道非巫，亦儒亦佛亦道亦巫，时见如来、三清、财神、关帝共享香火，而和尚看守道观、道士主持杂庙的现象也常见。"

石城后稷庙：传说中的民女胡氏

在江西乡间，许多村庄信奉的福主来自佛道，许多民间俗神则冠冕堂皇地进入了佛寺、道观。会昌的六祖寺既有大雄宝殿供奉佛门三宝，又在其右侧建有真君阁，许真君神龛下还供着土地神像。在这里，它们与菩萨们一道受用着佛教弟子的香火，应该不会有寄人篱下的感伤。星子县泽泉乡有个关帝庙村，显然，因为是过去这里的关帝庙而得名。老庙不知何时被毁，新建的关帝庙却成了佛寺，尽管内里主祀关帝、配祀周仓等神像，而其前排的观音等佛教菩萨，却与和尚一道看守这座关帝庙。这样的例子不胜枚举。

在各种祭祀仪式中，各路神灵欢聚一堂的景象更是随处可见。宁都东龙村的玉皇宫也是亦儒亦佛亦道"三教合一"的宗教活动场所。两栋三厅的建筑内，廊厅供王灵官，上厅楼下供观音，楼上供玉皇大帝等。五开间坊式大门上有联云："号尚元穹步清虚而登九五，圣称无极居太上以统三千。"另题有程颢诗句："醉里乾坤都寓物，闲来清风更输谁。"

听说，此地醮会甚为神秘。每年农历正月或七月之吉日，东龙村都要在玉皇宫里分儒、佛、道三坛同时举行醮会，由醮会理事会主持。会前数天，理事会贴出告示，全村家家打扫门庭、洗刷锅碗瓢盆、沐浴更衣，户户斋戒，市上禁售荤腥。其儒坛设在玉皇宫楼上的玉皇殿前，佛坛设于楼下上厅观音殿前，道坛设在楼下下厅。儒坛由全村的生、童念诵《玉皇经》；佛坛由村中永东寺、妙觉庵的尼姑念诵《观音经》《三宝经》；道坛由全中道士念诵《玉皇经》《三官经》《文殊经》《罗祖经》《关圣经》。时间均长达七天六夜。其间，念经道士要安排三个下午巡游村中，家家户户门前和各口池塘边，都要由各家备好香案，用竹筒盛一升白米置于案上，米上插一道由道士事先制作的神主牌，牌前设香火、果品供奉。道士巡游时，要到每家的神主牌前施礼、念咒，并在每口池塘边插一炷香。最后一次巡游时，主人则要把白米送给道士，道士要收走神主牌，在玉皇宫集中焚化。醮会最后一天晚上，三教要一起在玉皇宫门前的坪地上举行"放蒙山"仪式。此时，坪地一角安放着纸糊的鬼王（又称"大山人"）、麒麟、龙、狮、象等，坪地上方用方桌搭一高台，供奉救苦天尊等神像。一位道士坐于高台，向孤魂野鬼们讲经说法劝善改恶，并祈求神明大发慈悲，普度它们早离苦海，尽快超生。讲经完毕，便在村庄四周山上点燃火把，在坪地上置供桌，设酒、饭、牲畜祭孤魂野鬼，并烧孤衣、冥钞相送。"放蒙山"仪式结束后，要在坪地上烧化所有的纸扎品，谓之"送神"。

如果说，在玉皇宫醮会上神灵们的表情过于严肃、神秘的话，那么，在许多伴有娱神表演的仪式上，各路神灵则是相依相拥，其乐融融。南丰水北村有座新落成的和合寺，名曰水北筵福和合寺，主祀的却是观音菩萨，而为其开光的则是道士。

我几乎是冲着"卜冬卜冬嘎嘎且"的鼓钹点子，去看南丰水北村的和合舞的。很早就有朋友用方言绘声绘色地向我描述过那段伴奏，它好像在用当地方言在催耕——"播种播种家家去"。

它是一种亲切的乡音，一种古老的语言，一种关于春天的心情，一个属于乡村的童话。是的，我从水北村和合来历的传说中，读到了童话般的天真烂漫。相传，也不知何朝何代，村里有个姓傅的长工，腊月二十五过小年日在后龙山刨草皮，忽然隐隐听得"卜冬卜冬"的响声，似有人在敲打锣鼓家什，循声探究，发现响声竟来自地下。于是，他刨开响声，挖出的却是两个金光灿灿的面具。这天夜里，他梦见带回家的两个面具变成了小孩，这对和合兄弟随着鼓钹的伴奏跳了起来。醒来后，他记起梦中的事，学着梦中的舞，可能得神助吧，越跳越开通，后来竟练出了三十六套花样。从此，这对面具就成了和合神，后龙山那发现面具的地方被称为"跳迎寮"，每年正月跳和合，和合班弟子必须去那里跳一回的。有关和合面具来历的传说有好几个版本，我却喜欢这个有梦的故事。和合二仙是民间信仰中的欢乐喜庆之神，多见于民间年画中。画中的和合二仙为两个胖乎乎的顽童，一人手捧一盒，一人手执一荷，身着彩衣，大红大绿，都梳着丫角髻，一副欢天喜地的样子。我在和合寺所看到的和合二仙的圣像，金粉黑发，耳衬红卷，笑容可掬，神采飞扬，那富态的形象是凡俗平易的，那生动的表情是招人喜爱的。

这天是正月十八。我知道水北村"跳和合"的程序有三段，即从农历十二月二十五日"起迎"，经过十多天的"跳迎"，至正月十三日举行"圆迎"仪式，一年一度的跳和合便告结束。那么，此日的跳和合显然是个例外，是和合们欢庆自己有了新的殿堂、新的神位。据说，这样的开光仪式是数百年难遇，所以，我舍弃了当日别的村庄的傩事活动不看，直奔和合而来。

水北老人说，民国时期来福穿绿衫黑褂，来宝穿黄衫，新媳妇会做绿衫黑褂送来福先穿一下，沾染文气和好运，以祈求生子有福；而如今，来宝依然穿黄衫，来福却是换成了红衫绿褂，这变化应该也是有说法的吧？

和合们在舞蹈。它们蹦跳嬉耍，猜拳捉虱，挽脚碰手，恭贺作揖，富有生活情趣的动作细节抓住了密密麻麻的眼睛。这是体现了中国传统文化精髓的神，还原为一个个可亲可近的人，在人们的心灵大地上舞蹈。用它们的身段造型，用它们的动作表意，仿佛，雕刻在面具上的笑容也被鼓钹

的节奏、身体的舞蹈激活了，荡漾起来。我听到的满场笑声，来自观众，
肯定也来自它们。

水北和合寺开光

　　我惊讶于这满场的笑声。看来，和合们的肢体语言在这里遍地知音。
它们诙谐而稚拙的手势，撩拨着人们内心中的祈愿，也生动地传达出蕴含
在平凡生活中的浪漫精神。

　　那个手持算盘的来宝，在南丰傩里是个值得玩味的形象。那只算盘，
既是恭喜发财的祝福，又是生财有道的寄托，象征着和合崇拜中所融会的
利市招财的民间理想。在南丰乡间，关于和合兄弟做生意的传说也有多种
版本，它们通过具体的故事宣扬诚信为本、重义轻利的观念，或传达贵人
和合、和气生财的道理，然而，流传最广、影响最大的却是和合兄弟"做
反生意发财"的故事。所谓"做反生意"，就是如今司空见惯的反季节销
售，比如冬天卖空调和冰箱、夏天卖羊毛衫、羽绒服之类，只不过，和合

兄弟是"夏天贩炭，冬天贩扇"。这么具体的商战谋略、经营手段，居然成了神祇所为，且被百姓津津乐道。着实令我吃了一惊。这和合神未免有失身份了！

在这样的传说里，我隐隐感到祖祖辈辈以耕读为本的人们，对经商之道的新鲜好奇，以及跃跃欲试的冲动。在重农抑商传统浓云密布的社会氛围中，来福、来宝兄弟真有点像传道的普罗米修斯，像一个播火者，或者，一个循循善诱的启蒙者。

不过，尽管和合兄弟似乎在为生财有道笑逐颜开，但来福手中的笔墨，还是不经意地流露出人们在塑造这对神灵时的内心矛盾。很难说那副羞答答的笔墨，不是迫于崇文轻商的传统观念与算盘达成的妥协。听说，邻近的宜黄县神岗村也有《和合舞》，其中的道具却是木炭，水北和合是否在演变过程中将木炭换成了笔墨呢，木制的笔墨为我的猜测提供了某种暗示。

所以，跳和合时那"卜冬卜冬嘎嘎且"的鼓钹点子，因为极似用方言呼唤"播种播种家家去"，又被人们演绎出了一个和合兄弟"回家作田"的传说。通过这些民间传说，我看到了人们对经商之道欲罢不忍、欲行不能的窘状。

不知是否因为和合寺开光庆典之故，在表演了《傩公傩婆》等节目后，旱船登场了，整个活动由此更具喜庆的娱乐色彩。而在平时，水北村的跳和合是从农历十二月二十五日至正月十三日进行的，仪式虽较为简单，却是庄重。十二月二十五日早饭后，跳和合的弟子到放圣像的人家集中，点香烛，放鞭炮，从神龛上取下圣像，作个揖即可出门，此为"起和合"；此后直至正月十二日，和合班到县城和别的村庄跳和合，十二日则必须回村；正月十三日在本村的活动称为"圆和合"，和合班要先在发现和合面具的后龙山上跳，在回村的路上，凡遇坛庙和房屋的旧址，以及传说挖到圣像挑回村时休息过的地方，都要停下来跳几下，以为纪念；在村中按照传统的路线在人家里跳完和合后，待拜过祖宗，再将面具挂回原处。

看来，每个村庄都是重视自己的来路的。我在许多村庄都发现，一些并不起眼的地方，比如，村外的路边，村巷中的坪地，或某处废墟，在村人眼里却是神圣的。坛庙、祖屋、宗祠虽已不复存在，它们的位置却永远

和合寺开光装心祠

坐落在人们的记忆之中，那里耸立着一座座香火不断的心祠。

心祠，一个多么动人的名词！它让一只只木雕的面具，顿时有了神采和表情；它让一尊尊泥塑的菩萨，顿时有了体温和思想。

我就是在夜晚的开光仪式上听说心祠的。原来，在择吉日举行的开光仪式上，要请塑菩萨的师傅主持，他们奉唐代雕塑家杨惠之和画家吴道子为行业祖师，自称"处士"，处士在开光过程中有一个重要环节，就是为菩萨安心祠。不仅为菩萨开光如此，有的傩班视傩面具为菩萨，和傩神、傩仔一样，也要安放心祠。心祠里装有本坊头人、傩班艺人的姓名、生辰八字，还有五谷杂粮，一些诸如丝线、头绳等象征身体器官的东西，以及可起防腐作用的"神药"。面具的心祠安放在头盔背面。

和合寺里挤满了信众。神台上也是济济一堂。后排三尊大的菩萨遮掩着全身，听说它们要到下半年开光。此时，需要开光的是观音等菩萨。烛影香烟中，观音们正在听任攀上神台的处士小心翼翼地为自己整理披挂。

那位处士是个年轻的汉子，身着道袍，头扎红巾。他从神台上下来，又在插满红烛、堆放着毛巾、黄表纸、塑料花的神案旁忙起来。此刻，他所做的最重要的工作大约就是准备心祠。

心祠在他手上，包裹在外缠红布条的毛巾里。那心祠先要放在烛火上熏一下，让在场的头人和弟子呵气，然后再用毛巾包好。难怪神案上放着那么多毛巾。

接着，处士匍匐于地跪拜菩萨，口里念念有词——

> 谅沐尊神，必垂郎鉴，尔等神貌本已陈旧，今日命工装塑，自今日入服后，深佑众信士日进黄金夜进银，你金做喉咙银做心，五色绢线做红缨。今领众信士呵气，是他气呵是你气，随口应心。隔山叫，隔山听，不叫是应延应，千里有求千里去，万人请到万人灵。今乃命公气脉相传，听吾吩咐，听吾祝咐，祝咐之言，谨记心怀，大彰感应，千年灵神，万年香火。

开光的程序是繁缛的，缓慢的，听说整个仪式结束要到下半夜。已是夜深时分，处士累得气喘吁吁，浑身汗湿，而信众们一个个精神得很，都全神贯注地凝视着和合寺里发生的每个细节，庄严得好像是迎接着神灵的诞生或降临。

是的，心祠让泥胎有了肉身，有了魂魄；心祠令神人气脉相通，心灵感应。人们之所以虔诚笃信，大约也因为心祠中本来就注入了他们自己的鼻息和心气吧?

宗族意识是维系传统社会的血缘纽带。
那么，福主崇拜就是一条地缘的纽带了。

以信仰为纽带

12 >>>

据说，贵州镇远有一条叫复兴巷的古街，其建筑以保存完好的傅家民居为典型。在傅家厅堂上方，通常用来供奉"天地君亲师"位的神榜上，竟赫然列出了多位与江西有关的神明，它们是：江西福主，杨泗将军，萧、晏二公，福禄财神，观音大士，九天司命，文昌命君。当然，上面也少不了傅家祖先的神位，但祖先的名号却排在各位神明之后，且是一笔带过，甚至，整块神榜上没有出现"傅"字，也没有标注堂号，这种现象极为罕见。传两百多年前傅家祖先自江西来贵州经商，落户此处至今，神榜一直是这样安排的，从来未曾改变。江西福主许真君、杨泗、萧公、晏公、文昌等神，正是在江西土生土长或为江西普遍奉祀的神祇。傅家把它们当作家神，与祖灵供奉在一起了。或许，这是一个特例，但是，它的出现并不奇怪。就像关西新围的主人徐老四，把个让后人摸不着头脑的"杨公福祖"写在祖先的牌位上一样。其耐人寻味处在于，故乡的民间信仰给走马西南的傅家留下了怎样深刻的记忆，它是生活的历史，更是精神的家园，而在逐利远方的商旅、在人生地不熟的异乡，人们又是多么需要最可信的神明来保佑自己。来自故乡的神灵，亲切如自己的始祖、远祖、开基祖，它们是本族的长者，自家的福主。

傅家的神榜虽然忽略了姓氏和堂号，但是，一点儿也不会影响福主崇拜反映宗族愿望、体现宗族利益、维系宗族情感的核心要义。可以说，在聚族而居的乡村，各个村庄所尊崇的村坊神，本来就是宗族意志的产物，隆重的禳神仪式正是盛大的宗族活动，村坊神总是和祖灵一道经营着乡村的信仰天空，镇守着人们祈望合族安康、宗族繁盛的梦想。我注意到，一位村坊神的神能如何、影响怎样，往往和创造了这位能神的宗族，其意志是否强大、其势力是否能称雄一方有关。

会昌县庄埠村的福神祠建于晚明时期，至今保存尚好，内中供奉的神像分为三列。前列有该县普遍奉祀的赖公元帅和被会昌学宫祀为乡贤的唐稷公、胡夷简公；第二列是庄埠胡氏开基祖四兄弟；第三列则是观音、龙王、土地等神祇。看看，先祖、乡贤都成了庄埠胡氏的福神不是？这位胡夷简，为明代状元罗洪先的高足，他曾以贡元身份，被朝廷任命为广东惠州长乐知县，"后升任云南宾州知州不就"；回到家乡胡家村后，胡夷简为弟子乡人讲学，清贫一生，死后被祀为乡贤。其子为父守陵，搭茅庐于墓

陂下喊船

侧，由于前来凭吊者络绎不绝，那里竟渐渐有了茶肆、酒楼、客栈、商铺等等，三年之后，一个新的圩市出现了。庄埠村的形成，足见胡夷简在当地的影响。于是，往昔庄埠福神祠在禳神日举行游神活动，其范围也不必拘囿于本族本村了，它堂而皇之地遍及邻近乡镇的诸多村落。事实上，随着乡贤和赖神一样赢得当地百姓的顶礼膜拜，庄埠胡氏包括祖灵在内的福神，不也就成了四邻八乡的灵神吗？

还是在会昌，我由半岗村张氏的庙会活动，同样看出宗族通过福主崇拜来震慑他族、影响他族，从而强化宗族凝聚力的努力。

清乾隆《会昌县志》记述："湘乡村落支脉，延袤六七十里，各姓聚族而居，烟火千家，鸡犬之声相闻，往来熙熙，踵接肩摩，几几举袂成云，挥汗成雨矣。"周田一带有谚云："上营王，下营汪，小田刘氏半岗张。"前者让我们领略到了该县湘乡、周田一带人烟稠密的盛况，同时也不免叫人对这一生存环境暗怀隐忧；后者虽然在夸耀几个大姓，但也非常明白地揭示了各姓的生存形势。

手持銮驾的仪仗队

至今，半岗村张氏还沿袭着一种叫"蛮师会"的庙会活动，所祀之神包括了张氏先祖。"蛮师会"与赣南各地庙会迎神活动的不同处在于，它十分崇尚道教中飞檐走壁、刀枪不入等仙道之术。据传，张氏开基祖张志道在此定居后，族人因常受到贼寇骚扰而惶恐不安。张志道的长子张敏政，血气方刚，立志要练就一身武艺，保护地方的平安。于是，张敏政与邻村谢姓、李姓的两位青年，结拜为兄弟，三人相邀一同前往茅山拜师习武，并专习蛮师之神功。经过三年苦学，张敏政们果然带着一身神打功夫返回故里，并扯旗收徒，很快在家族中培养起一支维护地方治安的队伍。这三位还树起神榜，大显神威，用法术驱除邪恶，为族人消灾避难。村民由衷赞颂三位蛮师的武德，还嫌不够，索性尊之为"蛮师太公"。蛮师们的德行也得到了地方官府的肯定，于是，逐级上报朝廷要求赐封，朝廷果然表彰了张敏政们"护国佑民"的义举。此后，这一带张氏便为三位蛮师塑了神像，供奉在张氏宗祠的神龛上。手执神鞭的张蛮师居中，谢、李二位分居左右，各持青锋宝剑。每年农历七月二十二日、二十三日为祭祀日。这时候，周边各个张姓村落鼓乐喧天，鞭炮阵阵，人们在宗祠里以猪羊祭祀蛮师太公，家家户户都大宴宾客，还要搭台唱戏、放映电影，热闹几个晚上，仿佛过年一般。

明清两代，闽粤赣边境山区寇乱频仍，所以，会昌"邑接壤闽粤，武健成风"。半岗一带张氏村落的蛮师太公信仰，无疑反映了古时生活在闽粤水陆驿道上的人们，对和平安宁生存环境的渴望，蛮师的神性、神功寄寓着置身特定生存环境人们强烈的生活意志，人们的生活意志则通过信仰的力量，培育出弥漫一方的尚武精神。尽管，张姓作为地方的大姓豪门，需要通过造神来团结全体族人，共同增强防御意识和防御能力，确保所有张氏村落族人免遭劫掠之灾，不过，既然此地势均力敌的大姓还有好几个，这样的造神显然也蕴含了提升宗族影响力的功利企图，张、谢、李三位蛮师的主从关系，既生动地反映了张姓在当地的地位，也披露张姓称雄地方的企图。是的，福主崇拜正是宗族文化的重要组成部分。当蛮师崇拜成为值得张氏宗族炫耀的精神旗帜、并产生相当的地域认同感时，我们或 送神到河边

许可以说，它充分体现了这个宗族的"软实力"吧？

到了号称"客家风水胜地"的兴国三僚村，历史上有个俗称"救贫先生"、名叫杨筠松的堪舆先生，因为亲自为徒弟卜宅、帮助他开基于三僚，却成了该村曾、廖二姓共同的祖师、共同的村坊神。

杨筠松隐居赣南长达二十多年，足迹遍及赣南、闽西、粤东北，专为人卜地建房筑坟，至今，赣南民间建房筑坟仍常用木头画"杨公符"安在工地上。各地都流传着关于"杨救贫"的传说，如杨公坝的管氏宗祠内墙上有诗记叙了杨筠松为该祠堂定向的事迹。诗曰："板凳定向显灵通，人丁兴旺在族中。管氏宗祠今犹在，芒筒坝人称杨公。"原来，在建祠之前，当地管氏曾派人前往兴国三僚村请杨公来择基定向，开工的那天，杨公着旧长衫，背着包袱拿着雨伞来到芒筒坝，见村人正忙着平整地基，杨公便四处走动，东张西望，累了才找把椅子坐下休息。村人见此公衣着平常，并没有注意，受到怠慢的杨公终于忍无可忍，拂袖而去。这时，有个泥水匠发现悻悻离去的陌生人好像是杨筠松，急忙告诉管事，管事慌了，赶紧派人去追赶。杨公当然不肯回去，无奈人们拉拉扯扯脱身不得，杨公只好告诉他们，自己刚才坐的地方有一张椅子，祠堂可按照椅子的定向建。

一年后，杨筠松路过芒筒坝，祠堂已经完工。人们请杨公看看有无风水上的破绽。杨公围着祠堂转了一圈，只见大门前有人挖坑，便问挖坑的目的。工匠把栽旗杆石说成是桅杆石，杨公又问：你们是要会动的桅杆还是不会动的桅杆？村人认为会动的是活物，不会动的是死物，便答要会动的。没想到，这句回答竟决定了芒筒坝管氏世世代代的命运。自打管氏宗祠落成后，此地出不了能栽旗杆石以炫耀地位的官员，倒是出了许多在桅杆上挂帆航行的船夫。

可是，这并不影响芒筒坝管氏对杨救贫的尊崇。后来，杨筠松仙逝于芒筒坝附近，人们就把这一带改称为杨公坝了；杨公的神像居然心安理得地端坐管氏宗祠里。

在三僚，懂得堪舆术的不下五百人，而职业化的风水先生有一百五十多人，他们大多在广东、福建及东南亚一带营生。每年春节回乡，一个个都要提着公鸡到杨公祠里祭拜祖师并祖先。我就是跟着一个手提公鸡的男人，踏着门前厚厚的爆竹屑，走进新建的曾氏杨公祠的。听说，从前要到三僚学习堪舆术，必须先到杨公祠做义工，表现虔诚的，才有资格通过跌筶的方式让杨公决定是否收徒。可见，这位救贫先生早已成为三僚人心目中的灵神。

杨公祠分为前后两殿，大殿祀杨筠松和曾文辿，后殿供奉本坊福主关云长。大门两侧有联云："学究天人泽被九州士庶，功参造化名倾万国衣冠。"这是对救贫先生的歌功颂德；前殿的一副对联则道出了人们对堪舆术的笃信："图书有象悟通消息达天机，造化无形参透盈虚成大道。"而转入后殿，福主殿内的对联就有些肃杀意味了，却道："哪怕人心似铁这地府早设洪炉，任他世界翻新我冥司仍崇古道。"一边是神秘的天机消息，一边是森严的地府洪炉；一边是参透造化的灵应，一边是仍崇古道的僵持。一墙之隔，形若天壤之别。民间信仰的丰富驳杂，由此可见一斑。

曾氏杨公祠的大殿里，杨公金身居左，曾文辿居右；而在廖氏杨公祠中，杨公金身居中，左边为廖瑀，右边为老官，左下座是药师华佗，右下座是本坊福主。都将自己的祖祠命名为杨公祠，都是祖师、祖先和几路菩萨聚于一堂，都将杨公尊奉于自己的

石邮的搜傩之夜

开基祖之上，受世代膜拜，任八方来朝，发生在祖祠里的这种现象似为鲜见。它不是"事师如父"的传统所能解释的，应该说，它反映了堪舆文化对三僚人生活乃至精神的极其深刻的影响。所以，杨公端坐在他们心灵的神龛上，云游在他们宗族的血脉里。

我说过：福主崇拜所产生的地域认同感是非常强烈的，如果说宗族意识是维系传统社会的血缘纽带的话，那么，福主崇拜可能就是一条地缘的纽带了。汉帝、康王对于赣南一带，汪帝对于婺源及徽州，清源祖师、军山王对于南丰，刘像对于安福……都是这样，即使零散分布在各地的东平王们，何尝不也是如此呢？

这条地缘的纽带，还可以表现在形式上，呈现出一种共同的民俗事相。在江西乡间，过去曾有一种名为"喊船"的迎神、送神活动，意在驱邪保平安。据说凡是张天师足迹所到之处都有喊船，尤以吉安一带为盛。各地一般都是正月初一接神，正月十六或二月初二送神。

关于它的来历，传说汉朝时道教创始人张道陵天师在广信府享有特殊权力，令朝中大臣十分妒忌，他们经常在皇上面前搬弄是非。有一年春节，汉武帝故意安排大臣们藏在地下室里装神弄鬼，而把张天师召去，要当面考察他降妖的法术究竟如何。张天师无奈皇上的威逼和嘲讽，只好将碗中水泼到地上，顷刻间，地下室里灌满了水，众大臣尽皆毙命。事后，张天师好不愧疚，便急匆匆驾起云头回到江西，遍访风水胜地，劝人建庙以安顿那些大臣的灵魂，让它们享受江西人的香火。张天师勘查完毕，默运神功，派了一些大神用船将那些冤死的鬼魂送往各地。各地百姓知道是朝廷官员的鬼魂到本地为神，纷纷举行各种各样的仪式来迎接。敬奉之后，再把它们送回鬼都洛阳。

都叫喊船，都是迎送神灵，每个村庄请出的大神却是不同。在青原区，渼陂村崇拜的是赵公菩萨，王家村和横坑村奉祀的康老爷菩萨，陂下村叩拜的儿郎菩萨、相公菩萨欧阳修等，如此这般。这些大神，应该就是各个村庄的福主了。

我在不经意间，通过电视看到了陂下村送神日的喊船。喊船，有水船与旱船之别。坐落在富水河边的陂下村，喊的是旱船，特别讲究仪仗。这一天，周边村庄的百姓也赶来看热闹了，本来就有两千人口的陂下熙熙攘攘。送神队伍浩浩荡荡，前面是神铳、彩旗、灯笼、香头、红灯笼、开江引水旗、清道旗、斧头牌，牌上书"得胜龙舟"四字；中间是龙头、龙尾、儿郎菩萨、大神画、彩绘纸船、相公菩萨欧阳修；接着，是全副銮驾、大锣大鼓、喊船队伍及乐队。喊船，名为喊，实则唱。有领喊者一人，和喊者四五人或更多。其唱腔抑扬顿挫，韵脚悠长。在喊船声中，送神的队伍穿行在村巷之间，一路上鞭炮不断，唢呐声声，铳响连连，其间穿插表演打拳、神舞，还要放河灯，待到人们在富水河边烧完祭品，就算把神送走了。

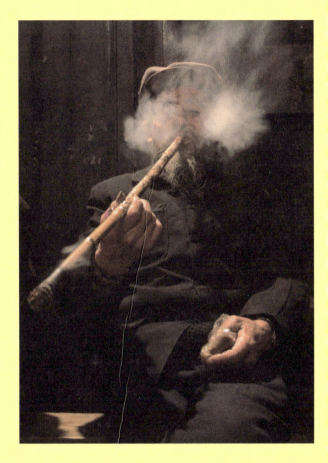

半个石邮已经入眠，半个石邮仍在翘盼

电视里的喊船令我眼前一亮，可是，亲见下次迎神要等到来年。连忙一打听，才知道青原区许多村庄都热衷于喊船。在王家村，正月初二日，全村老幼齐聚本地神庙，当值者献上五谷及三牲，安放好布制彩绘船、纸制彩绘船，即举行起神仪式。以后，每晚由两户人家去庙里上油供灯，到富水河边去喊船。喊船有号谱，如："龙子龙孙，正月十五跑龙船……"其意为"接神"，迎接那些大臣灵魂的到来。正月十五以后，每天上午由几名壮丁抬着菩萨巡游，仿佛要让大神熟悉环境。其间还要将菩萨左摇右晃，名曰"打灵"，似乎是提醒正在打盹的大神已来到江西地界。在送神的二月初二日，在游神等仪式结束时，要将菩萨抬回庙里，意在巧妙暗示其他陪伴而来的大神该回洛阳去了。果然是请神容易送神难。

在横坑村，也是在正月初二，人们要擎着布制彩绘船、纸扎彩绘船和彩龙，先到后龙山土地庙前祭祀土地龙神。然后，到总祠孝敬堂，三叩九

黎明时分的判箸

拜地请康老爷菩萨上轿，抬着它绕村一周再回孝敬堂，将菩萨归位，彩绘船安放在香案上祭拜一番。当晚，祭拜天地神明时，领唱者喊"接船谱"，众人齐声和。以后每晚都要在总祠里喊船，但不游村，不舞龙。

十三日，康老爷要游村了。儿童舞着草龙跟在菩萨后面，随后便是舞彩龙的队伍。因为草龙是火龙，辈分比彩龙高，所以彩龙得让它走在前面。菩萨来到空旷处，同样要为之"打灵"。游村结束后，全村老幼齐聚孝敬堂坐席吃"灯酒"。晚上，儿童舞着背上插着三根线香的草龙挨家挨户地祈福，大人则在祠堂里继续喊船。到了十五日晚上，则是草龙、彩龙一起出动，为全村每户人家祈福。活动结束后，菩萨归位，草龙却被抛到村前的小河里，彩龙则被撕下彩色的龙鳞扔在河里，竹篾编的龙身要放回祠堂里收藏。大人们继续"喊船"，几乎要热闹一个通宵，以后半个月的喊船活动又复归原状。直到二月初二送船。

送船要先在总祠孝敬堂里祭祀天地神明和祖宗，然后喊船，反复三次，再请出菩萨。依然要游村，依然要"打灵"，接着到回龙庵祭拜一番。最后在村前的小河边，将纸绘彩船烧毁，布绘彩船收藏以待来年再用。

在木湖，从正月初二起，敬神轮流来，每家一晚，挂在祠堂里的彩绘船画布，画上有江河、船只、八仙等神仙。另装一支架，上贴仿画布内容而画的纸画。到了二月初一，布画可收藏，纸画则要送到小溪边烧掉，叫作"圆船"。

还有一些村庄也喊船，不必一一赘述。从以上村庄名曰喊船的请神、送神仪式看，唱喊船词是整个活动的灵魂所在。喊船词分段，又称为几艘。神铳、锣鼓、鞭炮响后，由道士赞诗，接着喊船。第一艘，叫"禳灾船"，和者，和"上元节"至"深山祠"；第二艘称"采莲船"，和"彩绘"至"十愿"圆；第三艘"禳灾船"，这次和完船，则要燃放一阵鞭炮，表示圆船。初二、十五日必喊三艘，其余时间则随意。不妨录一段喊船词——

> 一愿耕田成大熟，人民饱暖不饥寒。
> 二愿猪牛常茁壮，无灾无障保平安。
> 三愿鸡鹅多养育，森森不息种相传。
> 四愿公私无祸难，官非口舌尽埋藏。
> 五愿谋营多吉利，四方出入免灾难。
> 六愿时灾常殄灭，家家户户乐安康。
> 七愿妇人无产难，胞胎安稳顺阴阳。
> 八愿痘麻成善熟，是男是女命延长。
> 九愿四时无火盗，瘟风邪无往他方。
> 十愿神明皆感格，家家降福与降祥。

　　这大概就是喊"采莲船"时和的那段"十愿"了。它表达的正是寻常百姓最朴实的生活愿望。青原区乡村的喊船，让我联想到江西其他地方的喊船、类似喊船的请神、送神仪式，以及冠以别的名称、却不无喊船内容的其他民俗事相。比如，我在赣南的于都县，曾看过村民表演的"甑笊舞"，十七名男子手持甑笊环绕成圈，圈外有两人高举旗幡，圈中央一人持旱烟筒，一人艄公模样，众人以划船动作舞之蹈之，队列逐渐向圈中两人收拢，拥作一团，随着一阵吆喝，举过头顶的甑笊一起发出哗哗的响声。所谓甑笊，就是用竹筒剖成的刷把，在这时则是可以驱除邪祟的响器。伴随着舞蹈，人们有唱有和。殊不知，唱和的正是喊船词。而且，翻阅我手头的《划龙船唱歌本》，我觉得，此地的喊船词更为明确、集中地道出了喊船的缘起、动机，乃至介绍了舞蹈的程式和角色。这些角色是："打闹一人最辛苦，船头跳过船尾边；第一打鼓梁山伯，第二扶舵祝英台；第三招滩陈赤子，第四打锣孙小权；第五舞旗飞天子，第六打闹朱小连；船上儿郎好打扮，半着青来半着黄……"

关于缘起，其"禳灾船歌"唱道——

当初何人置端午，何人说起造龙船。
屈原相公置端午，鲁班说起造龙船。
屈原相公全家病，家延长患两三年。
相公夜来得一梦，梦见河下划龙船。
相公清早河下拜，一心许下造龙船。
自从许下龙船后，七十二口尽安然。
……

关于动机，其"保当歌"唱道——

答谢相时答谢相，答谢福主在团方。
宝顶香烛陈灿烂，斋蔬陈供列华堂。
请动大神无别事，保佑坊村众信人。
……

"十愿"之后的唱赞称——

且问黄龙归何处，直到洛阳大江头。
船头点灯船尾光，照见船上康大王。
村中但有邪妖魔，一齐拿他上船装。
……

我之所以对这些歌词兴致勃勃，是因为其中既透露了一些可以呼应青原喊船的信息，又反映出福主崇拜对各地种种民俗活动的深刻影响。甑笫舞的唱词中，还有"排来歌"和"世道采莲"，它们差不多就是中国人文、历史的通俗读本了。可见，人们在虔诚敬神的同时，也忘不了寓教于乐。

（右页图）
孩子们的灯火之夜

石城是灯彩之乡　　凭着遗存在各地的线索，我们不难描摹出喊船曾经遍及江西乡间的景象。显然，在迎来新年的时刻，在土地苏醒前夕，人们是以本坊福主的名义，郑重地请来各路大神，为的是"村中但有邪妖魔，一齐拿他上船装"，然后，在"龙抬头"之际，再送走各方神圣。同样的民俗形式，被各个村庄打上了各自的印记，或者是在传承的过程中变异了，或者是在传布的过程中被改造了。不管怎样，它们传承和传布的过程，本身就是一条地缘的纽带，把一个地域众多的信仰着的心灵串联起来了，也把人们对世界、对自然的认识串联起来了。喊船发生在丘陵起伏而江河纵横、溪流密布的江西，真是再自然不过了。在农耕时代，江河是丰年的来路，也是天灾的来路；当工商兴起，江河是财富的来路，也是人祸的来路。也许正因为这样，在人们的意识里，江河便成为神明的重要来路，各地关于从水上漂来圣像的传说俯拾皆是。既然如此，江河理该是能让一切妖魔邪祟迅速远离、一去不复返的不归之路了。何况，押解它们的船，本来就是龙神的象征。

　　异彩纷呈的游灯闹元宵活动，是如今乡间最为普遍的民俗事相。灯彩脱胎于照明的灯笼，随着民间宗教的产生而成为祭祀用具，以后又为民间

习俗所应用，逐渐进入年节、庆贺、礼仪等活动。它聚合了传说神话、民歌民谣、各种民间工艺以及民间舞蹈，通过它，我们不仅能够体察一个地域人们的思想文化、社会心态、宗教信仰、风土人情，而且，还可以窥见人们共同的向往幸福安康的生活理想和辟邪禳灾的民俗心理。尽管，灯彩品种千奇百怪，游灯形式千变万化，营造了欢庆的氛围，富有观赏性，然而，即使在今日的江西乡间，游灯依然保持着娱人且娱神的功能，依然是在各自的神灵的旗帜下进行的，灯与灯相辉映，火与火互照亮，表达着人们对本地村坊神的祈愿。前文所述的新建县石岗一带彼伏此起的游灯，已经为我们勾勒出一条条明明灭灭的维系大地人心的情感线索。

在赣南，石城县的清河村，游的是桥板灯。元宵节之夜，来自家家户户的桥板灯，齐聚于村中央的将军庙。这座庙的上方为神龛和戏台，神龛祀有三组神明，正中为主祀的赵百发将军及大夫人、少夫人、王灵官、马元帅，左有许真君及财神赵公明、文道童、武道童、土地神，右有关圣帝君及关平、周仓，右边神龛联仍清晰可见，曰"马骑赤兔行千里，刃演青龙出五关"、"同心同德保江山，桃园兄弟仁义重"。将要串联成龙、游遍

龙灯齐聚于祠堂

全村、逐门逐户为村人驱邪纳吉的桥板灯，仿佛在将军庙里领受了各位神灵的神能。只是不知那位让清河村如此尊崇的赵百发将军，出身如何，来历怎样。

该县濯龙村的蛇灯却有来历。不过，濯龙村居然把个突围到乌江边而不肯过江的项羽尊为自己的福主，叫我大惑不解。听说，它的福主庙就叫江东庙，取项羽无颜见江东父老之意。我怀疑是不是兴国那位名叫江东的癞痢头流落到了这里。无论究竟怎样，龙灯司空见惯，蛇灯却是少有的，而濯龙游蛇灯闹元宵是有故事的。

相传，某年除夕之夜，土地神与灶王神相邀上天启奏人间善恶，因为走得匆忙，忘了带拐杖。而本是蛇精变化而成的拐杖，趁主人不在，现出原形，伙同地狱鬼、饕餮怪一起为害人间。元宵节那天，正是武艺高强的村人杨石广迎亲之日，蛇精们拦路抢亲抢食，杨石广与贺喜的村民与之展开了搏斗。不料，蛇精口吐无数毒蛇，吓得村民四处躲藏，杨石广则不幸身亡。因新娘被香炉寺的法师藏起，好色的蛇精怒不可遏，摧毁了房屋、田园和庄稼，吞食了村中所有畜禽。后来，多亏土地神收回了拐杖，村中才暂得安宁。但是，每当土地神酣睡之时，蛇精仍偷偷出来祸害百姓。杨石广精魂未灭，一直在寻找根绝蛇怪之术，终得观音娘娘指教，战胜了蛇精。为征服出没荒野时时伤人的众多小蛇，杨石广托梦给自己的新娘："梭木板托三盏灯，户户云霄舞蛇灯，大小引至化妖洞，风调雨顺五谷登。"于是，新娘在正月里赶扎蛇灯，待到元宵之夜，敲锣打鼓，举着三盏一架、形似杨石广身姿的箕笼灯，遍游全村。后来，濯龙村年年在元宵节游蛇灯，家家出灯，汇成一条灯火长蛇，人们相信，暗藏的蛇妖将随着蛇灯一起，被送往八卦山的仙人洞外烧化。游灯时，人们抬出的神轿上，正是一对新人的塑像，两位仍是嫁娶时的打扮，看来至今还未曾入得洞房。也许，杨石广勇战蛇精而身先死、灵魂不甘的传说就是濯龙村信奉项羽的理由？

这样的传说恰好印证了民间信仰是许多民俗事相的生成土壤，而民间信仰所拥有的五花八门的祭祀仪式，不仅为斑斓炫目的民俗活动注入了魂魄，也为它们提供了各各有异的形式。

仿佛神明也爱赏灯

　　我又想起了新建县石岗街锦江两岸彼伏此起的游灯，想起了各个村庄在传说里一天天的引颈翘望、一夜夜的欢天喜地，想起了锦南村正月二十的龙灯庙会。更确切地说，我是忘不了那把勇敢的二胡，在滚滚硝烟中，在隆隆雷鸣中，它居然可以面对人山人海，那么忘情地为炮声、鼓声伴奏。

　　也许，待等天亮以后，村中所有的青壮男女都将收拾行囊，告别老人和孩子，各奔东西，村庄又将成为望眼欲穿的"空心村"。试想，寂寞了一年的村庄，春节期间的民俗活动如此痴狂，且有愈演愈烈之势，这除了反映出人们苏醒了的对本土文化的珍视情感外，是不是也传达出人们将要离开它时的恋恋不舍，乃至忐忑不安？也许，人们依偎在祈福的烛影中，是要感受本坊福主最后的爱抚；人们簇拥着本坊福主，是要汲取肌肤相亲所产生的力量。最后，人们用灯火、鞭炮、鼓声，为自己送行。

　　在我看来，神灵当然是一种虚妄幻想的东西，任何由神灵主宰人生命运的企图，无疑是愚昧无知和无济于事的。然而，庞杂的福主崇拜，恰好

日间的演练　反映了浩瀚时空背景下，面对种种神秘无解的自然现象，面对无从把握的生命之谜、生活之惑，人们在生存苦难面前的丰富复杂的心理现实，老百姓的祷告祈求传达出浓厚的苦涩意味；反过来说，正是信仰的力量，激发了人的想象力和浪漫精神，创造出众多鲜活的神灵。作为村庄的福主，它们既集中体现着人的意志，充满了人性，又代表着人所敬畏的天地，充满了神性。所以，它们是能给心灵以爱抚、给精神以支撑的最可亲近的神了。

　　驳杂的民间信仰不仅为古村落增添了庙宇宫观等建筑形式，而且，悄然熔铸在民居建筑及装饰中，使之承载着人们驱邪纳吉的嘱托。建筑因为获得了宗教的、民俗的、艺术的内容，而具有了丰富的审美意蕴。那些本来用以辟邪纳吉的符号，虽经变化成为美丽的纹饰图案，它原本的意义仍然潜藏其中；民间信仰又是民间艺术生长的一片沃土。乡村异彩纷呈的民俗事相，其缘起无不以祭祖禳神为目的。只是随着时代的变迁，逐步从娱神向娱人化演变。五花八门的福主崇拜不仅为各地独特的民间艺术表演提供了神圣的舞台，也为之提供了一定的思想和艺术资源，同时，它的神圣性和神秘性正是与之相关的民间艺术能够世代传承的精神动力。正因为如此，所以，我一直相信，民间的娱乐精神总是负载着许多功利的企图，它永远不可能是纯粹的身体和心灵的狂欢，神灵的目光在凝视着它，宗族的意志在掣肘着它。这是抹不去的从娱神到娱人的历史痕迹，也是化不开的维系宗族情感的现实需要；民间信仰还融入了民俗生活的方方面面，深刻影响着、甚至酿成了一方土地上年节时令、婚丧嫁娶、祝寿贺喜时特有的风俗习惯。千奇百怪的神灵在作为偶像受用着虔诚的香火的同时，其实也成了寄托着美好的生活理想、可以给人莫大心灵慰藉的吉祥物。

从我所描述的一些禳神庙会的情景看，福主崇拜不仅为宗族提供了更大的文化空间，也在村落之间、地方之间架设了交流融汇的桥梁，以信仰为纽带，人们共同拓展出一片蕴藏丰富的乡村文化空间，并贴上了鲜明的地方标识。

庙会自古以来便是集群性的人神交流场所，是人们表达自己意愿的公开化场合，更是人们精神需求的重要依托。庙会作为人神集体对话的特殊形式，需要施展各种手段以愉悦神明，需要开展丰富的活动以营造浓郁的氛围。仿佛，只有让神明们大饱了口福、眼福、耳福之后，它们才会兴致勃勃地倾听或允诺。所以，在长期的历史演变中，庙会具有了多种社会功能，它既为四方百姓探亲访友、聚会交往、了解世事和娱乐创造了重大机会，也通过逐渐形成的庙市，为民间的商品交流提供了重要场所。

幼时，我所在的小镇，每年中秋节之后要举办物资交流会。当地老百姓却称"样会"。我一直认为这个"样"字是可疑的，曾经凭着当地方言判断它大概是"漾"，形容人多的意思。那时不仅人多，周边各县的农民都蜂拥而至，牛也多，举目尽是人头，垂首但见牛粪。除了牛市，更有百货、农具、种子、农副产品等等。如今，造访江西古村镇的见闻，让我相信，"样会"应为"禳会"。即使庙宇已毁，神灵远逝，关于禳神庙会的记忆仍然遗存在当地的方言之中。

鄱阳县城过去有三观、九寺、十八庙。这十八庙中祀奉的正是民间神祇，既有各地常见的张王庙、华光庙、关帝庙、杨泗庙、火神庙、康王庙、晏公庙、年王庙、长沙王庙、水府庙，也有祀奉本土神明的庙宇，如：祀隋大业时鄱阳巡官刘宗宏的巡官庙、宋代所建的祀鄱阳税务总管、

婺源人胡靖一的总管庙、祀晋孝子石敬纯的鸣山庙，因鄱阳民间有"黄龙见"的传说，还在昌江与乐安河的汇合处立有黄龙庙。这些庙宇大多无存，但华光巷、巡官巷等不少街巷地名仍透露出丝丝缕缕的香火气息。

我从鄱阳民俗专家的文章里，领略到了昔时庙市的场景。那幅场景在半个世纪以前，在未名的小诗里："小店青帘又夕阳，儿童竿木也逢场。丁丁弦响村风急，灼灼桃开水岸香。"

祀唐代忠靖王张巡的张王庙，坐落在老县城东端，依山而建，求神谒拜者需拾级而上。在庙隔街的南边有一条小巷，叫张王庙巷，是人们上正街和上河街的必经之路，集会、喜庆婚丧游行、货物运输装卸都得由此经过。明清以后，以张王庙为中心，这一带成了商业繁华地段，商贾云集，市肆遍布。市肆的形成与庙会有很大关系，清以后，一些庙宇都设有定期的集市进行商业交易。这种交易，一般在庙宇间的空隙地上进行，卖主租赁庙中的房屋、地段摆上固定的摊位，有的甚至几十年不变，逐渐地，摊位由庙内向外扩展至庙旁，再延伸至相邻的街市。

张王庙庙市的店铺，除了旅歇业外，就是铁器、油漆、圆木、裁缝、纸扎、小吃等行业，而庙前的场地上，每天都有熙熙攘攘的摊贩，叫卖着鲜鱼、蔬菜以及小五金、小百货。逢年过节，这里又是游戏娱乐的重要场所，耍猴的、拉西洋景片的、玩杂耍的以及各种赌博游戏，好不热闹，说书场外更是叫卖声不绝，直到夜半散场。

庙市一直辐射到张王庙河边。那里是鄱阳的主要深水港码头，祁门的竹木、景德镇的瓷器，多半在那里转运，余干的贩猪船、甘蔗船和长江上运糖的驳船，也都停泊在那一带。樯帆如林，商客如云。码头边的平地便成了最好的露天表演场所，南北各地的马戏团、杂技团接踵而至。

会昌筠门岭镇则是一个有着六百多年历史的古镇，主要在明清时期由闽西、粤北回迁的客家人聚集而成。毗邻闽、粤的独特地理环境，孕育了活跃的边区贸易，因此，在这里，作为民间信仰载体和表现形式的庙会活动，充满了商业气息。

既然福主是村坊神，筠门岭各地就有各自的崇拜对象。如羊角墟祀奉汉帝，每年农历九月初八举行汉帝庙庙会；盘古墟祀奉许真君，每年农历八月初一举行真君庙庙会。深受匪患和水灾困扰的中心墟镇筠门岭，则为

（左页图）
西冲村尚未长成的草龙

县城崇拜翠竹祠所祀赖公元帅的影响，祈望这位神明能为筠门岭消灾纳福，保境安民，带来风调雨顺和滚滚财源。在当地望族朱氏的主持下，于墟镇中心位置建造了规模宏大的赖公庙，计有三十六间屋，俗称"老庙"，庙前建有戏台。赖公庙及周围进而成为筠门岭墟的最热闹处。乾隆年间，人们又在墟外的制高点、隔河相望的山坡上建造了一进三间的赖公庙，俗称"小庙"，此庙虽经几度兴废，如今依然香火旺盛。

每年的农历七月初六，筠门岭庙会开始。这天上午，由朱氏男子抬着小庙里的菩萨沿墟各条街巷出游，所经之处，每家店主要燃放鞭炮迎接。巡遍大街小巷后，菩萨回庙。下午再请出老庙菩萨巡游，菩萨回庙后便开台唱戏。戏资主要由商户支付，大商户一般包唱五天，整个庙会活动持续近两个月。

庙会期间，商品交易异常活跃，各行各业生意兴隆。交易的商品以农具、牲畜、日用品、小吃、祭祀用品为主。在游神、演戏活动结束后，家家户户大宴宾客。庙会将宗族与墟市融为一体，凝聚了人气，协调了人际

赐福人间

关系，促进了市场的繁荣。朱氏在筠门岭商界并不占主导地位，但却是地方的土族大姓，其潜在的宗族力量令外籍商人有所顾忌。在整个庙会活动中，朱氏扮演了重要角色，朱氏不计报酬，热心于庙会的组织、统筹、协调工作，获得外籍商人的认同。大家遵从朱氏的庙会领导者地位，纷纷对庙会给予资助，并从庙会期间的商品交易中获得利益。

赣南客家人的禳神庙会，还有一层意义，那就是替菩萨"保奏"。一个村庄、一方土地的百姓会把数年来享有的安康，归功于自己的福主，替村坊神向玉皇大帝报功，请求对其嘉奖荣封。此举被称为"保奏"。据说，有些地方在此前先要成立执事机构，然后通过百姓"写缘"，筹集经费。"保奏"时，请来道士设坛念经，"作法上表"，整天锣鼓齐鸣，管弦高奏，灯火辉煌，香烟缭绕。道士手执令剑，念念有词。人们还要抬着福主菩萨乘坐的銮轿，在道士的指挥下"练神兵"，老百姓则纷纷敬香朝拜。道士作法之后，便组织队伍到万寿宫去。因为万寿宫里的许真君是江西福主，是神界里的江西最高长官，上传民意、下达圣旨都绕不开它。看来，神明世界也是官僚体制等级森严、十分讲究组织程序的。"保奏"的队伍出发时，由一面大旗在前面引路，接着，是五颜六色的彩旗队伍、执兵器的队伍，还有扛回避牌的、鸣锣的，道士、吹鼓手、炮手们则紧随着神轿，一路上吹吹打打。在万寿宫里完成了"保奏"必须经过的程序后，福主菩萨便获得了荣封。菩萨大喜，也是百姓的福祉，福主衣锦而归后，道士拜完最后一道文书，就会把神符分发给那些"写缘"人家，贴在门上以辟邪纳吉。想来，这也是对虔诚笃信的表彰，是永保平安的承诺。

"保奏"，生动地证明了人们与本坊福主的亲密关系，好像福主就是村中的权威、族中的长老。尽管，它是通过模拟生活来实现的，庄严的仪式中不无游戏感，然而，谁又能说这不是真诚的感恩、朴实的谢忱呢？

"保奏"，深刻地揭示了人们复杂而微妙的心理和讲求实用、出于功利目的的信仰态度。看来，人们对小小村坊神的神能还是有所怀疑的，是不能完全放心的，所以，他们希望通过不断为本坊福主加官晋爵，使之得到更大的威权，从而变得神通广大。

然而，天上地下，又有哪位尊神能满足老百姓内心中那阔大无边的祈愿，能让他们高枕无忧呢？

人们的心灵大地是广袤无垠的香火大地。